哲學研究叢書・學術思想叢刊

先秦學術講學錄

下冊

王金凌　著

字　一個接一個　一列跨一列

望不到盡頭

會倒在字林裏　朽爛成白骨

或從字林裏　活出來

王金凌

不要迷失在文字叢林中

不過，迷失之前

得先進入。

王金凌

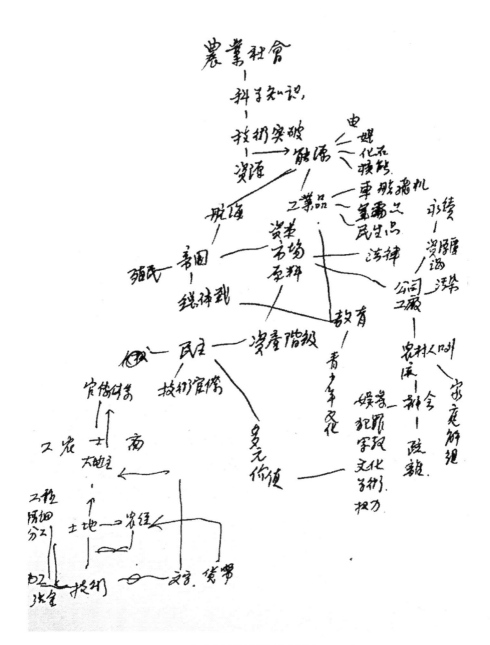

社會組織結構分析圖

第 1 頁

《道德經》述義　　　王金凌

老子《道德經》之五千言，八十一章，言簡義奧，難以捉手。若欲了知，應尋得入手處。《道德經》的核心是「道」，體「道」者為「聖人」，因此可從「道」與「聖人」二義入手。方東美從「體」、「用」、「相」說「道」，而以聖人為「道徵」，得其眼本。君讀《道德經》者不是聖人，而是學為聖人，首要的問題自是如何學為聖人，即關於如何成為聖人的知識。但是聖人不只是知「道」，更是體「道」，易言之，學為聖人不只是知識之事，更是實踐之事。因此，《道德經》的核心問題是關於聖人如何

《道德經》述義

A 因境
B 體道方法
C¹ 佛
C² 用
C³ 相
C⁴ 微
D 化解
返因境之

《道德經》各章論題撮要　王金凌

記錄者　　年　月　日

第　　頁

1. 道可道…有名萬物之母。C¹ 故常無…眾妙之門。B

2. 天下皆知美之為美…前後相隨。A 是以聖人處無為之事
…是以不為。C¹

3. 不尚賢…則無不治。D

4. C¹ 道沖而用之…象帝之先。

5. C³ 天地不仁以萬物為芻狗。聖人不仁以百姓為芻狗。C³ 天
C⁴ 多言數窮不如守中。
地之間…動而愈出。D

6. C¹ 谷神不死…用之不勤。

7. C³ 天長地久…故能長生。D 是以聖人…故能成其私。

《道德經》各章論題撮要

第　頁

《莊子・齊物論》釋義　　王金凌

提要：

關鍵字：自我。知識・語言・道・無我。

《莊子・齊物論》全文由有我和無我的輾轉辯說交錯

形成。本文以提問為引導，而系統的組織〈齊物論〉全篇

思想。第一個問題由南郭子綦和顏成子游的對話提起，即

什麼是自我？」〈齊物論〉從知識和語言分析自我，於是

有第二個問題：「知識和語言的本性是什麼？」知識和語

言盡非使有藏宿，否則莊子不必論道。由是有第三個問題

、「自我的藏陋是什麼？」自我的藏陋由知識和語言的功

〈齊物論〉釋義

第 2 頁

能局限而來，因此捆挷自我的藏陷便是非知識、非語言的，卻又不能不以知識和語言的方式陳述。於是有第四個問題：「道的涵義及其表述方式是什麼？」道的涵義及其表述方式既然不能藉知識和語言，則必須關及道的實踐和體認，然而實踐和體認仍然需要表諸語言，因此有第五個問題：「道的體認及其表述方式是什麼？」

由於〈齊物論〉行文縱橫馳驟，思路飛躍，其語言不易把握，因此述其思路系統之後，繼之以釋義，便其文理、文意清晰可識。

〈齊物論〉釋義

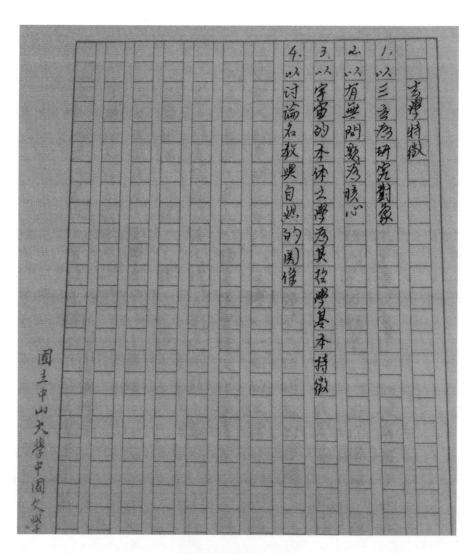

魏晉玄學研究手稿

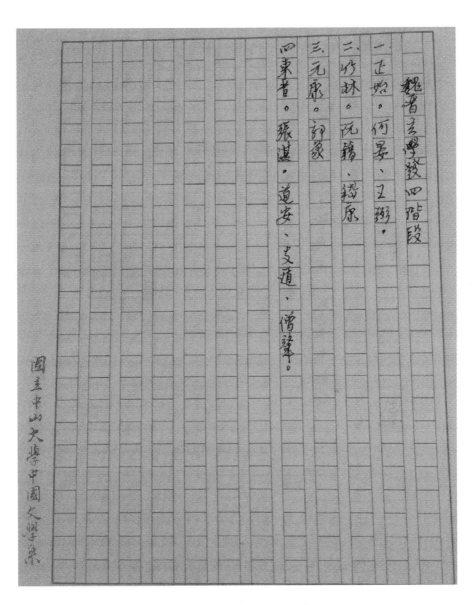

魏晉玄學發四階段

一、正始。何晏、王弼。

二、竹林。阮籍、稽康。

三、元康。郭象。

四、東晉。張湛、道安、支遁、僧肇。

國立中山大學中國文學系

魏晉玄學研究手稿

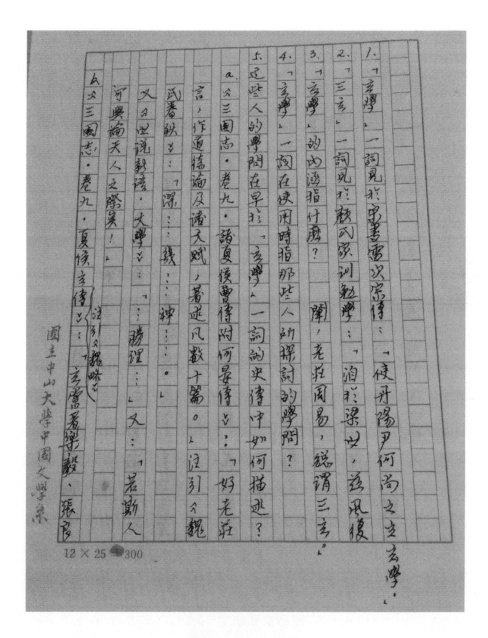

1. 「玄學」一詞見於《晉書・陸雲宗傳》：「使升陽尹何尚之立玄學。」

2. 「三玄」一詞見於顏氏家訓勉學：「洎於梁世，茲風復闡，《老》《莊》《周易》，總謂三玄。」

3. 「玄學」的內涵指什麼？

4. 「玄學」一詞在使用時指哪些人的探討的學問？

5. 這些人的學問在早於「玄學」一詞的史傳中如何描述？

a.《三國志・卷九・諸夏侯曹傳附何晏傳》：「好《老》《莊》」注引〈魏略〉：「玄學善譽毅。」

《三國志・卷九・諸夏侯曹傳附何晏傳》：「語諸道論及造天賦，著述凡數十篇。」

武蕃欽之：「深……錢……神……勝理……又……若斷人」

又《述說新語・文學》：……注引〈魏略〉……

可與論天人之際矣！

《三國志・卷九・夏侯玄傳》：

國立中山大學中國文學系

魏晉玄學研究手稿

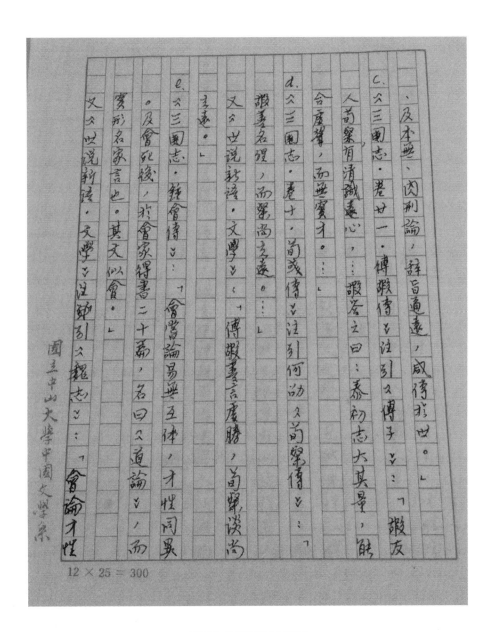

、及本無、因刑論，辭旨通遠，咸得玼世。」

c.《三國志·卷廿一·傅嘏傳》注引《傅子》：「嘏友

人苟粲有清識遠心，……嘏答之曰：泰初志大其量，能

合虛聲，而無實才。……」

d.《三國志·卷十·荀彧傳》注引何劭之《荀粲傳》：「

嘏善名理，而粲尚玄遠。」

又《世說新語·文學》：「傅嘏善言虛勝，荀粲談尚

玄遠。」

e.《三國志·鍾會傳》：「會嘗論易無互體，才性同異

。及會死後，於會家得書二十篇，名曰《道論》，而

實形名家言也。其文似會。」

文《世說新語·文學》注引《魏志》：「會論才性

國立中山大學中國文學系

12 × 25 ＝ 300

魏晉玄學研究手稿

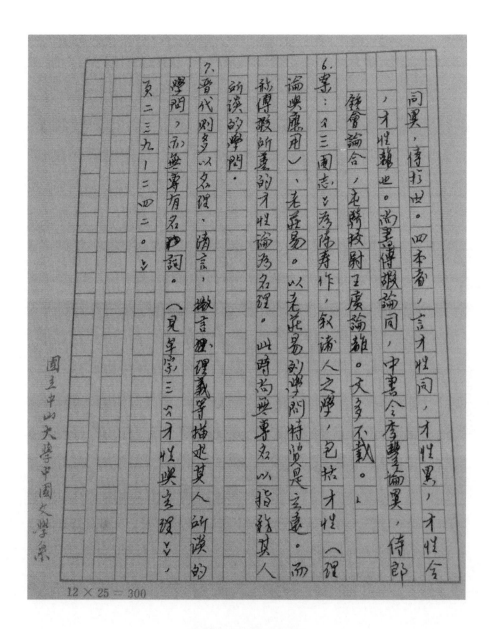

同異，傳於世。四本者，言才性同，才性異，才性合

，才性離也。尚書傅嘏論同，中書令李豐論異，侍郎

鍾會論合，走騎校尉王廣論離。文多不載。」

論與應用〉、老莊易。以老莊易列學問特覺是主要。而

6.案：〈三國志〉為陳壽作，敘諸人之學，包括才性（理

新傳發新產的才性論為名理。此時尚無專名以指稱其人

所談的學問。

7.晉代則多以名理、清言、微言理義等描述其人所談的

學問，而無專有名中詞。（見牟宗三〈才性與玄理〉，

頁二三九－二四二。）

國立中山大學中國文學系

魏晉玄學研究手稿

輔仁大學課程計劃表　　　第一頁

課程名稱	文學理論
學分數	2
必修 選修	選修
開課院系所	中國文學系三年級
學年度	78
上課期限	一學年
任課教師	王金凌
課程說明	1. 本課程研究中國文學理論。 2. 中國文學理論是傳統士人思想結晶之一。 3. 思維方式影響思想內涵。 4. 傳統士人思維方式有三次轉變：巫史、形上、和假設—懸證。 5. 本課程所研讀的文獻根據上述觀念安編，並附每一單元的背景書目與論文。
課程大綱	單元一： 1. 論語選。 2. 毛詩大序。 單元二： 3. 曹丕，典論論文。 4. 陸機，文賦。 5. 劉勰，文心雕龍（選）。 6. 鍾嶸，詩品序。 單元三：

「文學理論」課程計畫表

第二頁

7. 韓愈,答李翊書.

8. 楊萬里,江西宗派詩序.

9. 嚴羽,滄浪詩話.

單元四:

10. 王國維,紅樓夢評論.

書目	單元一:
	1. 柳詒徵,國史要義.中華書局.
	2. 張光直,中國青銅時代.聯經.
	3. 許倬雲,西周史.聯經.
	4. 余英時,中國知識階層史論.聯經.
	5. 方東美,原始儒家與道家.黎明.
	6. 牟宗三,中國哲學十九講.學生.
	7. 孟子選.
	8. 荀子,禮論、樂論.
	9. 呂氏春秋,召類.
	10. 王金凌,中國文學理論史(上古篇).華正.
	單元二:
	1. 范曄,後漢書黨錮列傳.
	2. 余英時,中國知識階層史論.聯經
	3. 湯一介,郭象與魏晉玄學.
	4. 方東美,大乘佛學(僧肇三論章).黎明.
	5. 古詩十九首

「文學理論」課程計畫表

第三頁

6. 王粲,七哀詩.

7. 石崇,金谷園詩序.

8. 王羲之,蘭亭集序.

9. 中國王金凌,中國文學理論史(六朝篇),華正

單元三:

1. 嚴耕望,唐人習業山林寺院之風尚(錄於唐史
　　研究叢稿),私立研究所.

2. 陳寅恪,讀韓愈.(錄於陳寅恪先生論文集.)
　　九思.

3. 釋印順,中國禪宗史.

4. 鈴木大拙,禪與心理分析.幼獅.

5. 郭紹虞,滄浪詩話校釋.東昇.

6. 黃景進,嚴羽及其詩論之研究,文史哲.

單元四:

1. 段玉裁,說文解字注(「論」字).藝文.

2. 李日章譯,西方近代思想史.聯經.

3. 郭湛波,近代中國思想史.

4. 李澤厚,中國近代思想史論.

5. 柏楊,飄泊的心靈.巨流.

6. 柯慶明,現代中國文學批評述論.大安.

7. 葉嘉瑩,王國維的文學批評.

8. 葉嘉瑩,中國詞學現代觀.大安.

「文學理論」課程計畫表

目次

上冊

下冊

序

　　這是一本尊師重道、薪盡火傳及溫馨可感的紀念文集，我沒想到五年後竟真的能出版了。

　　民國一〇一年先生以六十三歲，也是人文思索最璀璨光華的「盛年」，生命戛然畫下句點，真是令人難過與錯愕；對他本人來說壯志未酬更是非常的不幸，我自己也在狂躁、憂鬱侵蝕下有實難言喻的傷心，但這是一個無奈的事實。

　　所幸，有學生林秀富提供二〇一〇、二〇一一學年度的錄音資料，是先生在輔仁大學中文研究所開設的「先秦學術專題研究」、「魏晉玄學專題研究」兩門課，於是自二〇一二年的十一月二十四日開始，感謝受業弟子賴哲信、高瑞惠、許朝陽、吳智雄、郭士綸、蔡昱宇、陳必正、陳恬儀、鄭垣玲、胡文欽同學等成立遺講整理小組，由郭士綸居中聯繫，共同完成《先秦學術講學錄》上、下冊、《魏晉玄學講學錄》共三本遺稿，這段期間：哲信擔任系主任公務繁忙；恬儀、必正、垣玲及文欽皆上有高堂至親亟需親侍湯藥；智雄甫術後不宜操勞；瑞惠、朝陽、士綸忙於升等或博士論文，昱宇也有其他工作奔波，大家總是抽出僅有的時間，眶勉同心、全力以赴。每思及此總是感激、感動不已。最後經輔仁大學中文系系主任許朝陽、海洋大學人文社科院副院長吳智雄兩位教授努力審訂及奔走連絡，在萬卷樓圖書公司總經理梁錦興、副總經理張晏瑞兩位慨然相助下，終於能讓本書在其五週年忌日及時出版。

先生曾說：「心靈必須衝破自己的形體，才能和無數心靈交會，缺乏恢拓的心靈，即使借形法而會合，不過徒留失望而已。」願這些尚存的錄音遺講，能傳載、再現他無形、恢弘的精神，在廣漠的心靈中與讀者交會。

本書由三位子女：肇仁、清若、婉若共同出資付梓，以報親恩，以解孺慕。

韓玉彝　謹記於民國一〇六年九月十二日

編輯弁言

　　在接下本書逐字稿的總整理工作後，幾種「重」的感覺，不時地在心中交雜著浮現。

　　一是「沉重」，眼中看著電腦上的一字一句，耳裡伴隨著錄音檔的聲音，年少時在西子灣畔教室聆聽老師上課的場景，仍彷彿昨日般歷歷在目，但如今哲人已萎，怎能不令人感到心情的沉重？

　　二是「器重」，老師教導過的優秀學生何其多，而我竟能忝為本書的總主編之一，這份信任與託付，如何不讓人感謝師母的深盼與器重？

　　三是「繁重」，最後匯集給我的全部逐字稿，粗估就有四十餘萬字，要梳理這麼大量的學術錄音文字，讓它能以組織化的面貌呈現，豈能不讓人感到工作量的繁重？

　　四是「慎重」，老師的學問廣而深，講課時旁徵博引，經常信手拈來恰到好處，此種厚實的學術涵養，絕非駑鈍如我者所能望其項背，怎會不讓人戰戰兢兢地慎重此事？

　　五是「任重」，這份錄音檔是老師辭世前一年在「先秦學術專題」課程中的講課內容，成書後可視為老師晚年的圓熟之作而傳諸久遠，此番重責，焉能不讓人感到任重而道遠？

　　就在這五種「重」的感覺下，歲月也同時在全書三階段的整理過程中悄然地流逝。首先是初校，潤飾文句、組織內容、刪除無關段落、理出全書結構、釐定講次章節名稱等等為整理重點，同時還要在

口語風格與書面文句間取得平衡，再加上能勻出的時間有限，一路走走停停下，大約經歷了近三年的時間才完成，是耗時最久的階段。其次是細校，除了進一步修改初校稿文字外，另外還蒐集了課堂中曾提及的論文、講義並逐次編排。最後是定稿，一面統一全文用字並再精簡文字，一面決定附錄文章，為省篇幅，凡正式發表的期刊論文不收，僅於正文中註明參照，所收錄者乃以會議論文、教學講義為限。閱讀本書正文時，若能參照附錄文章，將可收相得益彰之效。

千里之行，始於足下。雖然歷經了五年的光陰，但只要腳步邁開了，即使再遠的路，終有走到的一天。而且我不是踽踽獨行，過程中的群策與群力，是本書得以順利面世的關鍵。感謝編輯小組成員分工聽檔轉謄逐字稿，感謝所有曾參與編輯工作的工讀人員，更感謝師母的全力支持。有了大家的同心協力，我們才能一起完成這項有意義的工作。

老師曾在課程的尾聲中說到，人生命中最基本的問題，最終都會歸結到「養心」與「修身」；而養心與修身，其實就是所謂的「道」。接下來，就讓我們在老師的帶領下，共同來探索人生的──「道」。

吳智雄　謹識

第十六講
荀學的基本概念

先秦思想的重點

　　上學期所談的先秦思想有幾個重點，只要把握住這幾個重點，其他的問題都在這幾點底下發展。

　　一、宗法、封建制度的崩潰。周代的歷史從春秋到戰國，就是一部宗法封建制度的崩潰史，古代人當然不會去討論它必然崩潰的原因。二、結構性缺陷的因素。上學期已經跟大家談到任何制度一定有其結構性缺陷，就好像我們用人體醫學類比一樣，人的基因不是完美的，總有它的缺陷，只要周邊條件一湊合，某些基因的缺陷就開始爆發，制度也是如此。但不管承受的生命體或是這個制度多麼不完美，你只能儘量讓它達到一個比較理想的境地。所以，春秋以禮、戰國以法去強化制度上的不完美。戰國時代的法跟現代法學上的法，意義是有落差的。古代的法比較偏向於法律跟政治面，現代的法除法律跟政治面外，更加上了經濟面。禮、法用另外一種說法，就稱之為典章制度，在孔子思想裏非常重視這個部分，透過典章制度就能夠維繫宗法封建的健全。可是這個典章制度究竟要如何設計？在孔子的時代並沒有新的想法，連到了清朝都沒有什麼太多新的想法，頂多只是把封建跟帝制，也就是在分權跟集權上兩個調整而已。帝制偏向在集權，封建則偏重在分權，但基本上都是屬於家天下的觀念；也就是說，政權是私有的，不像現代有民主以後政權屬於全民的，這是觀念上的轉變。

　　依循典章制度所設計出來各式各樣的政策方法，按照傳統的說法就叫「外王」，「外王」是莊子的話。所以外王、禮、法、典章制度，其實是同樣一個意思，但這是從不同層面去講的。禮壞樂崩也就是典章制度的崩壞，根本的原因在哪？在人。人若不能夠依其社會、政治上的角色遵守典章制度，就叫作「僭越」。僭越的結果就是「子弒其父者，有之；臣弒其君者，有之」。因此，在這個地方能補強的只剩下什麼？即個人遵守他應有的規範。合乎什麼樣的規範？是從當時傳統社會流傳下來，長期以來稱之為倫理的或者道德的規範，這就叫作「內聖」。所以孔子花了很多的篇幅在講跟帝制有關的各種禮，第一步要學的就是內聖，就是要人在言行上去遵循當時的各種禮、規則。所以禮在這個地方有了變化，不是以前的意義。

　　禮的意義很廣，要看它的場景、前後文，它放在政治裏是典章制度，放在生活裏就變成了倫理、道德的規範。可是這種倫理道德規範在實踐的過程當中，可能會被轉換成為一種工具，也就是利用倫理道德而遂其私慾，用現在西方人的觀念叫作「倫理道德的異化」，就是表裏不一。所以內聖就再往深入一層，就變成了自我的要求，孔子稱之為「仁」，孟子稱之為「性善」，王陽明稱之為「良知」，基本上講的都是一樣。於是內聖又昇華一層，可以保障所謂的「他律道德」，他律道德可以實踐，也可以支撐住外在封建的種種典章制度，也就是社會群體、政治領域種種的典章制度。但是這種要深入到內在道德精神層面的部分，畢竟不容易。光要去體認省思這個內在就有困難，為什麼？在日常生活中多少人有那個時間啊！所以它不適合作為一種群體的要求，反而只適合作為個人的修持。比方說，你不能要求每個人通通去學道，都去追求那個良知，因為追求良知的過程要花非常漫長的時間，因為人在生活當中會受到各式各樣的折衝樽俎，所以，孟子講「汩沒其心」，就是說他的良知被日常生活裏的一種追逐所汩沒

了。當被物慾所汩沒時，良知只是沒想到，並不是沒有，或者想到的時候也管不了了。

所以走到內聖路子的時候有兩個部分：一個比較容易，靠著社會教化而形成的「禮」去節制人的行為，這確實比較容易；另一個就很困難了，就是一種道德精神的修持，到後來往往就通到「道」。當通到「道」的時候，在不同的時代、文化背景底下，最後會通到了宗教。前面那個靠的是一種社會教化，運用所謂的群體或法治力量，去提倡好的行為、言行規範，最後就變成禮文教化。它涉及到群體，並交互影響、模仿。向誰模仿？向群體裏邊具有影響力的人模仿，群眾心理一定是這樣，從古到今皆然。如曾國藩所說，「風俗之厚薄奚自乎？自乎一二人心之所嚮而已」。這一、二人就是偶像，古代是以政治地位、權位高者為偶像，一如孔子所謂「君子之德，風。小人之德，草。草上之風必偃」，小人對君子就是偶像崇拜。

轉換到現代，偶像改變了。因為現在的生活開放，訊息溝通非常迅速，所以在政治領域裏要成為偶像，反而不容易。前面一個時代，近代以來一直到五〇年代以前還比較容易，比如說希特勒、史達寧、毛澤東、蔣中正等等，這一類都是魅力型的群眾領袖；其次，社會上的意見領袖也還可以成為魅力的偶像。可是轉換到晚近半世紀以來，傳播從電台、收音機，再擴散到電視、網路以後，很多的領域都產生各自的偶像，反而在知識領域裏邊不容易有偶像的出現。為什麼？因為知識普及了！所謂的知識菁英、偶像，比如早先的胡適、魯迅等這些人，可以成為一種宗師、可以成為偶像，但是晚近因為知識普及化的關係，這些偶像反而平淺化了，而這些還是屬於知識上比較高階的。到了中低階就叫作大眾文化，大眾文化中偶像的風靡就很興盛。偶像的風靡一興盛，這些偶像裏的人就可以起一個影響力的作用，這是偶像人物的一個變化。而在傳統的社會沒有多媒體的傳播，大部分

集中在政治場域，或者各地方裏面的政治人物和富有人家，以他們的影響力去推廣所謂的他律道德，也就是所謂的禮。

所以，大體上，一個是制度上設計的——「外王」，一個是人們服膺這個制度所需要的言行條件——「內聖」。「內聖」的第一個意義是他律倫理，等於是社會倫理道德；內聖的第二層意義，就深入到人心裏邊的良知或者是仁，不是宗教，卻又有宗教的境地。就好像爬山，你可以從不同的途徑上去，但是最後到達的最高點都是一樣，此即《易‧繫辭》所言「天下一致而百慮，殊途而同歸」。所以，不論從孔子的仁、孟子的性善、《大學》的明德、《中庸》的誠，其所到達的境界都是一樣的；又如道家所講的「道」，莊子講的「至人」、「神人」，《道德經》講的「聖人」、「虛靜」、「損」，甚至佛教講的「禪定」，最後到達了「空」、「佛性」與「正般若」。天主教以「信德默觀」走向「超德向度」一樣，至於回教也是一樣，就是人的精神最高階都是一樣，只因為文化背景的不同，達到的路徑不同，用的方法不一樣。

內聖與外王的層次

在這幾個領域裏，你要怎麼選擇？因為不圓滿，所以投身在裏邊的時候，個人的選擇就很重要。選擇走外王的路子，那就是古代的入世，對不對？走仕宦之途。在裏面載浮載沉。很快地，外王、禮樂、又會跟他律道德起衝突，這是內聖的第一個層次。一衝突，你能不能夠度得過去？或者度不過去？如果你不願意繼續任事，那就離開，走到第三條路的內聖去了。第三條路的內聖，中國傳統常常歸到「隱逸」，因為學說上的關係，被歸類為道家。其實，孔子會不會有隱逸的念頭？有啊！「危邦不入，亂邦不居」，不就是這個念頭！隱居以

後要跑哪裏去啊？可以回家種田，跟陶淵明一樣隱於鄉野，也可以隱於市井，所謂大隱隱於市。一個人在一生當中可能的選擇，大體上是如此。古今各式各樣的文學，就從此處延伸出來。抓住這幾個簡單的綱領，將過去所探討的東西，放到先秦思想綱要裏，就如網在綱，非常清楚了。

第一個層次，你可以說它是宗法封建，或者說禮樂精神，或者說外王也可以。這個部分可能淪為被操縱的工具，為了彌補這一點，為了讓工具發揮有益而不是有害的作用。因此，強調了對言行的要求，就變成所謂道德，或者叫作社會倫理。這是第一個意義的內聖，第二個層次。第二個意義的內聖，可以說是仁，是心性，也可以說是良知等等通通都可以，這是第三個層次。當我們在討論孔子的時候，《論語》討論了政事之後，就是討論到心性這方面。討論政事，連帶涉及到個人德性的修持，是不是就變到了第二個層次的內聖的位置，對不對？由於這個路子很難普及，不是人人可行。所以，就有被異化、被工具化的可能性，而有不圓滿之處，亦即傳統所謂假道學。所以第三個層次的內聖，就變成了隱逸。

基本上，抓住這幾個要點，你就可以知道如何套上去。比如說荀卿，大部分都強調禮樂、典章、制度、外王的部分。如果按比重來講，談論禮樂、外王的有七，談到內聖的是三，內聖裏面涉及到所謂外在的倫理道德部分，差不多有二，所以剩下一小部分才談到道德。像〈不苟〉篇，承著《中庸》而來，才會談到個人的內在道德。

以我們現代所讀的書來看，大部分都集中在「外王」，最上面的部分。接著第二個，就是內聖，後來構築成為社會科學跟人文科學。用大學科系來劃分好了，政治系、法律系、外交系、社會系、經濟系、統計系、會計系，到現在搞到大雜燴的管理學院，都在這裏面。在社會科學裏面用什麼來支撐它？他律的道德倫理，對不對？沒有的

話，就變成了什麼？像今天的金融海嘯、雷曼兄弟的垮臺，甚至那個什麼紅火案，你們可以看到各式各樣的社會失序、詐欺事件，政治上也是如此。

　　古代人談問題，不會像我們現在分割開來只談單一的，他是經常涵蓋住內聖跟外王兩個領域。如果拿《道德經》來講，有沒有涵蓋這兩個領域？有！《道德經》的外王之道，不是就典章制度方面談，而是談面對群體的時候，怎麼運用典章制度的策略。因為典章制度是死的，而人處在現實世界裏面才是困境。《道德經》批判這個現實世界時，比較少談第一個意義的內聖、他律道德。為什麼？因為，一下子就看穿「他律道德」常常是人異化的途徑，被拿來當工具，所以「失道然後德，失德然後仁，失仁然後義，失義然後禮」。到禮的時候，就變成「忠信之薄而亂之首」，他律的禮已被工具化了。所以，《道德經》強調內聖的第二個意義，只是它的內聖不是儒家方式而有屬於自己的途徑，那只是說法不一樣！如果要仔細分析的話，可以把《道德經》講的損之又損，然後到內觀，可以跟《大學》、《中庸》綜合起來講都可以，兩個意思都一樣，談的對象都一樣，只是用詞不同。就是當內心精神提升的時候，你會碰到哪些問題？哪些過程？古代書籍當然沒有講得那麼仔細。但如果能夠執簡馭繁，能夠把問題定位。把古今以來這些思想定位，放在適當的位置，然後深入細節去探討時，你就不會迷失。

荀卿書的傳本過程

　　關於荀子〈脩身〉的部分，首先我給大家的就是劉向寫的〈荀卿書錄〉。荀卿的本傳很單純，《史記・孟荀列傳》是基本的生平。不過，關於劉向的〈孫卿書錄〉，我稍微解釋一下他為何這樣寫，提醒

一下他講的重點。因為劉向是漢代人，所以在寫法上寫孫卿，然後講李斯、韓非，後面接著又講他去見諸侯，講孟子、蘇秦、張儀，然後是董仲舒，一直到漢代的人，寫的好像零零落落的，看起來好像很凌亂，對不對？實際上不是。他從李斯以下都是在講荀卿的影響力。用陪襯的方式來顯出荀卿學說的特點、影響力。那要用什麼方式去陪襯呢？就是當時其他各種不同的說法，還有承繼他的說法的人，以及相對地跟其他各家的比較，以凸顯出荀卿遵循所謂禮義之學的優越性。這樣一路寫到漢朝。漢朝對董仲舒非常尊重，漢朝學者稱董仲舒叫董生，就是董先生的意思，《史記》也稱他為董生，劉向在書錄裏邊也稱他為董先生。這裏附帶說明一下，「先生」是一個尊稱，一直沿用到了清、民國。都把「先生」作為對一位教師、教授職位的敬稱。所以給女老師上面的聘書，寫的也都是「某某先生」，因為這個稱呼是從民國初年大陸一直流傳下來的，但現在這個名稱已經不太用了。

　　至於荀卿這本書呢？我們看劉向說的：「所校讎中《孫卿書》凡三百二十二篇，以相校，除復重二百九十篇，定著三十二篇，皆以定殺青，簡書可繕寫。」所校讎中，「中」不是平常所講的中間，它是專有名詞，是國家藏書典籍。所校讎中，「中」就是宮廷裏邊的藏書之處。裏邊有孫卿書，他看了有三百二十二篇，然後相較，除復重二百九十篇，訂注三十二篇，皆已訂殺青簡書可繕寫。因為劉向當時負責整理圖書，所以他確認三十二篇已訂殺青。殺青是什麼意思？就是說書寫工具都準備好啦！我們現在也用「殺青」一詞，殺青就是指竹子外面的青皮要先用刀子削掉，削掉以後竹子還要炒，去掉潮濕，還要曬乾，曬乾以後才能夠在上面寫字。開始是用刀筆寫，後來用毛筆，可以用毛筆在上面寫字等曬乾。這些竹子都要截成一段一段，經書的本子最大，長、高尺寸都較大，其他的書籍長度比較短，是有分別的。所以劉向說簡書可繕寫，都準備好了。書寫的工具有了，文章

也確認了，那麼就可以開始寫了，寫下來後就叫作訂本，就是標準本的意思，可為天下法。前面這些文章，最後會有復重兩百九十篇，然後編成三十二篇。

為什麼會有復重？古代文章流傳方式跟現代不一樣。荀卿的時代，那時還沒有墨，他用刀筆，所以一個刀筆刻下來就是寫一篇。假設說〈脩身〉篇，〈脩身〉篇有多少個字？荀子講完以後，他的弟子不太可能自己刻，找人刻當然就要花錢。你們看明朝買不起書的窮讀書人，向有錢人家借書過來自己抄，一邊抄一邊讀，抄書時還可以再讀，抄完再還給人家。不是像我們現在上網蒐尋，一下子就全轉載下來了。古人讀書是很辛苦的，請人抄書也要有工錢，再加上竹片的錢，這些都是可以想見的過程。荀卿弟子不可能像劉向一樣，一下子就可以看到三十二篇完整的本子，荀卿也不是一下子就把三十二篇寫完，寫完後開始收學生，學生來一人發一本，不是這樣子的啊！荀子可能是與學生談完了，回去想想有心得以後，就把談的東西寫下來，也或者是常把讀書的心得寫下來。就算是弟子傳抄，也會有所不同。弟子來的時間，也有前後的不同，有的弟子來得早，待個一兩年就回去了，後來荀卿又有新的東西，回去的老學生他就沒有謄寫到，對不對？來晚的，他可能把荀卿的東西都抄完了，出去以後，當他與別人聊天，就會把抄過的東西拿給別人看，第三者如果覺得這個不錯，當然又會借去輾轉傳抄。抄了以後，這個東西就擱在那個地方也不會拿去賣，有一些文辭是後人用具體生活的可能性填補進去。通常比較有地位的人，比如說侯王、大官員、公卿大夫，家裏都有這些書，後來他死了，家人就給它順便放進棺木裏去，就好像我們現代人一樣，你覺得他很喜歡這個，就放進棺木去！古人丟進去以後，就是我們今天挖墳的時候，挖出來看到的竹簡、帛書；而我們今天挖出來的，也就是那時代輾轉傳抄的結果，所以和今天看到的文字是不大相同的。

　　漢代有兩次大規模的圖書蒐集，第一次就是河間獻王劉德到處蒐集圖書。凡是有人願意捐的，他就給他一筆錢，把拿過來的這一本給他姪子，叫人來抄，抄本再還給他，他獻的那個本子，劉德就收起來，所以劉德收集了春秋戰國時代的先秦書最多。最後，這些東西慢慢就聚集並流傳到宮廷裏邊，還有其他各地所傳的。至於他們所得到的這些書，是不是荀卿那時候的第一手？荀卿寫完以後叫人家給他刻的第一手資料？不見得。荀卿原本第一手在哪裏？不知道。你也沒辦法判斷，對不對？從常理推測，漢代人所拿到的，很可能是第二手，也可能是荀卿弟子、朋友、子孫、親戚跟他要傳抄過去的，第三、第四、第五手。經過這麼多手以後會怎麼樣？你再怎麼仔細去校，刻字總會刻漏，這叫「脫文」。有的筆畫刻錯了，多一筆少一筆，有時候刻得煩了，以訛傳訛就寫錯了。像現在寫字，要寫很多很快的時候，你可用簡體字寫快一點，刻也是這個樣。所以劉向才會集中校刊，在他手裏看到的總共有三百二十二篇，並有很多重複。比如說各地來的〈脩身〉篇有八篇，〈王霸〉篇可能有三篇，再去比對出一個比較完整的，所以校讎很費工夫，這樣才得出來三十二篇。

　　出土書籍的背景大致是這樣，其他的現象也大多數是如此。我們現在常常談論一些新出土的東西，但它的權威性或準確性不一定會高過從劉向校書以後歷來的傳本，原因就在這裏。

荀卿生平概說

　　至於荀卿的生平概況，大家可以了解一下。到荀子時已經是游士的時代，也就是說，諸侯分裂，各諸侯國為了要提振自己的國力，光靠自己宗室裏的人是不夠的，所以開始願意吸取新的人才。從這裏來看，社會變遷是有條件的，人總是禍福相倚啊！春秋時代很多的諸侯

小國被滅掉,如果沒有被滅掉,知識是出不來的。為什麼?原是貴族的人,被滅掉以後淪為平民,就靠曾經讀過的這些書去謀生。教人家要收取束脩。那誰來學?如果投資報酬率太低的話,人家要來學嗎?不會的,對不對?但是知識這樣的東西,對於一般原來是省吃儉用的平民小老百姓,或者稍微聰明能夠賺一點錢的商人來說,畢竟是奢侈品,所以一開始一定是少數。有人有了知識以後,他會想辦法,比如到一個諸侯國的官僚系統裏邊的低階官員做起。咦!覺得有好處,其他人看到有好處就跟著去學了。所以《韓非子》不是講「中章、胥己仕,邑之棄田圃而隨文學者邑之半」,就是說中章、胥己讀書了,讀書以後又當了一個小官,結果鄉裏的人都知道,知道以後呢?家裏就催著:去給我讀書,一大半人就跟著去學習、去讀書。書讀出來以後,在還沒有規則、規範的時代,那就得自己找工作。所以這些諸侯以及諸侯的貴公子,就形成一種叫作養士的風氣。我們今天叫養士,那個時代這些士都是到處跑!就好像現代每到過年的時候,大家就開始大跳槽一樣。很多人從這公司跳到那公司,一定是這樣子啊!

　　但是,擁有主導權的,還是各諸侯宗室當中的掌權人。所以游士的位階不高,甚至於連正式位階都沒有,前清有時候叫作清客,沒事裝著很忙的樣子,但實際上是沒事的,只是混口飯吃!這裏邊少數人有時候也能夠擔任高位,但數目很少,而且高度不穩定。為什麼?第一,宗室裏的人會排斥你、嫉妒你。道理很簡單啊!比如說你到了一家私人公司,私人公司中高階位置都是他們家族裏的人,尤其這公司是家族企業的話,那你往上爬到上面的時候,在工作當中跟他們家族裏的人一定會有互動。互動的時候,你一定是矮一截的啊!為什麼?他是他們家的人,他不會被開除啊!你不是,你是外人。真要把他趕出去,他就找爺爺、找奶奶,再不然找爸爸、媽媽、姑姑、阿姨等等,像肉粽一樣一大串的包圍,家族企業就這樣。所以你對這些人都

要禮敬三分，能力再強，你覺得這些傢伙都是飯桶，可是你對他們還是得禮敬三分，因為那是大老闆身邊的人啊！他們都是同一個家族的人。你能力很強，大老闆願意把你拉拔上來，那些家族裏邊的人，自己沒有擺在那個位置上面，他們第一個心理就不舒服，很容易產嫉妒！給你穿小鞋，你要下個命令辦什麼事，他這個不行、那個也不行。他職位雖然比你低，但仗著是家族裏面的人，就可以阻礙你。這是人類組織的一種權力關係，所以，當你在史書中看到游士時，你要填補什麼進去？填補經驗進去。可是這個經驗，在你念書的時候不會講，必須等畢業以後去工作，還要有機會碰到這種場所，或者聽來，你才會懂，不然你根本不曉得，傻愣愣的就進入這類家族企業的話，被人家惡整趕出去了。你才發現原來如此。

　　這些事情在史書裏會不會講？不會講。因為這些都太細節了。基本上，游士是客人，客人隨時可以走，暫時給你一個客卿高位，只要有貢獻，他就給你一個賞賜，但一有問題，你就走人了。所以孟子說：「趙孟能貴之，趙孟能賤之。」荀卿也等於是游士，後來還當過祭酒，受到尊重；但從史書來看，他們還不是內圈的核心人物，仍都是在外圈的。荀卿在當時游士裏面算是一個領袖，類似今天各政黨所屬的基金會，統合非正式名稱就叫作「智庫」。智庫不是一個正式的名稱，正式的名稱就用一個基金會或者研究機構那樣的名稱包裝，主要是做些政策研究。這時就提供一個負責人的名位給你，當有什麼事情問你，你就找底下的研究人員提供各式各樣的意見。所以，當這個地方待久了，覺得沒什麼發展，也上不去，剛好別的地方有機會或者輾轉聽到哪裏在找人，那就跑了，跟我們今天很類似。

　　荀卿到蘭陵，最後當個小小的蘭陵令。基本上，荀卿比孟子好一點，起碼還當個小縣令，對不對？孟子什麼都沒有撈到，孔子更慘，也是什麼東西都沒有，最後栖栖惶惶如喪家之犬跑回魯國。人生際遇

與學問是兩碼子事,孔子著作流傳千古,到現在還廣為流傳,可是生平際遇又怎麼樣?很不好。

荀學的「善偽」

荀卿提到「善偽」,我們要先了解一下那時代的背景,再來談善偽。《詩》、《禮》、《易》、《春秋》等等這些典籍,都是春秋時代從檔案、文獻慢慢匯集起來的。匯集起來以後成為這些書,就是我們現在讀的經學。《詩》、《禮》、《易》、《春秋》經等等,距離今天的我們很遠,上課當教材研讀,讀完就完了,僅僅讀懂就算完畢了,沒什麼意義。但漢代人能將當時的宗法封建跟現況結合起來,這就叫「善偽」;換句話說,他們能將理論跟應用同時並行。

如果轉換到今天,當我們去讀《詩》、《禮》、《易》、《春秋》等等,你如何將理論與實際同時並行應用?就必須拿當代的社會、文化、政治等等各種現象,拿來交互的比較、評論。即使時代變遷有很大的落差,但還是可以互相的比較,《荀子》、《韓非》、《周易》或者《左傳》,在今天如果只就文本詮釋,就只是最基礎的,還是要進一步拿來跟當代世界、社會,至少臺灣或是中國的環境來作比況才有意義。一做比況,最快的方式是什麼?以傳統的注解方式,就像《左傳》用「傳」,「傳」是什麼?「傳」就是把歷史事蹟,用一個故事來解釋,說明經文的意義。所以以當代發生的事情做比況,這種以故事解釋經文意義,用今天的話來講,放在社會科學就叫個案研究(case study)。例如《左傳》講晉獻公的故事,就從晉獻公的事拉出來放在時代裏敘述。荀子讀那些東西的時候,就會放到戰國時代,以當時各諸侯國,發生類似晉獻公殺世子申生的事情做類比,以他當時所知道、所能夠知道的事來重新解釋。晉獻公殺世子申生的事情就是繼承

問題所發生的動亂，荀子時期就會以時代背景做互相比配，對不對？後來，到唐宋時期也以同樣的念法來解經。到現在來講呢？你拿什麼例子能夠比配？繼承問題所發生的紛亂可拿王永慶、林挺生啊！對不對？這就是「傳」。所以，這個註就是拿現代的事情做今註，在團團的注解裏做個案研究。這個個案可以拿古代，也可以拿現代，所以漢朝人叫作「通經」，然後接著再談「致用」。經是要放到現實世界、現實環境來解讀，然後才能叫作「通」。這個通不只是橫向的通，通到《詩》、《禮》、《易》、《春秋》；而且也是縱向的通，通到禮及當時那個時代。荀子所謂的「善偽」，就是這樣的意義。

今天要談經學，就只有中文系，因為沒有其他科系談經學。但中文系談經學的最大毛病在哪裏？不會「善偽」，就是說，不會想到跟現代結合。那麼，前一代的會不會？這要看背景。如純粹經學家學者出身的，不見得會這樣子用；如果他的背景是政務人員，像有一個剛過世不久、蠻高壽的毓鋆，毓老是屬於前清的人啊！因為他有清代政治環境的背景，所以他講《公羊》，可以拿政治事件來作類比。那是正確的讀經方法。今天教經學的老師對當代事物都不見得懂，包括經濟的、法律的、政治的、社會的問題，乃至於文化的問題，你結合不起來。如果結合不起來，也沒關係，至少在傳嘛！最重要的就是，讀的人如果懂得結合起來就好了。說這個是讓大家了解，讀經書一定要結合現實。

綜觀整部《左傳》，先秦最根本的問題，大部分動盪的原因，都是繼承問題。這種繼承問題，只要是私有的一定會碰到，一碰到繼承問題，內部就很容易產生紛爭。今天的企業也是一樣，因為是私人的，只要是私人的，處理不好經常會發生繼承問題。繼承能不能順暢，會影響到未來的營運。只不過古代是王權，現今是經營權，這是古今的差異。

「道」與「術」的觀念

　　劉向在他那個時代推崇荀卿提倡禮樂、講正道，為什麼？是不是其他學說真的不好？不是！而是從傳統的宗法封建到現代的民主國家都一樣，在處理問題上，不管是政治、商業，乃至於學術領域，或者整體的國家，它有正道、有奇道。正道就是一種穩定型態，這種穩定型態需要光明正大的規範，稱作為「道」；相對地，一種很特殊、詭譎的方法，藏在位階底下，就叫作「術」。「道」是人盡皆知、大家共所依循的；「術」是因應特定環境、特定事件而採取的變化，可稱之奇道。所以，有道、術這兩個概念。換成現在的話來講，政策是道，可以比較長久依循的，策略就是術，是短期達到目標可以採用的方法。基本上，在戰國時代，荀卿等儒家在討論辯難的時候，常常會把其他各種學說，或者兵家、法家、墨家等等，好像都打成是錯誤的、不可用的。事實上，主要是互相辯難，他們並不否定其他各家。禮樂、典章到社會倫理、道德討論，都是屬於「道」。它是正道，需要維持其穩定性，就好像樹、房子的結構體，是不能動的，其他的都是屬於特殊狀況底下所要用的術。所以，儒家的思想，就像房子的主結構；而任何其他部分，比如要修飾房子，這裏要貼什麼？要不要多個屋簷？窗子要怎麼弄？都是可以彈性調整的，看需求罷了，所謂的諸子之學大概就是如此。

　　為什麼我把儒家擺在前面？其實《道德經》也講過「以正治國」，但是「以奇用兵」。治國是對內部，對內部的時候需要秩序、和諧、穩定，不可能內部亂烘烘的，這樣對外部來的衝擊要怎麼對付？跟外部對抗的時候，為了自我的生存，甚至為了克敵制勝，才用奇，用各種方法，這是功能上的不同。因此，先秦諸子學說在爭辯的時候，從功能去看，就比較容易把握住，這是基本的。如果跳到現代，

你說大陸還要不要再說是共產主義？當然放棄了！為什麼共產不可行？因為共產只能存在一個非常小的團體裏面，而且這個小團體只能小到以家為單位，當跨越兩個家或兩個宗族的時候，就有問題了。例如一個部落裏大家共同打獵、一起種田，所有的收成，大家可以一起享用，因為這個部落都是同一個血緣。可是涉及到另外一個姻親關係，女孩子嫁到別的部落，或者從別的部落娶女孩子過來，她就成為這個部落的人，但是能不能跟別的部落混雜？在財產上是不能的。更何況發展到數十億人口的全球，一個國家動輒數億人口，怎麼樣實施共產，有根本上的困難，所以不可能實施，一定要私有財產，這是「正」。

但「共產」是一個什麼概念？是因為私有財產的社會會造成很多的不平等、很多的流弊，為了彌補流弊，這時可以作為一種「術」來彌補。比如用稅收的提供成為福利政策。所以共產本來是對私產的缺點進行針砭，但要取代是不行的。你只能彌補它的缺點，彌補的方法就是社會福利。所以，你可以看到社會福利是因共產而產生，但彌補過度的時候，社會福利本身就產生潛在的危機。社會福利必須要適當，不能一直擴大，無限上綱到沒有限度。當超過一定的限度時，個人所擁有私產就會受到排擠。因為比例越高，稅抽得也越重，最後不就等於是共產了嗎？一到共產了以後，大家還努力幹什麼？共產制度是不需要努力的呀！所以稅賦太重的時候，整個社會的生產率就會降低；生產率降低，經濟就會衰退；經濟衰退以後，越多的共產，就以國家為單位去借錢，東借西借，借了一堆，就像現在的希臘。

除了社會福利的支出，另外一種是政府的公共支出。實際上，每個人都會照顧自己，但是有一些不是個人所能做而要由政府去做的，政府要照顧人民；但政府又不能做太多，當做太多而超過了某個程度的時候，把所抽去的稅，花在公共支出來照顧特殊的固定族群時，大

家就不高興了。所以共產的觀念實際上是來自於不平等、貧富懸殊的現象，它要針砭的是社會有壓榨、工作有壓迫等等社會現象。但只能彌補它的缺點，而不能取代它；也就是說，不能削足適履，因噎廢食。

荀學的現代詮釋舉例

儒家強調的禮樂，是從周代承繼而來，不是儒家自己發明的。因周代本身是一個比較穩定性的社會，但也會變成不穩定，甚至整個被破壞掉，那就進入到春秋以後了。但不能因為禮樂有某些缺點，就乾脆整個都取消掉，而應該去發揮其正面的功能，因為別無取代。至於其他諸子呢？就是作為一種輔助的作用，針對特定問題，提供特定的辦法。

所以我從這個地方跳躍到當代，你會了解到，在歐債風暴裏最嚴重的希臘，乃至於北歐的一些國家，原本我們羨慕的社福，當它超過一定的比率、法律上限時，國家財政負擔過高，這就叫作赤字預算。赤字預算越來越高，表面上你是現在借錢，但赤字預算的債是叫你的兒子、孫輩償還。這代借錢，下代掏錢，他們很辛苦。等他們慢慢長大成為青年的時候，他們恨死你們這些上一代、上兩代的人，因為你們都把我們的東西都吃光了。所以，過度的社會福利，它就是會沾上一點共產的流弊。這種過度的社會福利，其實都是以公共支出之名行社會主義之實。因此當一個國家的公共支出太高的時候，就會碰到這個問題。你可以看到這些公共支出，凡是屬於浪費的或者凡是屬於大家共同支出的，容易導致財務的無效率運用。這樣的問題不是什麼主義的問題，而是國家財政分配的問題。你說我們的健保好不好？很好啊！別的國家都很喜歡，對不對？很多跑到美國定居而成為美籍的，又拿中華民國的護照，每年都跑回來弄牙齒、眼睛，他繳稅在美國，

可是回來吃健保啊！對不對？所以現在才限制他。他取巧嘛！但是健保本身有沒有缺陷？為什麼健保一定會虧損？我看它非虧損不可，為什麼？因為大家出了錢以後，醫療體系從這裏拿錢，他哪有那麼謙虛說：啊呀！我算便宜一點啦！我不要拿那麼多啦！那是不可能。醫療體系也是人組成的，仍有一種人性的共同缺點，就是說，這裏有一塊肉，當大家都圍在這個地方，大家就是指醫療體系，好像圍著一塊肉，沒有規定誰可以拿多少，大家是不是儘量拿得越多越好？一定是這樣子的。可是這是公共的啊！現在只有這塊肉，這一百斤肉在這個地方，我們通通拿，一下子就透支了，你再多送五十斤來，我也把你吃光光，一樣的道理。為了吃這塊肉，我就想盡各種理由：因為我肚子很餓啊！我剛才運動啦！我剛才拉肚子啦！我現在太餓啦！所以我要吃。健保就這個樣子，還沒看到醫生，他就先開始給你各種 X 光照片、檢驗等等，還沒有醫療前，就已經拿了一大堆了，更何況醫療進行的時候。那你說這是什麼？這就是制度。

所以從古到今，你可以看到它所探討的問題，根源上是一樣的。社會變遷的演變，我們看到好像差異很大，其實，它們最根本的道理都是一樣的。上述所談的健保，我們可以說它是一種結構性的缺陷，這種結構性缺陷跟共產主義、資本主義全球化一樣都有。現在能做的就是把那個結構性的缺陷降到最低，儘量讓它走到一個比較平衡的階段，也只能做到這些了，你不可能把它全切除掉。

以上是從荀卿學術思想裏面延伸出來的解說，一定要有規則、法律。進入到現代，一切就要比較精細的計算，古代就沒有那麼精細，因為古代畢竟是農業社會。現代除了健保制度，還有各地方政府建的「蚊子館」（泛指地方政府蓋的圖書館、文化中心等棄之不用的公共建設），它背後的原理都一樣，蚊子館是各地區民意代表要的，到選舉時可做政績宣傳，這個政府為了要能夠保住地方選舉的優勢，也只

能要什麼就給什麼！所以，整個地方建設工程費，表象上是地方民意代表努力以赴地爭取，實際上，就像有一大塊肉，大家都要吃，地方民意代表有權先分掉一樣。所以很多公共建設蓋好以後，因沒用都變成了蚊子館，很多民主國家的公共設施就是這個樣子，像這一類的事情可稱之為結構性缺陷。但民主制度並非一無是處，也有它的好處，但是要發展到一個良好的階段，說實在也不容易。即使是美國、歐洲，你能說不民主嗎？民主啊！但是出現問題的時候也都一樣地，這個就稱之為結構性缺陷。注意！在很多領域裏邊都會出現同樣的問題，不關你關心什麼，稍微仔細分析一下，大概就看得出來什麼叫作結構性缺陷。

這個學期，基本上談荀卿，《大學》、《中庸》會稍微跟大家講一下，然後就講道家、法家，今天談到這裏。

第十七講
荀子修身主張概要

由卡內基原則談起

這學期第一個單元跟大家談修身，就從《荀子・脩身》談起，然後再談外王，我會各取一個例子來說明。

要怎麼看待「修身」這件事？我們中文系從大學一直聽到現在，所以你會覺得修身很平常，但實際上要看是什麼人講。我先講一篇從《經理人月刊》下載的一篇文章，標題是〈成功人士的教練 —— 戴爾・卡內基〉，內容講的是卡內基原則。

這裏面談到有一個老美作家跟廣播主持人 Lowell Thomas 他的一本小書，叫作《卡內基溝通與人際關係》，英文書名是 "*How To Win Friends & Influence People*"，就是說「如何贏得朋友以及影響別人」。從這兩個翻譯來看，英文還比較明確。你說 Win Friends，要怎麼樣才能贏得朋友？而要影響別人，當然就是溝通。跟誰溝通？當然是跟人溝通。人際關係是溝通的場所，所以這裏的中文翻譯不太好，應該要翻成「卡內基與人際溝通」、「就卡內基論人際溝通」兩種都可以。在這本書的序言中說到：在一九三五年，就是抗戰前的民國二十四年一月，在一個寒冷冬天的夜晚，有二五〇〇個男女湧進紐約賓夕法尼亞飯店的舞廳。這些人做完一天的工作後，為什麼還要跑來這個地方站一個半小時？因為他們看到兩天前紐約的《太陽報》上有一整頁的廣告，廣告上面寫「學習流利的說話，準備做一個領導者」。

這個廣告當然有吸引力，作者湯瑪斯就說，一個成人最關心的除

了他的健康（不過這不一定，一個二、三十歲的成人不會特別關心自己的健康，因為這是他本來就有的，除非極少數的特例，大部分都是到了接近五十歲，才開始擔心自己的健康）以外，最想學的就是做人處世的方法。他們最想得到的是，可以立刻利用在商業社交跟家庭的建議，結果他們發現什麼？多數事業上最成功的人，除了知識以外，還要具有表達說服的能力、把自己和自己的想法推銷出去的才華。這時候他們才恍然大悟，假如一個人要在商業界出人頭地，個性和說話的能力，比那些死知識跟一流大學的文憑都來得重要。

相隔大約七十五年後的今天，職場上的男男女女仍舊面臨相同的課題，職涯升遷到某個重要關卡的時候，性格、態度、溝通能力，絕對比一般能力跟文憑、知識能力還要重要。卡內基訓練已經持續將近一個世紀了，全世界七十八個國家、超過七百萬人參加過相關課程，有很多是企業領導者或者高階經理人。他們在成功改變自己的同時，不但工作更加順遂，家人還有員工也都跟著受惠。他們甚至將卡內基訓練引進企業，培養專業人士晉身經理人、經理人轉型為領導者的內訓課程，這是第一個部分。第二個部分的標題，就從練習實踐運用之中提升你的自信。他說在一九三二年的時候，經濟大蕭條，波及到卡內基的事業，所以他趁著空檔，在夏天到了中國旅遊。他看到中國很多窮人時得到了一個激勵，他說，即使花掉最後一塊錢，還是能活得好好的。他說，如果需要生活費，還能夠在餐廳洗碗過活；如果事業失敗，還是可以回家鄉農場，幫他的父親種玉米、擠牛奶。因為經濟大蕭條，他就跑出來看看人家生活得更慘，覺得自己也沒到光腳的地步。卡內基曾說過，這一趟中國行是他一生中最有價值的冒險，從中學到了克服憂慮、處理壓力、積極增強態度。

一九三二年是經濟大蕭條，在隔四年之後的一九三六年，像現代歐債風暴前面有金融海嘯一樣，卡內基就出版了《卡內基溝通與人際

關係》這本書。他匯集並整理了一九一二年以來的上課內容，就像上
課講義一樣，第一次印了五千本，本來擔心銷路不好，為什麼？因為
這些上課內容都是自古以來就有的教訓格言，所以卡內基自己掏腰包
買了二千五百本，沒想到幾個禮拜以後賣到第八版，而且銷售量繼續
增加。黑幼龍在《卡內基為什麼成功》裏說，有人開玩笑說那本書是
人類有史以來第三大暢銷書，僅次於《聖經》跟《毛語錄》。在《卡
內基溝通與人際關係》，他提出了三十項的卡內基原則，其實就像
《論語》的格言一樣，成為人們增進溝通與人際關係的金科玉律。

　　到了一九四八年，卡內基又出版了《如何停止憂慮開創人生》這
本書。其實中文書名的翻譯不對，英文書名是 *"How to Stop Worrying
& Start Living"*，中文如果翻譯成「如何停止憂慮開創人生」，「開創
人生」成為受詞，意思就會變成怎麼樣停止開創人生，可是人家原來
的意思是要你停止憂慮並且開創人生，是有兩個意思的，所以中文翻
譯是不對的，這時候你就會發現中文能力很重要。像我們中文系會寫
古文，會寫現代的語體文，文辭運作非常靈活，從英文翻譯出來的中
文會非常優美，而不是像這個樣子，連意思都搞錯了。所以你們有機
會還是可以研讀一下英文，就當消遣也可以。一次翻譯一小段，看到
人家的翻譯再重翻一次，久了甚至可以穿插古文進去，古文的構句穿
插進去會更貼切。現代人不太知道用比較細膩的文辭來表達內涵，因
為在語體文裏沒有。

　　卡內基出版了這本書後，他把課堂中談到克服憂慮的準則，又彙
編成為另外三十項的卡內基原則。卡內基曾經自己形容，他的訓練課
程就是專為成人設計的人際關係實驗室、克服憂慮的實驗室。他歸納
出來的原則，確實猶如千千萬萬人的生活實戰體驗，看來很簡單的常
識，卻又意味深長。到了二〇〇六年，美國國際管理機構選出了五十
位得以列入名人堂的管理大師，這位被譽為二十世紀成人教育先驅者

的卡內基也名列其中。卡內基入選的原因是什麼？著作與訓練課程成
為美國二十世紀的象徵，淺顯易懂且有效的人際關係技巧，而成為美
國文化的一部分。卡內基說，你一直覺得在專業方面具有傑出的表
現，但是苦於嚴重缺乏待人處事的軟技巧（soft skills），現在人喜歡
叫軟技巧，它不是硬梆梆可以使用的知識，這其實就是你的素養。他
說這五十一項戴爾・卡內基的成功密技，可以幫助你一臂之力，只要
每天在生活中親身實踐，就能夠協助你培養積極正向的心理健康能
力，肯定自己的自信，建立信任的人際關係或者合作的溝通力，有效
的督導能力，達成業績的銷售力，迎向成功亮麗的人生。

立心要真誠

這五十一條卡內基原則，不要說用《論語》、《孟子》什麼的，光
用《荀子・脩身》就差不多都涵蓋了。卡內基的這些原則還是很凌
亂，所以我重編了以後，用《荀子》再鋪上去。最後一條因為西方的
背景，當然叫你要祈禱，這就姑且不論。

前面的五十個原則切割開來，其實就是你對自己以及對外，對外
分成對事、對人。這些內容，如果從儒家或者道家的角度來看，真的
就類似中國傳統裏《菜根譚》或者《朱子家訓》、《朱子格言》、《顏世
家訓》這一類的東西，這些東西有時候就是生活上的外顯。我們談修
身的時候有兩個部分：一個是外顯而合乎世俗的倫理規範，一種是內
在心性的鍛鍊。卡內基當然談不到內在心性，只是在理性層面談，要
有意識的、有自覺的提醒自己。因為，畢竟他沒有這種文化傳統。他
這種文化傳統要到哪裏去找？要到西方人的宗教——基督教、天主
教。他在寫那些原則的時候，也提起一個說明，比如你在自我惕勵的
時候，他在第三十九條列了「你只活到今天的方格中」，意思就是說

明不要擔心未來，只要活在今天。這個話雖然沒有錯，可是問題來了，如果我就偏偏會一直擔心未來，那你說該怎麼辦？

這時他沒辦法告訴你不要擔心未來，對不對？這是個人心性上的問題。比如說，我告訴你考試考壞了不要擔心，可是我考壞了一定擔心，怎麼會不擔心呢？做生意的人失敗了，不要擔心，可是我的錢都沒了，我都快垮掉了，怎麼會不擔心？這個時候要靠什麼？就不是這個層次了，而是內在心性的鍛鍊。

我剛剛從這個作為引子，你說這些東西在《聖經》裏有沒有？可能有，可以抽取一些，再轉換場景到二十世紀，變成了管理學。如果你現在在外面，比如說在國父紀念館，你開個課光講《論語》，請問那些大老闆會不會去聽？不會。《論語》是什麼東西啊？《荀子》？沒聽過。但是如果你改一下，叫作「《論語》的管理哲學」，好像跟管理有關係，他們也許會去看一下；不過還要看是誰講，如果是找一個普通的中文系教授，這有什麼好聽的，對不對？即使找臺大文學院院長去，也差不多。但是，如果換成張忠謀，會不會去聽？會，就算門票一張要一萬塊，還是照去。這叫什麼？人要衣裝，佛要金裝啊！所以，為什麼要擺排場的原因就是在這裏。好的東西放在角落，上面有一些灰塵，賣不賣得出去？賣不出去。你把它灰塵打一打，噴上一些亮光漆，然後擺在玻璃櫃裏用燈照著。它亮，人家買不買？買。你們讀的這些東西就是這個樣子，因為時代的關係。它們擺在角落裏，上面鋪了兩千多年的灰塵，當然你自己不會覺得，所以我用這個例子來對比。

我剛才講的那種現象，有一個致命的缺點。當你請張忠謀、郭台銘去講《論語》，很多人會去，門票一萬塊照買；你請一個中文系教授去，沒人理，大概只有他幾個學生捧捧場。而且也不要到國父紀念館，到 101 大樓去，因為國父紀念館的形象太傳統、太政治，到了

101 大樓，才顯得進步，顯得金光閃閃。在這當中，我說的致命缺點在哪裏？當你是因為這樣的包裝而去聽他講的待人處事、人際溝通等等，這時你認知中的底層全部都是虛偽。因為你的立心不真誠。當你抱著一種虛偽的態度，也就是功利目的去知道這些訊息，再運用的時候，所有這些所謂待人處事的道理，會成為虛假功利的工具。一個物質產品作為功利的工具可不可以？可以。比如手機本來就是要賣錢的，是功利的工具。可是把對人對事當成一種功利的工具時，這是矛盾的。為什麼？你功利，別人也一樣跟你功利；你聰明，別人也跟你一樣聰明；你要訛詐，別人也跟你一樣訛詐。最後的結果會是什麼？就是孟子所說的：「王何必曰『利』？亦有『仁義』而已矣！」因為在上者以利誘使在下者，在下者同樣也以利看在上者，你設計他，他也設計你，對不對？孟子當然不會說你有功，我不給你利，不是這樣。這裏有兩層關係，第一層是真誠的情感連結，然後再上一層才是共同處理政務，有貢獻自然有賞，有缺點也會有罰。但是底層要建立在情感關係上，而這樣的情感關係就是信賴。

所以，像卡內基原則潛在的矛盾就是什麼？他可能不自覺，他的最重要關鍵就在於你的真，你要是真誠的、真心的，就是宋朝人講的「不誠無物」；因為如果不誠，人際關係就會變成一種功利的技巧而被運用。後果就是人際關係的崩解，崩解之後，人又會慢慢體會到真誠的重要。

《荀子・脩身》內容面向重組

《荀子》、《論語》、《孟子》等等所有先秦儒家討論內聖的時候，我們必須將它放到現代的環境來應用。當放到現代環境時，〈脩身〉是《荀子》的第二篇，裏邊分成十幾段，還是一樣要重組，就跟卡內

基原則一樣。但兩者的環境不同，荀子時代的著作就是他平常想到或者他跟弟子談到就筆錄下來，這是上學期我們談到的。上一次我們談到過，古代人著書不是這樣很有系統的一次一篇寫完。現在他寫卡內基原則的時候，卻一、二、三、四一組這樣抄下來，雖然這樣子做也沒錯，可是有點懶惰。什麼叫懶惰？就是不看內容去分類，比如說我重新分類的時候，當你要討論人際關係要怎麼樣表達的時候，以你為核心，一定有幾個方向，一個是你自己，一個是對外，所謂對內跟對外。對外再分成對人、對事。對事有處理事情之前、之中、之後，就像這樣的分類。

現代人動不動就是管理學之類的，不需要，你一直管理，誰給你管理？第一個，心理上就不舒服嘛！「管理」這個詞彙用在實踐的時候，就是一個很敗壞的字彙。就好像你動不動就要領導人，這些東西要抹掉，因此我不會去聽什麼管理學的演講。以學術的話來講，我要來解構管理，當大家在拉抬所謂管理學的時候，真的很像戰國時代縱橫家，很會膨風。管理學的膨風在哪裏？你們看 EMBA 就知道了，臺大 EMBA 要招生，郭台銘要來報名，不准，為什麼？資格不合，郭台銘只有專科畢業，EMBA 規定一定要大學畢業。糟糕了，怎麼能得罪這個大老闆！趕快改過來，不限大學畢業。你說王永慶小學畢業，能不能念？到底是王永慶給臺大 EMBA 加分，還是臺大 EMBA 給王永慶加分。所以你看那個中文系出身的戴勝通，王品的董事長，他去臺大念 EMBA，臺大歡迎啊！好，現在同樣的情況，臺大中文系的學生要去上管理學院的課，老師看了說你中文系來上幹什麼，對不對？身分不同。

大家了解這種情況後，也不必憤慨，因為這就是社會真實，所以你也不要怪蘇秦、張儀這一類縱橫家的人，因為社會就是這樣子看人的。當社會是這樣看人的時候，他當然就要虛張聲勢，現在叫作膨

風。當那些縱橫家要去成為人家的門客，或者要去說服比較高階的人的時候，他還能夠像那樣穿得破破爛爛的去嗎？不行。就算借錢也要弄一輛 Benz，然後開著 Benz 的車過去，甚至還要請一個司機，對不對？身上穿的都要名牌，然後去見人，那是社會的現實現象，古代也是這樣子。近代呢？我們常講海派，海派是什麼意思？就是上海人的作風。就是你再窮，在家喝稀飯，但出去時一定都要裝扮得光鮮亮麗，所以叫作海派。另外也有一種叫京派，就是北京人喜歡擺官家子，雖然越往民主化，人民的知識水準越來越高，這樣會引起反感，但是你在那個領域裏邊依然如此。

我們將〈脩身〉經過重組，標題的第一個阿拉伯數字表示第幾篇，第二個阿拉伯數字表示這一篇裏的第幾段，這樣可以很容易找，其他的篇章也可以如法炮製。[1]之後你再看另一篇的時候，還是一樣用這個基本的分析理解模式——What、Why、How，什麼是修身？人為什麼要修身？怎麼樣子修身？這樣子荀子的問題就能夠釐清。大部分人們會談 How 這個問題，怎麼樣子進行？在人生的不同時期，感覺會不一樣，這是文科的特性。一開始都是了解，後面再用自己的生活經驗、生命感受去解讀它，那個就叫作「體會」，所以可以一路體會到死。

通論修身依據：知類通達

一開始，荀子談的是一般性修身的依據，或者說是總論。他說：「好法而行，士也；篤志而體，君子也；齊明而不竭，聖人也。人無法，則倀倀然；有法而無志其義，則渠渠然；依乎法，而又深其類，然後溫溫然。」這句話在解讀上要怎麼看？人有法的時候為什麼要分

1　編者案：詳見本書附錄十六。

這些等級？困難的地方就在這裏。荀子分成士、君子、聖人，這三個區別在哪裏？從否定方面來看，一個人無法，為什麼會這樣？進一步有法，但是不好好去做，為什麼會變成這樣？最後依法，但是還要深其類，那就要變通，對不對？為什麼「好法而行」是士？變到「篤志而體」是君子，再變到「齊明而不竭」就是聖人，這三個的差異在哪裏？

第一，立志。你願意去做，這就是好法而行，就像現在一般人立志要去做一件事情，想好好做，這不錯而且值得鼓勵，所以是最初階的，他以「士」來代表。可是，之後撐不撐得下去？關鍵就在「篤志」，意志力夠不夠堅強地撐下去，這叫「篤志而體」，所以是第二等，叫作君子。就好像我跟同學說，我們來練習古文，願意的人就自動交。這時有的同學會開始想，我確實應該好好學寫古文，這叫「好法而行」；但是寫了兩、三篇以後實在沒力氣，算了吧！那就進不了君子。有的同學就繼續撐下去，寫到第十六篇了，完成了，這就是「篤志而體」。

不但「篤志而體」，最後到了聖人「齊明而不竭」。齊，就是齋。「齋明」偏重在「明」，也就是說能夠透澈、能夠會通，因為會通所以不竭，不會停頓在某個小領域裏邊，其實這就是荀子最強調的「知類通達」。你能跨過不同的領域、不同的場景，能夠會通，那就是「齊明而不竭」，就叫聖人。所以，他這樣子從正面上講，包括第一個願意去做，第二個持續的做，第三就是做得很徹底，這樣意思就很清楚了。

其實荀子這裏講的「法」並不是法律的法，而是任何領域裏邊的規範，你要遵守世俗倫理的規範、法律的規範，或是團體的規範，乃至於遵守自然界的規範。一個士不能成為君子的時候，表示這當中有一個落差、有一個挫折。怎麼樣讓一個士從「好法而行」變成「篤志

而體」的君子？因為他會中斷，意志不堅定，對不對？一個人能篤志而體的時候，就好像你研究學問，開始很努力，後來又能撐下去，完成學業；但是怎麼樣「齊明而不竭」？怎樣才能通達？這已經不只是普通知識上的事情。除了擴大知識以外，還包括德行。知識只是提供給你會通的知識，但是人面對現實世界所有事物時，有時候會通的知識並不足，為什麼？因為你要做決定時有很多選項，你怎麼知道哪一個選項是最好的？這個時候需要智慧，而智慧來自於德行的無私。當一個人無私的時候，他無所羈絆，他前面的知識就會透明，所以就進入了聖人的層次，差異就在這個地方。

所以這一段話有三層意思，第一層是表面的意思，士、君子、聖人；第二層就是，為什麼會有這種分別？這種分別的差異在哪裏？就是意志跟通達。然後再進入第三層，如何讓一個人從士變為君子？如何再從君子變成聖人？這樣子看一段就看得出名堂來，不然就只是看表面而已。比如說你去看哲學史，也只能夠表面這樣子講講，哲學史大部分從哲學角度去看荀子，不會這樣子一層、兩層、三層去區隔。

後面也是同樣的道理，對無法、有法而無志其義、依乎法而又深其類三種，你用同樣的方式去問，然後就可以再深入兩層去找到它的答案。一般對「偍偍然」、「渠渠然」、「溫溫然」這三種，都是以人的心理狀態來講。一個人沒有規範就會亂，一下這個，一下那個，缺乏一致性；接下來，一個人有了規範，但不能堅持去做，那時的心理狀態就是渠渠然；到最後才會溫溫然，一個人有了規範，而且這規範的運用不會很死板、僵化，能夠因應客觀環境、時間、地點、對象而又通達的變化。

所以荀子很重視「知類通達」，就是把握一個原理，再因應不同的時空、環境、對象來加以調整，這是荀子思想非常重視的部分。這樣子你就可以同樣的方法來深入，後續的研究也是用這種方式。因為

說實在話，從「倀倀然」、「有法而無志其義」，到「渠渠然」、「溫溫然」，或者更前面，這些都不是知識問題，而是什麼？體驗。就是說，你做過那個功夫，走過那條路，你知道那個心境是什麼樣子。除了前面上半部以外，尤其像「倀倀然」、「渠渠然」，這些的心理變化是多樣的。像「倀倀然」，容易在人的情緒上造成慌亂，他會覺得不曉得該怎麼處理，沒有一致性，可是又要做，於是硬著頭皮就去做了。做的時候會有阻力，因為不合規範就會激起憤怒。荀子只是很簡單地用「倀倀然」一句話，可是那種心理變化就有很多樣，這個時候要看個人的勢力是強還是弱？勢力強就強力而興，横柴入灶也可以；勢力弱的話，你會遭受到挫折。一旦受到挫折，你就會很憤怒、很生氣；很生氣後面接著很沮喪，但是你勢力強，雖然可以硬幹，但是反對者也多，波瀾也多，這是人的心理變化的情況。所以，你可以從小說、歷史、戲劇找到一個類似的例子，找到一個人在勢力強的情況下，他推動事務會無法無天、不守規範，勢力弱的時候也不會守規範，透過這個方式來印證荀子說的道理。

這樣來說，你們大概就可以比較深刻的了解，荀子簡單的一句話，如果要讓現代人能夠比較深刻的體會，變成一部戲、一篇小說都可以。這在傳統上其實也有，以史證經，用歷史、用故事來解讀經書。所以你們看經書不是常常會有傳？《春秋》經有三傳，它會用歷史；《韓詩》一首詩，它會有傳。除了傳以外，在諸子裏邊常會用什麼？用寓言。一則寓言如果比較富有戲劇性，就可以轉換成戲劇、小說，對不對？

像這些，我可以找《聊齋》來給大家作對比。像昨天我看到竹科一個技工而已，人家從電話或網路上來要跟他交朋友，他都五十二歲了，本來實在不想，沒什麼興致，但後來想想，五十二歲了，看能不能結婚，有個小孩。結果在短短時間內，損失二十三萬，還好不算

多。但有的竹科工程師就實在夠鈍的,有的還損失兩百萬,碰到是什麼恐龍妹,po 出來的照片就跟本人不一樣。就《聊齋》來說,有沒有很多這種故事?有啊!書生看到一個美女,楚楚可憐的樣子,就對她百般同情,結果呢?書生遭殃,或者一宿醒過來,原來是躺在墳場旁邊,見鬼啊!《聊齋》的現世翻版就是這樣子,網路上很多,都是始祖的《聊齋》翻版,可以拿來印證。

像荀子講「渠渠然」,最重要的常常是什麼?就是悔恨。因為無志其義,放棄了,最後失敗了,所以悔恨。最後的「溫溫然」,就是心情始終怡然自得,非常安定,這些都是心理上的變化。

通論修身依據:情安禮、知若師

後邊第十段、第八段,實際上都是通論型的。荀子講:「禮者,所以正身也;師者,所以正禮也。無禮何以正身?無師吾安知禮之為是也?」我怎麼知道「禮」?就是學。「禮」的意義很廣泛,從法律一直到社會風俗習慣。社會風俗習慣有各地的差異,那就入境隨俗、入鄉問路,你到什麼地方就遵守什麼地方的規則。規則從哪裏來?就從師。現在師的範圍擴大了,連上 google 也算是師,因為 google 一查就知道某個地區的特殊習慣,所以師的意義不需要理解成為很死板的教師,能夠提供知識來源的,都是師的一種。如果再強化一點,就說師是實體的人,他可以指證你的錯誤,這樣的理解就比較鬆了。

「禮然而然,則是情安禮;師云而云,知若師。情安禮,知若師,是聖人,所以非禮無法」,荀子都是反覆在說。非禮是無法,非師是無師,不是師、法而好自用,就變成以盲辨色,以聾辨聲,舍亂妄,無為。所以學是學什麼?學禮法。師是以身為正儀而貴自安者也,這時對師的要求是什麼?功夫到的人,不是只有嘴巴講講。如果

按照這個標準，今天的學校老師算不算是？不一定，因為他只是告訴你知識。學校老師很多，有些自己也不能夠自安、不能夠正儀，本身不正，只是告訴你知識而已，他沒有在德行、心性修養上成為你的典型。所以在這個方面，傳統的看法是有意義的，就是身教重於言教；但是一普及化，師的數量擴大以後，就很難保證這樣的要求了。

這裏比較重要的關鍵在哪裏？不是師、法而好自用，就是以盲辨色，以聾辨聲。這種情況特別見於什麼？當你在知識的部分比較優秀的時候，就很容易流於過分的自信和傲慢；流於過分的自信和傲慢，就不願意聽；不願意聽，損失就很大。傳統上不也說，不聽老人言，吃虧就在眼前。但這並不是說老人言都是恰當的，而是說要多聽，從中去分辨、去選擇。不只是知識、修身，還包括生活上各式各樣的事情，前途的、財務的規劃等等，這是很重要的。因為這些都需要經驗，雖然不一定年長的人才有，但說實在的，年輕人只是讀了書、有了證書而已，是真的不知道。很多不知道的事，你就得問，或者有人願意告訴你，這時你就受益匪淺，可以少走很多冤枉路。

修身的工夫

後邊所談的，最重要的當然就是「夫驥一日而千里，駑馬十駕，則亦及之矣。將以窮無窮，逐無極與？其折骨絕筋，終身不可以相及也」。就是說，第一要有明確的目標，如果沒有，就會變成一下左、一下右；如果有明確的目標，一步一步走下去就會達到，就算是駑馬也會達到。因此荀子說，如果要窮無窮，逐無極，即使折骨絕筋，也終身不可以相及。如果有所止之的話，千里雖遠，「或遲、或速、或先、或後，胡為乎其不可以相及也」，所以你不識步道者。意思就是不曉得目標、不曉得前往的途徑、方法，你就會窮無窮，逐無極。

　　如果擴大來講，在當時的學說範圍，荀子認為「堅白」、「同異」、「有厚無厚」等等這些知識根本不是終極的目標問題，而不是說這些知識沒有價值。所以他說「非不察也」，不是沒有價值；只是辯得非常精細，但是君子不辯，為什麼？因為這是枝節問題。基本上，先秦諸子以至於古今思想，都在不同層次中有相對應的位置。以先秦來講，儒家、道家是站在比較適當的高位置，可以說是「道」。其他像什麼「堅白」、「同異」、「有厚無厚」，或者兵家、農家等等，都是屬於「術」。有道有術，對古人來講就是道術，對現代人來說就是技術問題跟原則問題。

　　「道」屬於原則問題，「術」就是技術問題。我們可以用很多不同的技術來實現目標、原則、信仰，怕的是什麼？把技術問題當成原則問題，那就本末倒置了。同樣的道理，荀子講人的行為，「倚魁之行，非不難也，然而君子不行，止之也」。就是說，你特立獨行地做出很多怪異的行為動作，這難不難？不難啊？只要你敢。要像李敖那樣子到處轟可不可以？可以，你願意做、做得出來，就會很有名。古今多的是。你說魏晉、東漢多不多？都很多，為什麼？為了出名，所以一定要跟別人不一樣，標新立異來引起注意。引起注意以後要怎麼辦？繼續標新立異下去嗎？不是。所以引起注意時，要有引起注意的內涵和方式，要看你用什麼方式引起注意。如果是用一種反對的方式，人家會注意你，但注意了之後，你會受到重視？還是受到重用？不見得。這種我們現在叫作抗議，從東漢到魏晉玄學裏邊的人物，裸體也好，或者各式各樣的怪異行為，這種情況歷代都有。像現代人的抗議多樣化，有特定目的，比如說抗議全球化，然後大家去集體遊行。但這種抗議的作用通常不大，因為你面對一種潮流的時候，雖然那個潮流有它的副作用、缺點，可是你的抗議如果沒有以實質的動力作為基礎，抗議的效果就會有限。

　　另外，有的是標榜個人的，這要有舞臺，沒有舞臺，人家根本不知道。有了舞臺之後，過了這段熱潮，就沒人理會了。這種所謂的倚魁之行，在荀子時代不會講到他的基礎，以現在來看更清楚。這種刻意的、怪異的基礎一定建立在哪裏？在群眾。沒有群眾，倚魁之行的目的根本達不到。聚集群眾的方式因時代而有不同，以現代來講，都是透過媒體、網路，如果網路或媒體根本不報李敖的講話，誰會知道？沒人知道，對不對？報了就有名，好的、壞的都不管，只管有名。在荀子來講，這種事君子不幹。

　　後邊強調的就是「學曰遲。彼止而待我，我行而就之，則亦或遲、或速、或先、或後」，都可以達到「蹞步而不休，跛鱉千里；累土而不輟，丘山崇成」。大體上都是講累積，如果一下左、一下右，西方人講的滾石不生苔，這會造成六驥不致。荀子講的老生常談，《論語》、《孟子》裏也都有，但是容不容易做得到？不容易。一個人有那麼長的耐性，一點一滴慢慢磨，磨他的一生，做不做得到？做不到。好難，為什麼？一件事要反覆持續，長久累積，不是半年、一年的事，半年、一年對一般人來講都好長。我在古文訓練裏，前面不上課，自己把它改頭換面，變成文獻解讀，那是為了什麼？為了課程名稱好看。如果用了古文訓練的名稱，就變成很普通，對不對？放在研究所就不好，所以就改成「文獻語意解析專題」。實際上，上學期我已經跟同學講清楚，這就是古文訓練，十個人裏大概只有兩、三個人可以撐得下去，另外七個全部槓龜。像這樣一個禮拜寫一篇，每個禮拜或者要熟讀，或者要背書，這麼一點點事情只撐一個學期，其他的當然更難。

　　所以人們要能夠花工夫，持續地完成一件事情，難不難通常也是看人。觀察一個人是不是人才的時候，這是一個很重要的因素。像這一類事情，在傳統上常常作為一種磨練、鍛鍊，就像孟子講的「動心

忍性，增益其所不能」，當能成為生活的一部分時才成，不然的話很快就會中斷掉，尤其是急功好利的人。這背後通常還牽涉到一個問題——價值觀、人生觀，如果很急切的想要在人生裏、社會上出人頭地，這個時候你要他持續做一件事情就很困難，因為他很趕很急。如果不這樣子急的話，點點滴滴累積起這樣的能力，後來反而比較容易做到。

修身的對內與對外

之後，在〈脩身〉裏他就有區隔了，大部分分為內跟外，對內是怎麼樣？對外是怎麼樣？跟卡內基原則是一樣的。對內，荀子說：「見善，修然必以自存也；見不善，愀然必以自省也。善在身，介然必以自好也；不善在身，菑然必以自惡也。故非我而當者，吾師也；是我而當者，吾友也；諂諛我者，吾賊也。故君子隆師而親友，以致惡其賊。好善無厭，受諫而能誡，雖欲無進，得乎哉！小人反是。」反過來講，像這樣古今通用，是因為修身是每個人的生命都重新開始，碰到實踐都是要自己親自做一遍，現代如此，古人也是如此！

拿今天來看，像這一段內容，就需要給誰看？給資優生、前段班生看，反而不是給中後段的學生看，為什麼？資優生、前段生就是不聽，善在身時會洋洋自得，不善在身時會不會菑然必以自惡？不會。因為他就是硬拗，拿各種理由來替自己辯護，別人說不行，他聽不進去，「非我而當者」，在他看來是吾賊而不是吾師；「是我而當者」是吾友，不錯，但管他當不當，只要說我好就行；「諂諛我者」，在他看來，不是吾賊，也不是吾友，而是他說得很對，但是我瞧不起他諂媚。所有的根源是當任何一個人在某方面有所成，而這個成就是在同儕或特定領域裏比較來的，他第一個產生的就是自信，接下來是傲

慢，再來是不能謙遜，看不起別人，過程通常都是這個樣子。

　　所以功課優秀的學生最難教，為什麼？沒人能教他，因為他聽不進去。這世上有兩種人難教，一個是工作和功課都很優秀的年輕人，一個是老人家，老人家誰能教他？跟他同輩的都已經死得差不多了，比他年長、可以罵他的都已經死了。你比他晚生，你說他，他一句話就把你戳死，我吃過的鹽都比你吃過的飯還多，我走過的橋比你走過的路還多。

　　所以孔子為什麼說「老而不死，是為賊也」，在古代來講，孔子活了七十四歲，算是老了，現在很普通，滿街都是，平均年齡都八十幾了。就孔子來講，他有親身的親驗，看到別人有同樣的現象。所以這兩種人很難講，你不要講他，要怎麼樣？等他來問，你再說；他不問，你說他，那就是你自討沒趣。客氣一點的，頂多不聽不理，嘴巴哼哼哈哈的；不客氣的，就反罵你。萬一以後你的小孩是北一女、建中的，怎麼辦？你還是只好罵他，誰叫你是他老爹、老媽呢？或是用各式各樣的方法來引導他，這樣他才能夠回到正常，能夠謙遜，這才是真的很好。但是往往十個也有七、八個都死在他的傲慢，最後一事無成。為什麼？沒人願意跟他配合，你既然很聰明，你就自己做。所以荀子在這裏所討論的見善、修然，完全是一個人最根源的好勝心，只能自己比別人強，不能是別人比他強；但是別人都比他弱的時候，打起來沒意思，所以他要別人比他弱，又要陪著他打，每一次打都是別人輸，滿足了他的勝利欲望，這就是英雄的悲劇。就像亞歷山大，一路打到印度，每一次都是贏，實在沒意思，最後乏味了，那就去死吧！人性就是這樣子。人的心理很微妙，人生一定有勝負，當你老是贏的時候，你自己也會覺得很乏味；可是不能贏的時候，又很生氣，這就是兩難。

　　當人生老是贏，一路爬到最頂端的時候，為什麼會覺得孤零零

的？我前個禮拜才寄了一段「毛澤東晚年風雲錄」，給大學部修韓非子課的學生。「毛澤東晚年風雲錄」講的是文革以後四人幫下台那一段，人到那樣位置的時候，真的是孤苦。所以古代人講寡人就像守寡一樣，《春秋》講寡人，表示自己是謙虛寡德之人。實際上，在政治權力裏邊，寡人就是守寡之人，沒人理他，除了旁邊幾個侍衛，那也是因為工作的關係，不得不陪他。他到那麼高的位置，真的沒人可以講話，別人跟他講話都立正站好；可是他還是人，還是一樣有感情、會開玩笑、想跟人家打打鬧鬧的。可是誰敢跟他打打鬧鬧？沒有。你一個總經理坐在那邊，員工過來跟你打打鬧鬧，行嗎？不行。你下去的時候，別人的臉馬上就垮下來了，所以高處不勝寒。這是人性，以後可以慢慢體察一下，那些在上位的人都是這樣子——孤寂，到最後死亡。像毛澤東、蔣中正，孤寂、淒涼，你不要以為媒體上看的崩逝場面很莊重，全部人哭得淅瀝嘩啦的。這回金正日死的時候，北韓人那個樣子就是很典型。帝王時代，全國齊聚共同哭，就是那個樣子。人類有的時候很奇怪，如果從超越的眼光來看，你站在天上，看這些動物怎麼那麼奇怪，一隻動物死了，其他動物在旁邊哭得死去活來，我都沒有看過別的動物會這個樣子，所以人類是很奇怪的動物。

治氣養生

從超越的眼光去看，深入一下就可以體察到人性的幽微之處。荀子在談見善修然時，為什麼不能從反面看？為什麼不能夠見善時候，修然以自存；見不善的時候，愀然以自省？因為那是人性裏最根源的，依《道德經》的觀念，養生修身要克服的是什麼？一個是勝心，一個是據心，也就是好勝慾和佔有慾這兩個。在這裏是屬於好勝慾，一個好勝的心態；而到第二段講扁善之度時，就變成兩個部分，一個

是「以治氣養生，則後彭祖」，一個是「以脩身自名，則配堯禹」。

身體跟德性相符，但符合什麼？荀子就不講了。具體的說，各時代有各時代的方式，所謂「宜於時通，利以處窮，禮信是也」。窮達皆宜，後邊鋪陳是只要用「血氣、志意、知慮，由禮則治通，不由禮則勃亂提僈；食飲、衣服、居處、動靜，由禮則和節，不由禮則觸陷生疾」，這很容易懂，乃至於一個人的「容貌、態度、進退、趨行，由禮則雅，不由禮則夷固僻違，庸眾而野」。基本上就是身體健康，依循健康的法則，行為、內心要有禮，無禮就是到處衝突。荀子所講的這些內容，我們都懂，但都做不到。所以這個時候，你就要從為什麼做不到開始思考。

做不到的原因，有時候是無知，有時候是客觀環境，尤其他講的治氣養生，放到今天來看，感受會最深切，為什麼？今天治氣養生的資源豐不豐富？豐富。該吃的都有，對不對？可是沒時間做。為什麼沒時間做？因為工作時間長，所以只好外食。可是外食實在是很不好，我都稱便當為飼料。有一次大家在二樓開會，我比較慢進去，看到大家低著頭吃飯，我腦子裏邊就忽然想起，小時候看那些雞都低著頭在啄啄啄啄這樣吃飯，人吃便當的時候也是這樣啄啄啄啄，所以我才稱之為飼料。實際上那些真的是很不健康的食物，因為他大量做，又隨便油炸，有的東西也會弄不乾淨。可是現代人又沒有辦法，這是一個做不到的來源。

另外一個讓現代人達不到荀子治氣養生的來源，就是我們環境裏邊的壓力太大。社會的一些觀念、輿論、訊息，帶給你的壓力很大，尤其你們這十年來所碰到的處境，跟我年輕的時候不一樣，我年輕的時候臺灣經濟剛好上來。現在各方的訊息壓力會讓人產生焦慮，並不只是資訊太多，看不完才產生焦慮。「資訊焦慮」的本來意思，是指資訊太多，沒有辦法全部看完，所以老是產生一種怕漏掉資訊的焦慮

心態，這在工作場所當中常會碰到。但是資訊的另外一種焦慮，就是
負面的訊息太多所造成的壓力。為什麼資訊裏負面的訊息會比較多？
我跟大家談媒體的時候講過，它的原理在古代詩歌裏邊已經表達出來
了。古代詩歌不是講「歡愉之辭難工，貧困之辭易巧」，寫不幸的時
候容易寫得好，大家會注意；寫高興快樂的，大家不太注意。這是基
於人類心理的特徵，為什麼？人的基本心理跟動物一樣，當我們碰到
危機的時候會特別警覺，會提升自我保護；而沒有危機時很愉快，高
興時很放鬆，所以不容易引起注意。因此「貧困之辭易巧」，背後的
原理是這樣。當你轉換到資訊的時候，最重要的就是要賣錢，它本身
是一種商品，這個商品要引起人家的注意，那一定就是負面多、正面
少。這種現象，只要經過稍微的統計，大概就可以知道了。

　　以上這些是我從荀子稍微延伸出來的說法，我們現代人就要能夠
清楚，並且自己練習能夠對資訊的內容不動心，尤其是負面訊息多的
時候要不動心。現代人在治氣養生方面都靠現代醫療，對不對？我給
它一個名稱叫「醫療恐嚇」，為什麼？要恐嚇你們都會生病，醫院才
會賺錢；不恐嚇的話，醫院就門可羅雀。我這麼龐大的醫院要怎麼賺
錢？又不是一個小小的診所，像傳統社會裏一個醫生坐著，旁邊放一
個藥櫃子就可以了。一個龐大的醫院，就是一個資本家的企業，它要
有市場，所以就會說你們都生病了。有沒有這樣的現象？有。幾十年
以前，日本人喜歡推銷藥品，日本的經銷商在訓練裏邊就告訴推銷
員，你推銷的時候，要儘量設法讓人家感受到他們都生病了，於是他
們就都來買藥了。不只日本藥商，歐美、臺灣的藥商，也都是如此。
所以現在最多的是什麼？健康檢查。這個要檢查，那個也要檢查，健
不健康你自己知道。好了，檢查出來，他說你這裏有腫瘤了，不檢查
或許你還活得長了，檢查了你反而被嚇死了。你不理它，心理沒有受
威脅，還是過正常生活，放開心胸，也許就慢慢好了。

　　荀子講的這些內容，轉換時代就有不同時代的現象。今天先跟大家談到這裏，後續再花一、兩個禮拜把荀子的內容跟大家講完。

第十八講
《荀子》脩身、王制兩篇解讀

〈脩身〉解讀

言行分辨

　　在尊重別人的部分，比如說，第十一段對別人的尊重表現「端愨順弟」，「端愨順弟」的意思就是說不容易產生衝突。正面來講，「端愨順弟」表現在言談行為方面，表示說你能夠端正、能夠恭謹，不用刺激的言語或者行為，這種就叫作「端愨順弟」。特別是言語方面，言語有很多的技巧，人們很容易因為言語而讓人產生不愉快，嚴重到甚至還有衝突，這點是對人的部分。

　　總體來講，對自己自重、對別人能夠尊重，這是他的原則，具體落實到日常生活，荀子當然不會講那麼多。如果放到今天來看，就是將心比心。如果別人這樣子對你的時候，你是不是會心裏不舒服？如果會，你就不要做；如果別人這樣子對你，你覺得非常的窩心，或者覺得愉快，你就可以做，大體是如此。

　　所以，你對熟識的人，不管是長輩、平輩、晚輩，因為現代人的互動比較多，不像農業社會交通、通訊各方面不發達。這時你就要有一個最基本的觀念，就是要答覆人家，不要不理；也就是說，當別人對你投一個訊息的時候，你不要不理不睬，要回覆，這是表示對人家的尊重，因為不理不睬是一種不尊重。不只一般人之間，甚至於今天所謂的服務業，更是如此，你一定要回覆。就像做餐飲業的戴勝通，

他在員工的訓練裏邊，絕對不會不理不睬。你有什麼要求，他一定回應你，這就是對人的尊重。

一般的日常生活也是如此，不要因為對方比你窮、地位比你低、輩分比你晚，就不尊重人家。甚至於包括你跟人家約會，準時赴約，這就是尊重；遲到了，就是不尊重，這是一種生活習慣。如果長期下來，有時會變成在不知不覺中就得罪了人，而你也搞不清楚為什麼。所以對現在的人來說，很重要的就是約會一定要準時，不要遲到，也不要覺得，唉呀！沒意思，就早退啦！這些都是不適當的。

所以在唸書的時候，我就常提醒，不要讓遲到、曠課變成一個習慣。如果你以後出社會，你會覺得無所謂，這就是習慣了。習慣了以後呢？學校老師比較不會對你怎麼樣，但是久而久之，當遲到變成一種不自覺的習慣以後，你出去工作，最後是怎麼樣子挫折的，你可能都不知道，原來是因為人的關係。

處事之道

至於對事方面，荀子所講的這些事，「身勞而心安，為之；利少而義多，為之」，這個很容易懂，以儒家的觀念來講，只要是正確的、合於道義的、讓你心安的，你就去做，辛苦一點無所謂。

這跟第六段講的是一樣的，「勞苦之事則爭先，饒樂之事則能讓，端愨誠信，拘守而詳」。當中，「勞苦之事則爭先，饒樂之事則能讓」，這是說你有承擔，是一種自我要求，使你在群體、組織裏邊，比別人更能夠承擔。越能夠承擔，就越能夠往上走；但往上走的時候，當地位、權力更高的時候，目的並不是藉此作威作福，而是背後有一個經世濟民的理想。

第十一段說一個人「偷儒憚事，無廉恥而嗜乎飲食」，這就與「勞苦之事則爭先，饒樂之事則能讓」完全相反了。「偷儒」就是偷

懦，一個人怕事、膽小又懶惰，再加上貪婪。「嗜乎飲食」，就是貪心、貪婪，愛吃愛喝，但是沒有廉恥，不該拿的也拿，這是小壞，所以「惡少」。

但是到了大壞的時候，就變成「悍悍而不順，險賊而不弟」，若再加上心術就更壞了。前面的心術還不是壞，這只是對自己，你這樣的品格就不受尊重。後邊呢？「悍悍而不順」，就是非常的蠻橫、不講理，喜歡硬拗、心術又不端，就是「險賊」。沒大沒小，又對別人又更壞了。

待人之道

「老老而壯者歸焉，不窮窮而通者積焉，行乎冥冥而施乎無報，而賢不肖一焉」。「老老」是說，尊重年齡大的人，這是第一種。第二種呢？就是給人家面子。「不窮窮」，就是說當一個人困窮時，困窮不只是指遭遇，還包括什麼？溝通時，話沒得講啦！或者做錯了，就放他一馬，或者是私下規勸，這就是「不窮窮」。即使你做了，也不奢望回報，「行乎冥冥而施乎無報」，如果望報，心裏就有欲求，以上都是講對人的態度。

對事跟對人，講起來也是蠻單純的。對事就是任勞任怨，當然這只是講態度而已，沒有談如何處理事務。因為荀子談修身，沒有進一步談怎麼樣處理事務。尤其是像前面講「老老而壯者歸焉」的時候，我就想到每天經過敦化北路以前救國團的那個地方，在 Momo 百貨對面的那個路口，總是有這麼一個老人，說他老也不算老，他跪在那邊磕頭，我都要繞過去。你們在路上一定會碰到很多這類的人，不要以為用過去的觀念說：「唉呀！他很可憐。」然後口袋就掏出來錢來丟給他了。時代不一樣了，到今天這個時代，其實他可以不必如此，對不對？

　　有很多這一類的人，除了「庸」，就是「怠慢憭棄」、「庸眾駑散」，也就是放棄自己。其實以現在的環境，他何必在那邊磕頭乞討？或者，有的人拉胡琴、吹笛子，就是跟人家要錢，這個就是不能自尊自重。還有在素食店前面，尼姑、和尚站在門口，拿了一個缽。我要是他們的師父，就一腳把他踢回廟裏面去，你到外面去討什麼東西？我順便跟你們講，其實原來托缽的目的不是這樣，早期在印度，出家人為了專心修行，不事生產，所以會跟人家要東西。但不是這樣子要，而是經過人家門口，要一點飯吃飽就走啦！這是要讓自己維持身體的飲食，這樣就好啦！到禪宗的時候，更不願意這樣。禪宗有所謂的「叢林制度」，一日不作，一日不食，一定要自己勞動，自己獲得自己的飲食。

　　至於一般世俗的那些人，就到 7-11，到賣場裏邊，當個收銀員，他都可以支持自己的生活！何必在那邊乞討呢？所以照我現在的觀念來講，都不必給。這些人還會跟路人吵架，還有那個力氣去吵架！真的是都不適當。但是另外一種就不一樣了，比如說，像喜憨兒，人家教他，然後他做一些東西，他是自我生產，對不對？這種可以幫。

　　基本上，荀子講的對人對事方面，如果總結起來，就叫作「主敬」。「敬」就是負責，對事情的「敬事」就是負責。對人的「敬」呢？當然就是尊重別人的尊嚴。荀子的〈脩身〉，大體上就以此為主。

進退出處

　　荀子最後有提出一個自我要求，像「君子之求利也略，其遠害也早，其避辱也懼，其行道理也勇」。因為不只是自己要守道義，同時也要懂得自我保護，遠離有害的環境。荀子的「遠害也早，避辱也懼」，就是孔子所講的「危邦不入，亂邦不居」。至於什麼地方是危邦？什麼地方是亂邦？那個「邦」如果當成一個函數來看待，就是任

何的組織。以現代人來說，大多數人都能找到一個工作，他到私人事業，這個是不是危邦？這個是不是亂邦？他在裏邊看看，如果是危邦就不入，亂邦就不居了。

至於「君子貧窮而志廣，富貴而體恭，安燕而血氣不惰，勞倦而容貌不枯，怒不過奪，喜不過予」。「怒不過奪，喜不過予」，就是不動情緒來辦事，生氣的時候不要決定事情、悲傷的時候不要決定事情、非常高興的時候不要決定事情，因為容易偏離開理性。

人窮就容易志短，但窮只是一時的，還是要有自我期許，所以「志廣」。一個人富貴了以後，就容易傲慢，所以相反的要「體恭」，仍然要對任何人恭敬，這些都是《論語》提過的。一個人非常的平順、安燕時，要「血氣不惰」。「安燕」就是生活非常安逸，整天就坐在那個地方，有吃、有喝、有睡、有玩，但就是不運動。一個人血氣要能夠不惰，就是要勞動、要運動；但疲勞過度，就很容易情緒壞而表現在臉上，所以這時要「容貌不枯」。容貌枯跟潤是相反的，枯就是指很枯槁、很疲累，這些都是提醒一般人很容易犯的毛病。

大體上荀子講的就是這些。我們常常講要追求快樂，那麼快樂到底在哪裏呢？快樂就是要內修其心，這些東西都是一輩子在做的，不單單只是知識，而是一種感覺、一種體認。而隨著不同的年紀，那個感覺和體認又會不一樣，所以說它是可以終生行之。在不同的階段裏、不同的年齡層裏，修身可以平衡負面的心情、心境，從小到老都可以。

大體來說，荀子所談的「脩身」，跟《論語》的大方向一致，只是用了不同的言語，只是在對事情方面，荀子比較少談 how，怎麼做？碰到各式各樣狀況的時候，尤其是無法閃避、事情又非常棘手的時候，該怎麼做？荀子比較少談，因為細節該怎麼做，是會隨著環境變化的，只能就大方向提出原則。

面對不善與衝突

基本上，對人方面最難的是什麼？對方德性不善、能力不善，但是你又必須跟他相處，這是最難的。對事方面，最難的是內在充滿了衝突、糾結，但是你又不得不去處理。

在這兩個最難的地方裏邊，你只能夠勉為其難，因為你必須面對這個不善之人，不管是能力上的，或者德行上的，你必須跟他相處，這時你該怎麼辦？第一，儘量保持沒有衝突的關係，當然更進一步的是讓他信賴你，也許你可以慢慢導正他，只能如此。如果不能獲得信賴，只能夠儘量不衝突，在這個期間內，你就要想辦法離開。你就把對方看成是一個鬼嘛！你不能跟鬼在一起，所以只好走啊！如果是男女之間糾結的事情，怎麼辦？你就先放著，因為事情會有變化。然後在演變當中，將比較容易化解的先化解掉。這些都是荀子所沒有談到的部分。

至於一般事務的處理，你總是要先了解整個情況，就像我們現代人常講的，要先做功課，事先要有充分的訊息，然後決定處理的計畫、時辰……等等，這些東西要一樣一樣的做。

〈王制〉解讀

我給大家的〈王制〉已經重組過了，[1]由〈王制〉的解析方式，大家可以舉一反三，解析其他先秦典籍。〈王制〉就是談外王的事情，可以把這個解析當成一個模式，如果轉到今天，就是「公共事務」，凡是公共事務的事情，一定會遭遇到這些問題。

---

1 編者案：詳見本書附錄十七。

總論：自然、社會、禮義

首先，從總論開始。第八段、第十段到第十一段、十二段等等，大體來講，都是在談自然、社會，還有禮義，因為公共事務的第一件事情就是資源。

其實《荀子》的自然觀念，跟我們現代人很類似。我們叫作「生態」，荀子談的就是自然資源。我以一個引文來開始，後邊就可以了解他的意義了。自然資源跟人的關係是什麼？比如說第八段，荀子說：「天之所覆，地之所載，莫不盡其美，致其用，上以飾賢良，下以養百姓而安樂之，夫是之謂大神。」這是我們的自然，最崇高、最無上的，他產生各式各樣的東西都供給我們使用，所以荀子說：「上以飾賢良，下以養百姓而安樂之。」舉例來說，北海有什麼，中國得而畜使之；南海有什麼，中國得而財之；東海有什麼，西海有什麼。東南西北的東西都可以採用，以今天的話來講，就是透過交通，促進資源流通。

接著，透過了技術，「故澤人足乎木，山人足乎魚，農夫不斲削、不陶冶而足械用，工賈不耕田而足菽粟。故虎豹為猛矣，然君子剝而用之」。他講「故澤人足乎木，山人足乎魚」，意思是澤人不從事砍伐，山人不從事漁獵。這表示什麼？就是分工。所以荀子很早就提出了社會學裏的「社會分工論」，但西方到了十八世紀，法國涂爾幹才談「社會分工論」。這些社會分工論的基礎在於自然資源，所以「天之所覆，地之所載，莫不盡其美，致其用，上以飾賢良，下以養百姓而安樂之」，這就是「大神」。這是最基礎的論點，但是荀子到了〈王制〉篇的第八段才來講。

有了自然，進一步有了分工，有了分工就會涉及到社會。所以荀子就接著講，人類何以優於其他萬物？因為社會的關係。人類為什麼

具有社會性呢？因為有分別的關係。人用什麼來分別？用「禮」。這是講社會的另外一面，當你講分工的時候，另外一面就是講規範，「禮義」就是我們的規範。

所以，荀子說：「水火有氣而無生，草木有生而無知，禽獸有知而無義。人有氣、有生、有知，亦且有義，故最為天下貴也。」人的「力不若牛，走不若馬，而牛馬為用」，是什麼原因？因為「人能群，彼不能群」。其實不是，如果用現代的知識來看，牛馬能不能群？其他的動物有沒有群？有。其他的生物也有群，但是人的群跟其他生物的群不一樣。其他生物的群是靠天生的本能，而人類呢？是因為學習而有知識。所以，人何以能群呢？人為什麼能夠有群體？因為人有分。分就是能分工，人類的分工為什麼能夠執行？因為分工的背後有一個規範，那就是「義」。所有的規範背後，有一個「義」作為原理，「故義以分則和，和則一，一則多力，多力則彊，彊則勝物，故宮室可得而居也。故序四時，裁萬物，兼利天下，無它故焉，得之分義也」。

這裏還沒有談到進一步的問題，當分工的時候，這個社會就會產生分工的關係，接著就產生階等的差異。我們現代人常講追求自由、追求平等，為什麼要追求自由、追求平等？因為在分工底下，一定會造成組織的階層；造成組織的階層，就會有上下的分別；上下的分別就產生地位、權力和所得的差異。這樣的不能夠均等，是人類社會的本質，「本質」的意思，就是它一定會這樣。接著，後邊當然從反面來講。假如不能群的時候，後果是怎麼樣子？「群而無分」。如果沒有分別，那就是爭，「爭則亂，亂則離，離則弱，弱則不能勝物」，最終的後果就是一切都崩潰了。

「故宮室不可得而居也，不可少頃舍禮義之謂也。能以事親謂之孝，能以事兄謂之弟，能以事上謂之順，能以使下謂之君」。荀子是

用古代的倫理觀念來講，轉換到現代人際關係裏邊，不管是上下、男女、老少之間，他們都有各自的互動規則。在組織互動裏面，有最高層的君，荀子對「君」的定義，就是善群，善於讓群體聚合，而且通力合作。

「群道當，則萬物皆得其宜，六畜皆得其長，群生皆得其命」，這是講「群」的意義。以現代的話來講，荀子所定義的君，就是善於把組織管理得上軌道、有效率，並且保持內部的和諧，但這很難。所有的君裏邊，最高的當然是聖王，所以君主最善者為聖王，聖王怎麼樣去對待人類賴以生存的自然資源？他後面才講。

生態資源與循環永續

這個君，你可以說他是人類這個組織的代表，他怎麼樣對待自然？「草木榮華滋碩之時，則斧斤不入山林，不夭其生，不絕其長也。黿鼉魚鱉鰍鱣孕別之時，罔罟毒藥不入澤，不夭其生，不絕其長也」。然後，「春耕、夏耘、秋收、冬藏，四者不失時，故五穀不絕而百姓有餘食也」。然後，「汙池淵沼川澤，謹其時禁，故魚鱉優多而百姓有餘用也。斬伐養長不失其時，故山林不童，而百姓有餘材也」。

這就是我們現在說的「生態觀念」，其實不只荀子如此，古代人都這樣。你看孟子、《呂氏春秋》是不是這樣講？這種觀念，是從部落社會以來就有的。古代也一定發生過這一類的事情。你可以穿過時光隧道回想，當一個部落社會，在漫長的歲月裏邊，一定會曾經過度運用周遭環境的資源，比如說，蓋很多房子，把樹木全砍光。砍光了之後，明年呢？發現，糟糕！有很多生物捕不到，鳥不來、蛇也沒啦！兔子也沒啦！然後就產生我們現在所說的「生態不平衡」。

這一類的觀念，其實從部落社會開始就有的，不只中國如此，美

洲、非洲等地的早期部落社會，都會從生活經驗裏了解到這一點。至於我們現代人的生態觀念，是從什麼時候開始呢？大概在五〇年代，因為美國科學工業汙染最快，北方的五大湖流域很早就汙染得一塌糊塗。所以有一本小書，你們 google 一下就可以查得出來，叫作《寂靜的春天》。春天應該很喧鬧，對不對？早上你來到校園，那些鳥就一直在叫，一直說「早安！早安」、「吃飯！吃飯」、「你好！你好」，你仔細聽牠那個聲調，可以套進很多人的語言，那就很熱鬧。但人破壞了生態，結果都沒有了，所以叫作「寂靜的春天」。

所以，二十世紀下半葉以後，對生態的觀念越來越強調。可是呢？另外一方面，你又那麼浪費資源。就像古人說的「飲鴆止渴」，說實在話，叫你馬上回到十八世紀的生活，行不行？光一個夏天沒有冷氣就受不了，對不對？叫你到河邊挑個水，挑看看，行不行？回不去了，生活已經這樣便利慣了。

所以荀子在〈王制〉裏邊所談的觀念，整個套進現代，Ecology，就是「生態學」。問題是我們現在對自己生態環境的破壞還是持續著，有些資源可以再生，但是有些資源是用完就沒有了，我們不斷的在尋求新的資源。其實不只這個，後面還有更嚴重的問題，是什麼？基因食品、基因工程。以後你吃的肉，不是從豬、羊身上切下的一塊肉，而是基因工程混合的。現在玉米已經是基因混合的，尤其是老美那個地方。人在這時候不知道後果會怎麼樣，只知道現在可以這樣做，至於做出來以後會產生什麼後果，不知道。

這樣以現代知識來配合荀子，他的背景知識有兩個。第一個，生態學的背景知識；第二個，基因工程的背景知識。所以荀子在同樣是第十一段講聖王的時候也是如此，「聖王之用也，上察於天，下錯於地，塞備天地之間，加施萬物之上，微而明，短而長，狹而廣，神明博大以至約」，基本上這段話就是鋪陳著上面來作總結。

　　人仰賴資源的時候，人也有禮義，接著「禮義分群」，最重要的是什麼？要「職官」，就是人類的行政組織。分工的時候，最底層的是第一線的生產者，但是生產出來的東西要分配、要交易。就延伸出第二層以上所有的行政管理者，在政府就叫作「職官」。聖王要如何去制定職官呢？「序官」。接下來底下講的這些事情，因為時代不一樣，所以只要了解這個職官的設置，是因為我們社會現實需要而來的，它會隨著環境而改變；也就是說，人類社會變遷總是會產生一些新事務，新事務就要有人去管理，所以就新設一個職官，大致上就是這樣。

　　總結來說，從天地、禮義、君子、自然、規範、人，有什麼功能？荀子說：「天地者，生之始也；禮義者，治之始也；君子者，禮義之始也。」這要怎麼樣結合？「以類行雜，以一行萬。始則終，終則始，若環之無端也」，就讓他維繫「若環之無端」，以現在的話來講，就是讓它循環，讓它永續。這個背後的觀念就是「封閉體系」，一個封閉體系要能長存，一定要靠循環，才能永續。

　　比如說，地球是不是一個封閉體系？是啊！但古代人沒有這樣的地球觀念，光居住的環境來講，因為交通範圍、運輸、運動能力的限制，他一直在那個範圍裏邊，這是不是一個封閉體系？也是。所以在封閉體系之內，他唯一要永續的方法，就是讓它循環，我們現在人叫作「再生」，所以他講「以類行雜，以一行萬。始則終，終則始，若環之無端也，舍是而天下以衰矣。」為什麼？耗竭了嘛！

　　所以「天地者，生之始也；禮義者，治之始也；君子者，禮義之始也」，然後「為之，貫之，積重之，致好之者，君子之始也」。因此，「故天地生君子，君子理天地；君子者，天地之參也，萬物之總也」。如果是「萬物之總」，是「民之父母」，如果沒有君子，「天地不理，禮義無統，上無君師，下無父子」，這叫「至亂」，這講人類的倫

理。接著,「君臣、父子、兄弟、夫婦,始則終,終則始,與天地同理,與萬世同久」,這叫作「大本」。

組織結構與典章制度

所以,基本上《荀子・王制》前面的段落,用現在的知識來講,可以說就是社會學總論。他談到人類是社會最基礎的存在,因為特定目的,才會有政治、經濟這一類的活動。整個社會存在的基礎就在於自然,還有人,再加上規範。這個規範就是「禮義」,人的聚合衍生出組織,組織也一定會衍生成為層級。

所以前面在跟你們談宗法制度的結構性缺陷時,就說明人類組織本身就有一種結構性的缺陷,這個缺陷必須維繫在平衡的階段,避免產生負面的影響。所謂的「結構性缺陷」是什麼?第一層生產者,然後往上第二層,又再往上一層,位置會越來越少,最後就形成了金字塔型組織。

在金字塔型組織裏邊,根據它的交易法則,第一層生產東西,依交易法則,比它上一層的所得一定會比較多,權力也會比較大,如此再往上。因為人性的欲求,一定會往金字塔的上面走,這時候彼此之間就會產生競爭,甚至嚴重到鬥爭,為了避免變成惡性的鬥爭跟弱肉強食,只能走向良性的競爭。良性的競爭必須要有什麼?「禮義」,現在叫作制度、規範。於是「禮義」這個制度就變成要什麼?要公平、要公正。這是荀子總論裏邊延伸出來的一些概念,有了這些作基礎以後,以下他才談公共事務的具體細節。

以後你們到任何地方,第一件事情要看什麼?要看那個組織的規章。用荀子的話來講,規章就是「禮」,哪些人是照哪些規章來辦事。所以第一個一定要看那些規章,檢討那些規章,包括組織法、各式各

樣的行政命令、行政法規等等，這些規章，第一要公正、公平，第二要能夠產生效能。不要無效、違背事理情理的規章，這些都不好。

立了典章制度，弄清楚了以後，照著這個規章運行，就會有效率，而且容易保持良性的競爭和和諧。所以，為什麼所有傳統的政書，像《通典》，第一卷開始都是禮典，就是制度。古代叫作「開國氣象」，一個王朝開始的時候，典章制度最重要，就好像打牌、下棋，要有規則才能打，所以制度研究是相當重要的。

第十九講
《荀子‧王制》解讀

平等與自由的概念

　　《荀子‧王制》所談的是一個最高的綱領，這個綱領往下有很具體的細節，隨著時代變動而不同。但即使是不同的時代，這個綱領還是如此；也可以說，這是任何公共事務、任何組織，不管是大到天下、國家，小到一個團體，基本都要做的事情。

　　相較於《論語》、《孟子》，荀子談得比較完整，而且是專門針對這個議題來談，因為他看到各個諸侯國在處理國政時候所遭遇到的困境。其實那些困境，基本上都是人自己造成的。人有腦袋，會找到好的辦法，所以關鍵在於人的培養和鍛鍊，這是先決條件。

　　爾後荀子講為政之道，在第四段就講到規範，其實這是屬於社會學的問題。社會學把這種規範叫作「社會控制」。社會控制有很多種方法，從最傳統的風俗習慣、禮儀，還有各個團體的生態。基本上用傳統的話來講，可以說一個是禮，一個是法。「禮」的意義偏重於不成文的，「法」則偏重於成文的。不成文的「禮」，有各個家庭、家族、宗族、部落的「禮」，各個地方都不一樣。

　　荀子這樣講的時候，不同時代的人會有不同的感覺，古代人會認為：「制禮義以分之，使有貧富貴賤之等，足以相兼臨者。」這是講天下之本。古代人將貧富貴賤視為理所當然。那麼，現代人呢？近三百年以來的人，尤其十八世紀末、十九世紀初以後，另外一個觀念從歐洲慢慢傳到其他地方，當有貧富貴賤的時候，平等怎麼辦？自由怎麼辦？

　　基本上，古代人沒有這個概念，就算有，也沒有這樣的語言、思想來支撐。古代人雖然沒有這種概念，對於貧富、貴賤也沒有「平等」的名詞，但要消弭貧富、貴賤之間的差異，讓貧者、賤者也能足以維生，甚至於活得有尊嚴，仍然是有辦法的。像〈禮運・大同〉所講的就是一個方法，「男有分，女有歸」，然後「老有所養」，這在孔子也提到過。其實這些觀念轉移到今天，就叫作「社會福利」。

　　傳統上，這種所謂的措施都是以宗族為單位，因為是農業社會，而且是一個生產力不足、效率不夠高的農業社會，所以常常在宗族裏邊形成一套「互助系統」。一個宗族裏有沒有貧富、貴賤？有。一個宗族開始開創後，有幾個小孩，然後再分散。分散以後，有人懶惰，有人勤奮；有人聰明，有人笨；還有的時運不同，有的宗族就一個人成家，後來小孩都死了，然後這一支脈就沒有了。有的宗族會繼續留下來，有的宗族貧困，甚至於連成家都不能，這個宗族也沒有了。

　　不只儒家，這種互助系統是人類在社會生存過程當中，很自然就會想到的，並不是只有儒家才想得到的，孔子之前都已經知道了。所以大家對儒家的觀念，不要認為都是孔子發明的，孔子只是特別表彰某些現有東西的立意和重要性。有時候我們都會賴到儒家身上，其實不是，而是中國古代社會的現實情形，人都會儘量找到最適當的方法來圖生存。所以像這種情形，就是要讓貧富、貴賤之等足以相兼臨。

　　其實到現代，有可能沒有貧富、貴賤嗎？不可能。就連共產黨都不可能沒有貧富、貴賤，要不然，黨官要怎麼辦？對不對？講共產，那是國有，早晚會出問題的，當蘇聯共產黨瓦解的時候，就等於共產黨結束了。只有大陸、古巴等等，還勉強撐著共產黨的名稱，但是他本身不斷的在改變。當蘇聯共產黨一瓦解以後，大陸怎麼辦？各自轉向啊！從文革以後，一九六六到一九七七，剛好鄧小平開始改革開放了。改革開放的意思，就是說沒有正式宣布共產主義結束，但是維持

著那個名字，因為你這個轉變，總是要稍微圓一下，不能突然把自己的腳跟爆掉。所以再用一些名詞，具有中國特色的社會主義，這樣說來，社會福利算不算社會主義？也算啊！

所以現代還是一樣有貧富、貴賤，但是透過社會福利，利用公共支出，在終端達成一種最基本的平等，也就是讓人人都能夠生活。至於在起初意義的平等，這個平等不是世襲的、法定的，而是說每個人都有機會。這個平等，就像早先三民主義講的，是機會上的平等，並不是個人所得上的平等。

其實機會上的平等，就接近於另外一個概念，叫作「自由」。你可以選擇要不要念書，可以選擇要不要工作，也可以選擇不同的工作，工作的機會開放給你，那是平等的。當然這樣的平等，有時候會因為技術性的方式，而造成表面上看起來不平等。比如說，學測、推薦甄試，到後來統計的結果，糟糕，大部分都是都會區的小孩佔比較優勢的地位。因為都會區小孩的家庭經濟力比較好，中產之家以上，鄉下的小孩，不要說學才藝了，就連鋼琴都找不到，一臺鋼琴動輒十來萬，怎麼可能有！但這還只是其中的一個小不平等，對於這種不平等，該怎麼辦？不能說都會區的小孩就拉下來。可是因為個人的成長過程不同，投入的心力也就不同，貧窮的小孩要打工、要出去做事等等，當然就減少了一些讀書的時間。

對於這種情形，誰有辦法？沒有人有辦法。不能說透過法律或政府的力量，叫你都不要做了，那要吃什麼？有錢人家就是有錢。這個現象，不能叫作不平等，這是個人差異，學習上、個人生存環境上的差異。這種差異所帶來的成長過程，不一定就會長得不好，但在這種差異裏會比較艱苦。其實這個時候，不是用不平等來看，而是用個體的生命際遇差異來看。而際遇上的差異，不一定不好，為什麼？因為從艱苦到後來有一個平等的機會，他的艱苦反而會成為他的優越條

件，因為他撐得住。可是中產的小孩，從小都送外語學校、最好的貴族幼稚園等等，又學東學西的，小孩學得煩死了，養尊處優，最後反而脆弱，前面看起來很好，但是後面一下就摧折下去了。這有點像大自然裏的生物，植物也好，動物也罷，越險惡的生存環境，越能激發生存的本能。禍福是相倚的，在這個地方就很難說不平等。但是我們在這個問題上思考的時候，就會說這是不平等，其實不能說不平等，只能說這些人有更多的學習機會。

庶人安政之道

在這裏，荀子先談一種社會現象，再談到社會的階層。有這樣階層的時候要怎麼辦？就是讓貧賤者安其生活。怎麼樣安其生活？就是《論語》也談到過的，比如「興孝弟，收孤寡，補貧窮」一類。所以荀子在第五段講：「馬駭輿，則君子不安輿；庶人駭政，則君子不安位。」這個道理很簡單，指民間動盪不安，在上位者也會跟著動盪不安，怎麼辦？就是「靜之、惠之」，要讓民間能夠穩定。怎麼做？「選賢良，舉篤敬，興孝弟，收孤寡，補貧窮」，這些作法是針對那個時代的社會現象。用人要用賢良、篤敬，包括能力強、很中肯，也就是不會枉法貪污，這是政治職位上的安排。

至於社會措施，就是底下三個：「興孝弟」、「收孤寡」、「補貧窮」。

「興孝弟」，就是從穩定家庭開始，而有些家庭總是難免會有一些殘破，所以「收孤寡」。荀子用「孤寡」來代表，這裏的「孤寡」，包括了沒有父母的孤兒、沒有老公的寡婦。其實不只孤兒、寡婦，還有「鰥」、「獨」，也就是「鰥寡孤獨」。所以，基本上就是指沒有家庭或宗族支撐而零散的這些人，政府要讓他能夠支撐得住。

還有貧困的人、收入比較低的人。要怎麼收？怎麼補？一定是諸

侯國用他的稅收，撥出若干百分比去做安頓。每個時代不一樣，那麼古代做不做得到？做不到。假設齊國每一年補貼各個城邑，你們的收入可以扣除百之三，或者百分之五，剩下來的才上繳給齊王。諸侯國所保留的百分之三、百分之五，齊王規定一定要用在「收孤寡，補貧窮」上。你說，齊國會不會這樣做？不會。比如說，城邑的「宰」，也就是「邑宰」，相當於現在的縣長，當他拿到這筆錢，準備要「收孤寡，補貧窮」的時候，大部分的家庭都是以宗族為單位，這些孤寡的人都寄身在哪裏？很多寄身在大地主底下，這時要怎麼補？補過去的時候，不就補到大地主了嗎？所以有那個觀念是正確的，但最後只能說，把這些人游離出來吧！政府來設置一個單位，專門收容這些人，培養一些技術能力，讓他們能夠從事工作來養活自己，就像現在的職訓所一樣。

　　基本上，「收孤寡，補貧窮」就是社會政策。至於「興孝弟」，都是宗族在做。其實「孝悌」的觀念要分開，因為現在的生長環境都已經是小家庭，而傳統的「孝悌」主要是靠家法或是族規來支撐。一個鄉或是一個村，就是一個同姓的宗族，他們彼此之間，合作也好，衝突也罷，都用鄉約或者族規來處理，這是他們的一種孝悌，背後的長幼孝悌精神會具體發揮出來。比如說，「悌」是兄弟，堂兄、堂弟，老大、老二、老三、老四，他們各自有家產，各自生產。當老三出狀況了，或者疾病，或者貧困等等，這時宗族會出手幫忙，這就是「悌」。所以「悌」要落實到最底層、最具體的措施上面，跟今天所講的「孝悌」不太一樣。我們今天都是孤立的家庭，現實生活的情況不太一樣，能夠有幾個向善？

　　像這兩天網路上很熱傳，電視也報導，有一個人用大被單抱住他媽媽，現代有幾個人能這樣子做？不太容易，因為他不能動。每個人的處境不一樣，如果換一個大老闆，忙得要死，要怎麼辦？他一定僱

人，對不對？心意是一樣的，行為可以彈性變化。當然，這個行為背後的精神是值得提倡的，只是具體的作法，每個家庭不一樣。像這種情形，就是社會上的一種安定。

基本上，荀子所談社會組織的關鍵，就在這幾點，所以底下最關鍵的就是用人。誰能夠來做「興孝弟，收孤寡，補貧窮」這樣的公共事務？當然要靠前面所提的「選賢良，舉篤敬」。可是當荀子要實踐「選賢良，舉篤敬」的理想時，在當時卻缺乏一種社會基礎。為什麼缺乏社會基礎？因為所謂的「賢良」，面對諸侯國這樣的政治單位，基本上所謂的政治職位，幾乎都是諸侯的宗族包辦。比如說，一個鄉裏邊找三老來做代表，頂多也就只能這樣，稍微高階一點的，幾乎都是諸侯王宗族的人。既然是宗族裏邊的人，當你要選賢良的時候，可選擇性就很少，因為範圍縮小了嘛！如果都不賢良的話，該怎麼辦？這時，荀子對這些諸侯、卿大夫的小孩會特別講究什麼？教育。用教育去保障他的賢良，可是頂多也只是比例高低而已。

王者之政

在第一段裏講得很激烈，但這是不可能做到的事情。荀子先講：「請問為政？曰：賢能不待次而舉，罷不能不待須而廢，元惡不待教而誅，中庸不待政而化。分未定也，則有昭繆。」而我要講的重點是：「雖王公士大夫之子孫也，不能屬於禮義，則歸之庶人。雖庶人之子孫也，積文學，正身行，能屬於禮義，則歸之卿相士大夫。」這一點可不可能？不可能。這就好像說，假設郭台銘是一個諸侯，他的兒子、孫子或侄兒等等不守規矩，不能禮義，例如吸毒、轟趴等等，郭台銘就把他逐出去，以後不進入鴻海集團，可不可能？不可能。能不能說別人行為端正、書讀得很好，就把他拉進來，在古代可不可能？不可能。

　　荀子這樣講是「公」，沒有錯，但是他沒有那種社會基礎。其實不只是荀子，儒家的主張，像《禮記》的一些篇章，特別是「禮運」，它的社會基礎在古代不存在，到近代以來才慢慢有。但也不是那麼的理想化，比如說，王公、士大夫的子孫不能夠做到屬於禮義者，歸之庶人，在古代社會是做不到的，到了現代比較容易做到。雖然比較容易做到，但是人們有沒有私心？有，而且這個私心也是很合情合理的。當父母的，當爺爺、奶奶的，看到兒子、孫子實在不成材，很生氣，但還是會勉強把他拉過來啊！對不對？一邊氣，一邊罵，但會不會趕出去，從此斷絕父子關係？不會的。如果會的話，今天怎會有什麼富二代、商二代的出現。大陸、臺灣都一樣，因為這是親子之間的情理。不管古代諸侯國的政治組織，還是現代企業的商業組織，都不太可能把子女趕出去。

　　所以荀子這個主張是有限度的，限度在哪裏？不能是家族組織，不管是政治的、商業的，都不能夠是家族的，而必須是屬於公共的，也就是政府的或國家的，才有可能做到這一點。這樣的話，即使要徇私，也會變成非法，比如說，你擔任政府部門的長官，為了拉自己的兒子、女兒進來，考試的時候舞弊，做不做得到？今天做不到。你頂多只能在他考過要分發的時候，比如說，高普考及格，結果分發在屏東，可是你家又住在臺北市最精華的中正區，你老婆就要你想辦法把兒子調回來啊！所以你動用關係，他就調回來，這個就有可能。但是這種行為，也往往會被人家在背後指指點點，你稍微有一點私事，這些都爆料出來了。雖然合法，甚至於只有一點小小的不合規則，不到法令、行政的程序，但是會成為一個污點，所以在徇私方面是沒有辦法的。

　　因此，荀子還提到說：「故姦言、姦說、姦事、姦能、遁逃反側之民，職而教之，須而待之，勉之以慶賞，懲之以刑罰。安職則畜，

不安職則棄。」這些在現代叫作「輔導教育」,「姦」都是講負面的,
比如說毀謗,像姦言、姦說、毀謗、散播謠言;或者「姦事」,比方
說偷、搶、打人等等。這一類的「姦事、姦人」要怎麼辦?「職而教
之,須而待之」,不會把你關到監獄裏去,就算關進去,監獄裏邊會
有一個職能訓練所,而不是整天關在那邊,會根據你們的專長、背
景,全部調查清楚,然後分類,學木工的就去做木工,會裁縫的就去
做衣服,很會做的就當師父,不會做的就慢慢學。生產出來的東西就
拿出去賣,但賣的錢能不能中飽私囊?不行,要回歸過來,可以公眾
分配,比如說,改善這個監獄的設施,還有一部分可以成為他自己的
資金,等到你出來以後,自己就有一點存款,等於把你關起來強迫你
賺錢,可不可以?現在沒這樣子做啦!

　　如果按荀子的方式,就是這樣子做,所謂「職而教之,須而待
之」就是,最後也可以「勉之以慶賞,懲之以刑罰」。這中間的過
程,都是靠監獄裏的考核,考核過了,關的時間到了,就放出去。放
出去後,你有謀生的能力,對不對?而當你在裏邊,只要努力工作就
等於有賺錢,錢會分配到你身上去,當然會抽取一些費用作為政府的
稅收,或者改善監獄。這當然是一個理想,理想在實踐的時候,如果
典獄長稍微壞一點,就全部貪污;或是獄卒抽一成,典獄長又抽一
成,一層層剝削下來,到犯人身上就剩沒有幾個錢了。所以,為什麼
典獄長、獄卒,通通都要賢良?通通都必須廉潔?原因就在這裏啊!

　　其他的「五疾,上收而養之,材而事之,官施而衣食之,兼覆無
遺。才行反時者死無赦」。「五疾」就是殘障者,比如說啞巴、聽障、
缺腿斷手的,或者是侏儒,個兒很小。荀子當時沒有現在的醫學條
件,人們有各式各樣的疾病,比如說喜憨兒,如果在現代就包括吸毒
者等等,政府就收養,然後「材而事之」,教你技能,由政府提供衣
食。然後你再賣點東西,所得當然也歸你,這就是「王者之政」。

　　所以荀子所講的這些主張，其實就是現在社會局要做的事。在市政府裏邊，屬於社會局；在國家裏面，屬於內政部。內政部可以結合其他部會「材而事之」，比如說經濟部或者交通部，他們要提供一些技術上的資源，變成跨部會合作。

王者之事

　　荀子所談的內容大概到這個層次，再往下就是具體的實施，包括各式各樣的規則、法令。再往下去，就是現實的生活。而在整個過程中，要透過什麼人來做？賢者。

　　所以荀子在第二段提到，帝王或者諸侯君，要怎麼樣才能聽到賢者的話並且接納？荀子說：「聽政之大分：以善至者待之以禮，以不善至者待之以刑。兩者分別，則賢、不肖不雜，是非不亂。賢、不肖不雜則英傑至，是非不亂則國家治。若是，名聲日聞，天下願，令行禁止，王者之事畢矣。」話雖如此，但怎麼知道他是以善至？怎麼知道他是以不善至？這是大原則，落實下去的具體措施時，因為是「聽政」，第一個就會碰到誰能言政，一定是大臣嘛！這些人在提供意見的時候，善或不善要經過判斷，既然要經過判斷，最後會有什麼結果？大家不敢講話，這樣才保險一點。因為不敢保證自己講出來會被判斷為善，如果最後判斷出來是錯誤的，就要「待之以刑」了。所以最好的方法就是不講，這是人最理性的選擇。所以為什麼在公共事務、政府機構裏邊，很難找到傑出的意見和策略。

　　因為這是一個有層級的官僚體系，除了最高決策者之外，從第二階、第三階以下的都是聽命執行，尤其是中階以下。聽命的時候要不要出主意？出的主意如果對了，功勞上面收；如果錯了，上面怪罪下來，我倒楣。這個時候最好的選擇就是閉嘴，你發命令，我照做就好

了。這就是為什麼一個組織裏邊，中階以下不會有意見的原因。你問他，他就用膠帶把嘴巴貼得死死的，不會有意見的，只有少數白目的才會有意見，或者有愚勇的人。

這樣下來，當出意見、定策略變成高階少數人的事情時，是不是就是用所謂的「待之以禮，待之以刑」？沒有啊！意見出錯了，沒事啊！出錯了沒事，對了更好。因為要一個人出意見，甚至於做一件事，如果賞和罰都是這個樣子，最後就只有走中間路線，很滑頭，因為最保險，可以保住自己，這和押賭注一樣，不要押到最好，不要贏最多，只要贏一點點就好，不用冒全輸的危險，這是很自然的現象。你可以說這是人的一種理性選擇，但這也是制度規範設計來誘導他做出這樣的選擇。

這是荀子思想落實時會碰到的困難，但是又不能沒有賞罰啊！既然要執行，賞罰要用在哪裏？就是看效率，看執行的程度。做到了就有賞，做不到就沒有賞，甚至於有罰，這是荀子的看法。

到了「聽言」的時候，後邊接著講各種聽言的狀況，主要是要怎麼聽？基本上，能夠聽到的人口數很少，剛才說過，因為中下階的根本不會講。只剩下周邊的人，但周邊的人會不會真的跟你講，都還是有問題。所以荀子說：「凡聽：威嚴猛厲，而不好假道人，則下畏恐而不親，周閉而不竭。若是，則大事殆乎弛，小事殆乎遂。」這是說，如果擺出一副很威嚴猛厲的樣子，不可親近，甚至於容易動脾氣，別人就會閃，大家畏恐而不親嘛！「周閉而不竭」，「周閉」就是封閉起來，因為怕，最好離遠遠的，即使長官過來摸摸頭，勉強應付一下後就趕快閃，對不對？。

這樣子決策者就聽不到真正的話，「和解調通，好假道人，而無所凝止之，則姦言並至，嘗試之說鋒起。若是，則聽大事煩，是又傷之也」。決策者為了表示能廣納意見，親和力很好，結果呢？太多

了，不勝其煩，這又是另外一個極端。所以，「故法而不議，則法之所不至者必廢。職而不通，則職之所不及者必隊。故法而議，職而通，無隱謀，無遺善，而百事無過，非君子莫能。故公平者，聽之衡也；中和者，聽之繩也。」

荀子所講的這些轉換到今天，各種意見都來，像意見信箱之類的，只是在滿足一般人的不滿，這種小困難可以隨手解決。主要的是高位階者的政策，能不能說去到處打聽？不可能，因為你是政府部門或是商業部門，理應掌握了最多的資訊，不必過度東問西問，因為你的那些智庫都已經很清楚了，該怎麼處理應該也很清楚。以學校來講，一級主管，還有身邊的秘書，這些都要很清楚，幾個人就可以凝聚出來，不必到處問，哪來這麼多時間，而且人多口雜，反映出來不一定是理性的，很多都是情緒，甚至懷有不同動機的情緒。

因此當政策擬訂出來後，接下來最重要的是什麼？就是溝通。透過各式各樣的管道，把訊息一一溝通過去，讓人民能夠了解感受到，這樣就行了。所以，溝通的技巧、制度非常的重要。想出好的辦法，好的政策，說實在話，不難，因為有人才，可以選出最好的方案，最難的其實就是溝通。

舉賢良與知識普及

第二個單元，主要是「治道」方面，荀子所謂的「為政之道」，基本上就是社會政策，也可以說是穩定社會所要運用的方法，他特別強調「興孝弟，收孤寡」跟「補貧窮」。「興孝弟，收孤寡，補貧窮」，如果更積極來講，就是第一段的運用資源這個部分，只要能提升生產能力、經濟能力，把「收孤寡，補貧窮」降到最低比例，用我們現代的話來講，就是降低失業率。

　　在這當中通通都需要「人才」，因此荀子才會提到「舉賢良」的
關鍵。當所有的賢良都上來了，在上位者的諸侯君，就能夠思考如何
有好的政策和策略。政策的位階比較高，策略的位階低；政策是一個
目標、方向，策略是達到這個方向所用的、可選擇的方法。最好的方
法是什麼？不一定要最圓滿、最理想的，沒有最圓滿的方法，只要是
利大於弊就可以。

　　基本上，以戰國時代來講，諸侯君為了吸收更多的人才，所以開
始擴大選才範圍，不再侷限於宗族內部，還包括宗族以外的人，所以
才有很多游士。那時的環境跟春秋時代不一樣，因為知識開始平民
化。平民也可以學到知識，沒有普及化，但是做到了平民化。中國傳
統社會的知識一向沒有普及化，直到民國初年都是這個樣子。因為知
識如果普及化，是被迫的普及化，對私人的政權是非常不利的。人的
知識一旦開放以後，因為他有了知識的能力，他就會有更多要求，因
為本來被壓抑，後來認為被壓抑是不公平的，他就會去要求。所以凡
是傳統時代，不管是中國或者歐洲，在帝制的時代裏，知識普及化是
不可能的事情。一方面在主觀意願上，王朝不可能把知識普及化；另
一方面在客觀條件上，一般人民沒有足夠的經濟能力，因為學習知識
很貴，一般老百姓負擔不起，不像我們現在學習知識，大體來說，一
般還可以負擔得起；當然越往現在，有時候也越來越負擔不起高等教
育了。

　　戰國時代，學習的人越來越多，所以諸侯君就可以吸收外邊的
人。可是要吸收這些人，就會碰到如何分辨的問題，就是培養人才的
管道。當時的諸侯君沒有這樣的管道，就只有在國子學培養自己的宗
族，如果是天子就是在太學。基本上，這些學校就是今天的貴族學
校，專門教公卿、大夫等等。到了帝制時代，漢代以後，從中央政府
官員到地方縣官的小孩，都有接受教育的機會。至於一般人呢？得自
己想辦法找錢。

近代以來，是被迫讓教育普及化的。這個問題從歐洲開始，為什麼？因為需要使用工具。國家需要對海外拓展，就需要使用工具，使用工具就必須要有知識，不能夠不識字，拿個刀、拿個槍就行了。要使用哪些工具？軍事武器、各式各樣的運輸工具等等，使用這些工具需要有知識。因為要有知識，光貴族本身的人數不夠，所以不得不擴散。擴散了以後，慢慢的再加上背後的助力，就是隨著對外擴張而起的商業，以及因商業而形成的資本家，資本家的小孩也可以跟著唸。等到封建王朝慢慢過渡到君主立憲，人們的參政權逐漸增加，最後形成國家需要設立一套教育體制，就這樣轉了過來。不過即使這樣轉過來，受教育的人口雖然普及，但也只是初等跟中等教育，還沒有到高等教育。慢慢的，隨著人類技術知識不斷的提升。人們需要的知識越來越多，才能夠在社會當中獲得足以謀生的職位。

生產所需要的知識不斷提升後，所受的教育等級才會越往上提，於是高等教育開始變得普及。但同樣是高等教育，應該要有所區隔，但是在臺灣沒有這樣的區隔，就把技職教育整個摧毀掉了，這是最糟糕的一件事情。其實，技職教育在整個受教育人口數裏邊，最少要佔七成到八成，只有百分之二十，頂多不能超過三十，是接受一般所謂的學術教育。

游士與智庫

這是古今的分野，在古代碰到這樣的情形，「聽言」就很重要了。荀子只是很簡單的說，王者要怎麼聽，如果態度是威嚴猛厲會聽不到，如果是和解調通又會有太多的量，量太多也無法分辨。所以，一定要設計一個管道、一套制度，能夠形成各種意見。荀子只能談到這個地方，再往下這個制度的設計就會變成什麼？就是我剛才講的，

你有決策的圈子，但是從政策的擬定到策略的形成，要分層次來看，通常政策的擬定是最重要的，因為它是一個大方向，這個大方向往往要最高的領導人來做決定，像諸侯君；至於策略，可以由下一階來決定。

所以在戰國時代，各諸侯國中慢慢會有什麼？游士。聚集後由諸侯王去養，最典型的像齊國的稷下。除了諸侯王以外，有些貴公子、大將軍等等也會養。其實這就類似我們今天所講的各種智庫，有政府的，也有民間團體的，這些人就是做研究工作。當然，在古代的流通比較大，這樣的人口數也少，而研究工作是沒有實權的，只是提供意見，所以他們也會儘量想進入諸侯王的官僚體系來掌握實權。所以史書裏面所看到的，不管《史記》、《戰國策》，都講得很簡略，因為沒辦法講那麼仔細，記錄不可能那麼細節。你可以看到他提供了某一個策略後，一下子就當了什麼職位，其實那些意見是很簡略的。

「聽言」是一個漫長的過程，游士一開始是成為人家的門客，在這麼多門客裏邊，他要想辦法冒出頭，才有機會被引薦到諸侯君的權力核心，而且還要諸侯君裏邊有引薦的人，或者透過宗族裏邊諸侯君比較信賴的人，比方說，他的兄弟姐妹，或者其他親屬。通過他們，游士才能夠進得去。這種關係，就是我們現代人所說的人脈。

說到人脈，我們現代哪些人最喜歡弄人脈？管院的，搞 EMBA 的。現在 EMBA 的價碼越來越高，其實 MBA 企管這一類，在日本已經慢慢衰落了，因為膨風得太厲害以後，不見得有實效。這是題外話，但是讓大家了解一下。MBA 和 EMBA 的性質不同，MBA 屬於大學學制，EMBA 是給業界人士讀的，原本的用意只是讓業界人士來學之後，對你自己的企業有幫助。一個企業就像古代一個小諸侯國，大的企業就像大諸侯國，國家就像天子一樣。說實在的，EMBA 這一類課程，有時候也是學術界本身的一種墮落，為什麼？因為你把他們

找來，一定會給學位，而他們的作業報告、學位論文誰寫？都是秘書幫他寫的，他們哪會自己寫。

甚至有些老闆還會認為論文也需要寫那麼久嗎？兩天就好啦！但你要看是什麼性質、什麼問題的論文，如果是屬於企業界的創發、行銷等等，那種不叫論文，而叫作意見。我針對某個特定問題來提供意見，不要說兩頁，一頁、半頁就寫完啦！但是論文是討論學術問題，性質不一樣。討論學術問題是純理論的，不是實務的。一個實務問題，解決完就完了，這跟學術問題是不一樣的知識訓練方式。說到底，實際上他們的重點不在寫論文，寫論文只是一個形式，最重要的就是去建立人脈，在那裏認識其他學員，因為其他學員都是經理、老闆。

近幾年，EMBA 在大陸又更冒出頭了，以前在臺灣的時候，臺大、政大、清華很熱門，大陸跟上來非常快，而且大陸經濟發展很大。所以，像大陸復旦大學或者長江管理學院等等，一年的學費大概新臺幣一百五十萬到三百萬，這對大老闆來講很少。除了認識其他學員、建立人脈，還有一個就是學歷上的虛榮，人少什麼東西，他就想要什麼東西。學理跟實務還是有所不同，當他唸完 EMBA 以後，萬一他工廠或者企業垮掉，有個何用啊！對不對？這跟古代所講的戰爭一樣，成王敗寇，那是很現實的。而且 EMBA 所提供的建立人脈機會，只是其中一個管道而已，在社會上還有很多其他的管道，比如說扶輪社，還有各種俱樂部。你說打高爾夫球，真的想打高爾夫球嗎？不是，高爾夫球俱樂部的入會費動輒一、兩百萬，每次去打每個月定期還要繳錢，那只是去認識一下人。其實認識了人，也是各懷鬼胎啊！哪有說認識了以後，馬上就合作了的！如果認識的時候，發現彼此是互相競爭的呢？對不對？

但古今的變化是不一樣的，這種有點類似戰國時代的縱橫家，縱

橫家就賣一張嘴，還有就是弄形勢、虛聲恫嚇，但問題是，天底下不是只有你是聰明的啊！聰明的人一大堆，所以你也許可以哄得了一、兩次，但不可能是長期的，尤其那種成王敗寇的時候，後面講出來的沒有實效，你就槓龜啦！從此以後就消聲匿跡，因為再也沒有人會信賴你了。

所以，荀子所提到的戰國時代現象，跟現代合併起來看，都差不多。其實學界的重點，在守住你的任務。學界的任務是什麼？就是針對一個事務，即使是屬於企業的事務，來進行一種客觀的研究，所得的研究結果提供給從事實務工作的人，讓他們去判斷、選擇、參考。因為現實環境變化多端，不可能完全照學術研究的結果，研究的結果是比較客觀得出來的理論、說法，兩者的性質不一樣。

禮賢與尊嚴

在這裏邊有一個緊張的關係，為什麼儒家特別重視人性的尊嚴？《荀子》或是像《呂氏春秋》這一類屬於儒家背景的部分都是如此。那個時代很重視什麼？禮賢。荀子所講的禮就是要尊重，荀子甚至認為王者必須要有一些師友。為什麼？因為這些人讀了書成為游士以後，進去了諸侯國的官僚體系內，但他們不會跟你講真話，為什麼？因為如果諸侯君脾氣不好，講了真話以後會被處罰，對不對？古代的處罰不是像現代資遣之類的，而是動不動推出去斬啦！所以他不敢講。但當諸侯君很禮重游士而為師友的時候，帶著誠懇的、謙遜的態度來討教，游士可以提供意見給諸侯君，如果不合需要，就可以慢慢疏遠，對不對？這是很現實、很自然的事情。

這些儒者之所以有這樣的主張，最重要的就是王者聽不到真話，沒有一個客觀、理性形成政策的管道。王者或諸侯君本身並不是全知

全能的，會有很多盲點，這些盲點誰來幫你解除？在以宗法為基礎的封建政治裏，這些盲點都是靠諸侯君的長輩來消除，因為這些人都算是小到大輔政的，可以跟諸侯君講。可是權力關係慢慢演變後，諸侯君有時候也不聽長輩時要怎麼辦？因為沒人講，所以最後聽到的全部都是諂媚、歌頌，然後引誘諸侯君好逸惡勞，所以王者才必須禮賢以為師友。

還有，這個賢才跟諸侯君不一定有職務上的君臣關係，既然如此，為什麼要禮賢？這當中還有另一個原因，那就是人性尊嚴的自覺。這點是在儒家典籍中才會特別提到，道家、法家都不太提的，因為他們的重點不在這裏，但這是共有的人性。一邊是游士，一邊是王者或者貴公子，如果游士沒受到尊重，這時要看游士自己的所求跟他的性格，會有不同的反映。有些人不受到尊重時無所謂，因為他的目的在後面的獲利。在利之前，他可以讓自己委屈，受到人家的侮辱都無所謂。有些人的性格，是在意個人的自我價值感，不能受侮辱，王者要真正的重視這種賢者，他才願意跟你講，這些人是負責任的，願意盡心盡力，但前提是必須尊重他。

這是很不容易做到的，因為不斷強調這一點，就表示在現實裏邊能夠做到的機率不高，為什麼？這是普遍的人性之常。也就是說，當人到了一定的地位或者富有的時候，就很容易產生傲慢，所有人都看不上眼，因為他最偉大。這時最難的一種素養是什麼？就是孔子講的「富而不驕」，這個「富」還包括了貴。貧呢？無諂，「貧而無諂」，這是很難的一種素養。

在戰國時代常提到的這種事情，轉移到現代是不是一樣？一樣。你可以看看會加入 EMBA 都是些什麼人？大老闆啊！口袋麥克麥克，要收三百萬，我也繳啊！就算收個五百萬，也沒問題啊！可是這些人會把學校的老師當什麼看！所以在政大就發生這種事情啦！政大

的企管系要把後山弄成高爾夫球場，讓 EMBA 的學員上來打，有時候助教還要幫忙提皮包，但這個案子一定要通過校務會議，結果當然全校反對，因為這喪失了大學學術應有的尊嚴，變成商人的走狗了。其實這在古代叫作「倡優」，這些人根本不在乎。他們要的是我有參加一個大學的 EMBA，因為大學在社會上有一定的聲望，所以他們要這個名。其次，我在這邊可以東認識、西認識的，也許會有商業的機會，這才是他們的主要目的。所以我為什麼說這是大學自己的淪落，原因就在這個地方。

當然商人也會想出一些辦法，在古代叫作「附庸風雅」。「附庸風雅」這個詞彙是在明清以來對商人說的。因為有了錢，接下來少了什麼？少了被尊重。在明清的傳統社會，比較受尊重的是什麼？文化水平。文化水平表現在哪裏？表現在人文藝術。所以我有錢，就買古董、買字畫，還不容易啊！你出多少我都買，這就是附庸風雅。我有就好了，懂不懂是另外一碼事，也許知道一點皮毛。後來時代不同，附庸風雅的方式也跟著不一樣了。比如說，我有一個企業，到了年底，大家辛苦啦！辦一個營隊，再穿插一些節目，大家吃吃喝喝，然後找個人來演講一下，找個搞藝術的、學術的來談一談，這叫作什麼？「倡優畜之」嘛！

附帶講到這一類的東西，你們要有自己的尊嚴。以後如果有人找你到國父紀念館演講，你去幹什麼，一堆退休的老人沒事幹，一邊聽，一邊打瞌睡，根本不把你看在眼裏，所以要不要去？不去。真想聽、真想學，就來找你嘛！對不對？《禮記》講的「禮聞來學，不聞往教」，包括有些圖書館或市政府單位辦的一些什麼班，要不要去？不要去。因為要上班的不會去聽，會去聽的都是哪些人？我稱之為「遊民」，退休的、四處遊走的，就是臺北市的馬路巡閱使，沒事在馬路上走，要不然就坐在那邊很涼快，夏天吹冷氣，聽一聽，有一搭

沒一搭的。他打從心底不會有一種尊重，不要說謙遜啦！至少尊重這個知識，為什麼？他的人生都已走到尾端了，他覺得我的人生經驗豐富啊！有哪個走到人生尾端的人，仍然還有一種謙遜態度的，很難，所以不去。這個是延伸出來跟大家講，因為有些人不太會想到這一點。

所以，為什麼孔子會說：「及其老也，血氣既衰，戒之在得。」「得」就是一種擁有，我們現在叫作做權力欲望。以現在的環境來講，一個人還沒有退休的時候，在工作上管得了別人，因為他有權力，權力欲望得到滿足，對不對？當他退下來的時候，誰聽他的？狗不理啊！

所以老人就是這個樣子，他退下來後沒有人可以管，權力欲望得不到滿足，就要戒之，這是個修養。他在得不到的時候怎麼辦？強烈的失落感，這個時候他能管的是誰？兒子、女兒、孫子，可是現在少子化呀！搞不好兒子、女兒又都不在身邊，都在遠地，如果是在身邊的話，搞不好天天挨罵，兒子、媳婦、女兒、女婿，幫我做這個、做那個的，因為他是老人，可以發號施令啊！你是他的子女，沒辦法，對不對？不修養的老人就是這個樣子。有修養的老人會懂，會慢慢去學習，做到怡然自得。都沒有人管啦！權力欲望得不到滿足，那就管貓管狗，貓狗成為他相依為命的伴侶。如果貓狗管了還不滿足，刷鍋子也可以啊！刷鍋子就變成什麼？強迫症，都是心理因素，有的會引發各種精神狀態，強迫症是一種，憂鬱症是一種。所以如果你看到自己的父母有這樣的現象，你就同情他，因為他生病了。這是要修養的，十個老人當中有八個會這樣，所以老人家不好侍候。

我剛才講「戒之在得」，「得」戒不掉的時候，又通通沒有人可以管，權力欲望沒得到發揮，就很失落、很孤寂，所以看起來就很可憐，你要同情他。可是你同情他也沒有用，為什麼？各人生死各人

的，那是他內心的問題，你幫不了的。你能幫的時候，他上臺階要你扶一把，可以；他生病的時候，你送他去醫院，沒有問題；他沒飯吃，你給他一點飯吃，可以。但是他內心的問題，你管不了，那是每一個人自己要去克服的，怎麼辦？就由外來填補內的慌張、空虛和寂寞。

什麼叫由外填補內？反正我還可以動，退休時才五十多歲，還很年輕，所以可以參加這個活動、那個活動，由外填補內，反正有月退俸沒有關係嘛！沒有月退俸的，有些商人退下來還有積蓄。所以最大的困擾在內心的不安，不安的時候就找事做，每個人的環境不一樣，所以找的事不同，但基本上是拿外填補內。可是，扣除睡覺，總不可能其他時間都排得滿滿的，萬一更老了，身體跑不動了，怎麼辦？所以孔子講「及其老也，戒之在得」，但孔子在這裏只講出了毛病，並沒有說出該怎麼辦，在其他地方有提到，其實就是個人的素養。

如果以孔子話來講是什麼？就是「富貴於我如浮雲」這樣子而已。有素養的，他會真的很謙遜，而且很自在，他真願意去學，其實很好懂，尤其不是讀數理、自然科學，大部分這時候都是跟人文藝術有關。為什麼很好懂？因為你一講，他的生活經驗就馬上填補進來了，感受性強。所以其實很多文科的東西，不是教年輕人，而是教中年以上的人，因為年輕的時候感覺不到，可以懂，但是沒有體驗；但等到年紀愈長，尤其是四十幾以上，感受深了，讀了就會有很深切的感同身受，所以那個時候，他才會真心學下去。

以上這些延伸出來的跟荀子無關，但是將《荀子》一直講下去的話，就會碰到這些問題。放到今天也會碰到這種問題，因為今天已經邁入高年齡化社會，你們以後也通通都會進入高齡，到了那個時期最重要的就是安心，傳統叫怡然自得。

第二十講
《大學》思想解讀

《荀子‧王制》的重要觀念

〈王制〉中的王霸概念可以簡單的區隔，列出一個次第。如果把先秦的概念視為函數，外王的王，就是公共事務，大可涵蓋國家、世界，小至一個小團體。其構成需要幾個條件，最重要的是資源。講義上的「自然」，指的是自然資源；在小團體，指的則是財務。在過去，財物都來自於自然界的資源，再透過經濟生產出來；在現代，自然界的資源仍然是最外圈、最基礎的。孔孟荀的思想，都把創造財富作為一切事務的基礎，《易經‧繫辭傳》提到：「天地之大德曰生，聖人之大寶曰位，何以守位曰仁，何以聚人曰財，理財正辭，禁民為非曰義。」資源聚集人群，但使用資源必須有規範，「理財正辭」說的就是各產業中的倫理，倫理再落實成為法律，就是「禁民為非」。傳統上受到觀念影響，覺得儒家講德性，強調守貧，對財務的看法有一點偏頗，實際上是一種誤解。

其次，在社會的部分，大到國家，小至團體，最重要的是規範。規範有剛、柔兩種：柔性的規範就是傳統說的風俗習慣，人民約定俗成，在大陸稱為潛規則；剛性的規範就是清楚的、成文的賞罰機制。賞罰也有剛、柔之分，柔性的如輿論，剛性的如直接施加在身體、財務上的刑罰。社會規範透過典章制度執行，每一個組織都有，又分層次，用今天的語彙來說，最高層次的是組織法，往下則有各式各樣的法規。

　　整體來講，〈王制〉的基礎就是禮樂。孔子說：「殷因於夏禮，所損益可知也，周因於殷禮，所損益可知也，其或繼周者，雖百世可知也。」（《論語・為政》）夏商周的制度是一路承襲下來的，制度會演變，可以調整，但都要人執行，人的品質會影響執行成效，因此人的品格素養最是重要。然而，品格素養不像黑白截然可分，只是程度的差異，所以不必要求人人都是聖賢君子。這種品德素養，展現在公共事務當中，就成為風俗。曾國藩說：「風俗之厚薄奚自乎？自乎一二人心之所嚮而已。」（〈原才〉）在現代則把這種品德素養稱為公民素養，例如同樣實施民主的國家，也有好壞的分別，培養公民素養的關鍵是教育，包括家庭教育、學校教育、社會教育。整個過程，儒家強調禮義要根於人心，道理在此。抓住這樣的綱領，在任何地方，處理任何的事情，都可以執簡馭繁。

　　最後，規範是繁瑣的，不同領域的規範之間容易形成衝突，避免讓規範衝突，或者在衝突時尋求合適解決方案的關鍵，就是要顧及人性的尊嚴。把人性尊嚴作為判斷的基準，就可以將規範引導至適當的步驟，在現實生活中，例子不勝枚舉。比如說有些教授要延後退休，必須先申請，開會討論、投票之後才能通過，這是把賞罰跟褒揚混在一起，一定產生衝突，讓一個老師延後退休，一定是因為他對學校不可或缺，這是一種褒揚；一旦開會投票，就可能被否決，如果被否決，當事人一定一肚子氣，跟學校不愉快，甚至槓到底。正常的程序，應該是由學校先徵詢系裏或院裏專業的意見，如果學問果真很好，符合學校的需要，經審核通過，校長再親自拜訪，最後再讓教授延後退休，這就是對人性的尊重。又比如結婚、請人審查論文，可不可以寄張帖子，請秘書打個電話就算數？不可以。越是關係親近的，越是正式的活動，越有必要親自致意，不可以因為工具的方便省略這些細節。在組織的活動中，位階相等，必須相待如禮，日常生活有很

多這類的規範，在儀式細節背後，其實有一個禮，有種對人的尊重。當你拜託別人幫忙時，在人際互動中就要留意到這些禮，可惜現在許多父母、學校都不教這些，導致學生不了解這些基本的禮貌。

　　荀子很重視禮，但是不談細節的部分，因為細節會因時代變遷而改變，重點在於掌握基本原理，靈活運用。有些儀式辦法會因時空改變而顯得不合理，這時就需要重新構想新的方法，但這些新辦法，必須符合人性的尊嚴，不必拘泥繁文縟節。

《大學》、《中庸》受重視之因

　　我們所談的《大學》、《中庸》，主要是針對朱熹來談，對比《禮記》及近代出土文獻，我認為朱熹對《大學》、《中庸》的排序不合理。先秦典籍有點類似現代的劄記，原本都是一小段，一小句，各段間沒有關聯性，在戰國、漢代才根據相關性編輯成篇，《禮記》、《大學》、《中庸》就是這種性質，所以我運用陳澧的反切系聯，加以重編。反切系聯背後有一個符號學的原理：解釋者與被解釋者之間有一種語意上的關聯性，這種關聯性不像同心圓完全重疊，但是會有交集，解釋者又要被解釋，所以又要用另一個符號來解釋，B 解釋 A，C 解釋 B，這種關聯性有一個極限，最後所有相關的符號，就會串連成一個 Family。用這樣的觀念，可以把《禮記》的經傳進行重組，以經為主，把解釋經文特定詞彙的傳文都找出來加以重組，這種重組對解釋語意的幫助不大，但可以凸顯經文背後的思想。

　　《大學》、《中庸》原本是《禮記》的篇章，為什麼在宋代被特別提出來？因為從漢代到唐代的思想取向，與《大學》、《中庸》不相應。孔孟中有兩條路，大部分談人的言行，討論外顯的、他律的道德，此外，雖然很少，但是也談到修心的問題，雖注意到言行不一的

情形，像孔子說：「能以禮讓為國乎，何有？不能以禮讓為國，如禮何？」（《論語‧里仁》）提到做事情要發諸本心。「今之孝者，是謂能養，至於犬馬，皆能有養，不敬，何以別乎」（《論語‧為政》），提到孝養父母要發自於心。孟子與荀子也有類似的談話，但都只是點到為止，沒有談到實踐時會遇到什麼問題，例如孔子說「我欲仁，斯仁至矣」，孟子說「惻隱之心，人皆有之」，但實際上，有時我欲仁而仁不至，看到壞人掉到水裏很高興，就忘了惻隱之心，要怎麼辦？或者理性上知道該這麼做，但實際上做不到，又該怎麼辦？

　　漢代以前，學者的重心都擺在外顯的行為規範，所以不會特別注意到《大學》、《中庸》。佛教傳進中國後，宋代人從佛教中看到一套修心的完整辦法，回頭才發現《大學》、《中庸》中講的就是這些。一個人要修正外顯行為，內心要經歷一段曲折的過程，追溯到更根源，則是一個人內在的心性。而修心的方法很多，就佛教來說，一個人要體證涅槃，可以像淨土宗念阿彌陀佛，像禪宗修習禪定，或者像天臺宗在靜坐中觀察內心，《大學》、《中庸》、《道德經》都提到一些，但很簡略，也沒有說明過程中會遇到什麼問題，遇到問題時該怎麼解決。學術史說宋明理學受到佛教影響，確有其事，但是受什麼東西影響，要清楚具體指出來。宋代以後被特別提出來的《大學》、《中庸》、《易傳》，可以說是孔孟荀談「內聖」的一種深化，就是儒家所談的修心；而《大學》的明德，《中庸》的誠，孟子的性善，孔子的仁，佛教的佛性，《道德經》的虛靜，雖然名稱各不相同，但實際上說的是同一個東西。

定靜安慮得

　　把討論的焦點放在「定靜安慮得」上，比較容易了解儒家內修其

心的另一面，這部分可以補充孔孟荀的不足之處。

　　「大學之道，在明明德，在親民，在止於至善，知止而后有定」。知止的「止」，是「止於至善」；知止的「知」，是「理性的知」。當人稟氣而生，便有欲，而為欲所蔽，因此聖人還沒成聖之前，並不知道明德是最圓滿的狀態，所以此時的這種「知」是一種信仰，要如何知道「明德」？朱子說「得乎天，而虛靈不昧，以具眾理而應萬事者也」，這句話涉及形上學概念，

　　「得乎天」，說明「明德」是超越的、無限的、最圓滿的；「虛」是說相對於物質體而言，「明德」具有抽象的性質，「不昧」講其光明的性質，「靈」講其無限的作用；「具眾理而應萬事」，描述明德是一切的根源，相當於《道德經》跟孔子講的「道」，用宗教的話來講，就是天主、真主、佛性。「具眾理」，說一切事物因其而存在，但是萬物各有區別（individual）。根據形而上的推論，一定有使其不同的原理，西方哲學稱為本質（essence），中文稱為「理」，但中文的「理」又不完全等於本質。本質是讓萬物成為個別性差異的原理，而理有兩重意思，一重相當於本質，另一重則是指讓萬物不止是個體，又各成其類的原因，用西洋哲學的話，就是法則（law）。朱子，還有寫《中庸》的這些先秦諸子當然懂得這些道理，只是不見得用西方形上學的方式來表達，我用西方形上學的方式來講，比較符合現代人的思考方式，各位比較容易懂。「道」這個概念，在西方形上學的設定，是相對於我們的認知，當我聚焦在一個事物上，同時知道該事物之外還有東西，專注在新的目標，新的目標之外還有其他東西，如此推擴下去，永遠有我認識之外的事物，直到無窮，於是我必須假設（presupposition）一個東西作為我所認識的全體，那是無限的，一定有一個無限的無限者，我所認識的這些才有可能，我所認識的對象是有限的、部分的，於是無限者就成為一個整體的。我認識的對象是會

變化的，它就是不變的；我認識的事物有存在與消亡，有死生，它就是不死不生，是永恆；我所認識的對象不是圓滿的，它就是圓滿的。很多宗教經典使用這類的詞彙形容最高的神，就是用認識的角度，包括感官知覺的認識、理性抽象能力的認識、去逆推一個絕對的東西。

但是光談這些是不夠的，剛剛說萬物各別，所以相對的有一個無限的存有，「存有」是西洋哲學的說法，中國哲學的稱呼是「有」。而「存有」或「有」，只負擔一個任務，就是解釋萬物之所以然，說明萬物之所以存在的原理。然而萬物各異，有所不同。如果不異，就是一團；相異，就是有差別。差別本身是一個概念，物跟物的差別，受限於物是有限的、個別的，這背後有一個原理造成差別的產生。這背後的東西，西洋哲學叫本質（essence），而中文把本質、存有兩者都稱呼為「理」，沒有加以分別，因為中國哲學在思考這個問題時，偏重點不在於此。如果有兩個東西，一個存有，一個本質，存有是最重要的？還是本質是最重要的？都不是，因為兩者相異就是二，二就被切分掉了，就是部分，因此兩者還有一個共同的所以然之理，就是一個絕對的存有，這是西洋哲學的名詞，中文就叫作「道」，用各宗教的詞彙來講，就是天主、上帝、真主、佛性，都只是說明一個最圓滿的、無限的對象，也就是朱熹說的理。除此之外，朱熹談到萬物不止各別，還有分類；每一個大類中，還可分為許多小類。造成類的原因，也是理，西洋哲學不討論「類」這個問題，中國哲學會，但表達上用「理」這個字。

回過來看「所以聚眾理而應萬事者也」，明德位在一切的頂端，具有眾理，包括存有之理、本質之理、物類之理等等，所有萬物都由此而存在，這是理智所認知的。但感官知覺只能認識有限的東西，不可能認識到無限，所以必須從另一個方向上去尋找，不是智，而是情。當人應萬事萬物時，會有各種感情反映，這些情感苦樂相參，但

是樂換個角度，又是另一個苦的來源，這個現象儒、道都沒有深入，佛教講得很仔細。人碰到的現象都是苦，人的本性卻不喜歡如此，只有往上追溯造成一切的根源，追溯到最根源時，發現人本著仁、天主、佛性這樣的絕對存有，絕對存有涵蓋了所有的東西，圓滿所有的一切，人所有的苦樂之情都被包含在裏面，苦、樂都是部分的，絕對的存有不是苦也不會是樂，是至樂。人的快樂，基本上因真、善、美而起，但人在追求真善美時，都會掉進苦樂的循環，只有最高的絕對存有，是純粹的、包含的，可以消除掉所有得失，絕對存有是單純無私的付出，儒家叫作「仁」，道家叫作「知」，佛教叫作「慈」，天主教叫作「愛」，在《中庸》裏則稱為「明德」，為了表示其絕對的、光明的性質，所以稱呼為「明德」。

　　明德的明，是光明，光明是相對於黑暗而言，從人的日常生活切入，這種表達方式是最容易懂的。可是當你告訴一個平凡人要擴充善性，向上到達明德的境界，他畢竟還是一個凡人，不可能知道，只能姑且相信，就好像有人對你說有個地方叫天堂，你沒去過，也不曉得那裏是什麼樣子，這時只有兩個選擇，一、否定，二、相信。可是，你只有一開始可以否定，到最後不得不相信，因為不相信他存在的時候，生命過程會很痛苦，到走投無路時，沒有辦法，只好姑且相信了，相信一陣子發現了一點好處，再接近一點，再相信一點，又發現一些好處，最後死心塌地的相信了，信仰的過程是這樣的。唐朝人講，修道不可遽入深山，因為習氣還沒有盡，會瘋掉，要像子貢說的，起初在孔子的門牆外看，不得見百官之富、宮室之美，再慢慢向內走，慢慢接近，慢慢發現。「知止」的知是一個信仰的知，這是第一步。可是信仰不容易，知止才能夠有定，說明了我們平常處在不定的狀態，相信了半天，卻一直空等，沒得到什麼好處，甚至於有時還遭殃，為善得惡報，為惡得善報，這就會造成懷疑。因此所有的信仰

之知都要求無條件的信任，不管現況多糟，仍然死心塌地的相信；可是一個人要死心塌地並不容易，尤其在生命的前期與中期，離死亡還有很長一段時間，就抱著觀望的態度。所以淨土宗強調要堅定，如果在嚥下最後一口氣前，還能夠堅持，這時因為別無選擇，所以死心塌地臣服，跟著阿彌陀佛去，臨終一念也可以往生淨土，道理在此。

「定」就是堅定的信任，所以定的下一步是「靜」。定到靜是什麼過程？人處在靜中是什麼狀態，朱熹沒有解釋，只說不妄動；反過來說，就是在靜之前，內心還會妄動，什麼是妄動？怎樣才能不妄動？依《大學》的話來說，要使心不妄動，就要從正心而止。正心、誠意是同一件事，但偏重的層面不同，正心是就內心受到外物衝擊威脅所產生的情緒而言；誠意是就人起心動念時，有時會嫉妒、憤恨，詛咒等歪念來說的。《大學》講修身在正心，它的目標是「心不在焉，視而不見，聽而不聞，食而不知其味」。就像佛教講的不思不想，已經不攀於外物，但是如何才能做到？我視而見、聽而聞、食知味時，就會開始追逐，一追逐就會產生情緒，於是「身有所忿懥，則不得其正；有所恐懼，則不得其正；有所好樂，則不得其正；有所憂患，則不得其正。」這些情緒，就叫作妄動，會使人心志不定，陷在情緒當中，不容易對萬事萬物產生關懷和仁愛，因而不能如實的認識對象，不能清晰的綢繆對策，處在輕忽而率意的態度上，因此需要誠意。

誠意是什麼？《大學》說：「所謂誠其意者：毋自欺也，如惡惡臭，如好好色，此之謂自謙，故君子必慎其獨也！」這段話講人不要自己騙自己，我們對於香臭美醜都會如實反映自己的好惡，但是在行為言談上，卻因為偏愛，而有欺偽扭曲的情形；又或者因為沒人知道自己內心的想法，就暗地裏想那些不符倫理的，以致陷在其中，如果能夠不自欺，正視自己所有的念頭，就是自謙。「知止而有定」的

「定」是一個過程，人在過程中受到外事外物的誘惑，重複經歷認知、欲望、選擇、得失、扭曲等過程，所以內心不靜、不正、不誠。假如能夠正確的下功夫，內心就能不受欲望影響，心理狀態就慢慢能夠「中」，就能像《大學》說的「靜而后能安」，沒有喜怒哀樂，不受外物牽動，「中」是形容心情寧靜平和，怡然自得，因而「萬物靜觀皆自得，四時佳興與人同」。

　　「靜」跟「安」是一個過程的兩端，當人能夠靜，是安的開始；工夫夠深，完全靜，就是安的完成。看任何事物，心境都非常愉快，不是有所得那種亢奮的快樂，是一種無所得的悅樂，人只有在看見美時，才會有無所得的快樂，所以「中」的狀態接近純粹的美感。文學沒有純粹的美感，除了極少數的作品，如王維的某些詩，絕大多數的文學作品，講的都是感情，無論是對個人、對社會、對人生際遇，其美感混雜著情感。文學必須借物來表示，但當他們借物時，物就描繪成像是一幅美景，透過你的想像之眼，成為一種美，可是這種美染上情的色彩，有時歡樂，有時悲戚，有時慷慨激昂。真正純粹的美感，比如不帶歌詞的純音樂，不帶歌詞就不知意思，當樂音傳來時，你單純因為音聲悅耳而樂，這就是美。繪畫的感情色彩不像文學那麼重，但是當繪畫帶有形象時，也會帶來一些情感。「喜怒哀樂之未發，謂之中」，當處在悅樂時，感受到的美帶有一種明亮的質地，這就是靜，就是安。如果在慎獨中進入這種狀態，但是離開慎獨就擾動了，則代表工夫還沒圓滿。話說回來，能夠看見安的內景，已經相當不容易了，這需要相當的工夫。

第二十一講
《學》、《庸》思想綱領與波士頓學者論儒家

前言：現代大學性質

　　社會生產基礎的改變，造成現代大學的性質也跟著改變了。當社會剛從農業進入初級工業的時候，工作需要的知識層級不高，一般人只須念到職業學校，有一技之長，就足以在社會立身。因為讀大學的人不多，所以大學還能維持傳統的特色，培養既專業又具備宏觀視野的人才。然而近代以來，科技日益進步，各種工作所需的知識層級升高，大眾都認為必須進入大學，才能謀得立身的本領，促使大學大量的招生，同時又產生質變，變得偏重專才的訓練，學生也認為通才式的知識無用，這是一種無法避免的形勢。

　　但這種一定要進大學就讀的心態，卻有一種想法上的混淆，對專業技術的需求，可以藉發展技術大學（也就是所謂的科技大學）來滿足，讓一般大學依然保持強調公共管理的特性，但現在的情況是，兩者沒有分流，造成公共事務的管理有很多技術專家，也就是技術官僚，這些技術官僚在擅長的領域很專精，但是卻缺乏開闊的視野。另一方面，因為太多人進入大學體系，接受傳統通才式的人才培養，然而這類職缺有限，傳統文科的學生（人文、社會、宗教），如果沒有學習其他技術，很容易畢業後就失業，這是世界普遍的現象。

　　各位擁有較高的知識水準，可以自我調整，在短時間內學會技術型的知識，作為敲門磚，進入職場後，原先的訓練會讓你們的思考比

較周延，慢慢的會有一些機會，讓你應用所學，提升你的工作層次。西方國家強調通識教育（Liberal Art），就是為了平衡過度偏重專業性、技術性課程的現象，現代社會的變遷很快，各位要多進修，很多知識的壽命期很短，需要經常增益，才能適應環境的變遷。

《大學》、《中庸》思想綱領

修身在外顯階段時，是透過一般教育體系，先讓人知道一些德性的目標，也就是「至善」，但一開始僅止於知道，還不一定能做到，這就是「知止」。「知止」之後才能透過「正心」、「誠意」的工夫，依序進入「定」、「靜」、「安」的階段，這些都是發生在個人內心的現象，而且是一個前後接續、無法切割的歷程，像是一個光譜，從一個顏色轉移到另一個顏色，不同的顏色是不同的頻率，反映了程度的深淺。「正心」和「誠意」兩者有什麼區別呢？「誠意」是真實誠懇面對內心的起心動念，這部分佛教講得很仔細，所以宋儒就援引一些佛教的象徵來對應，比如種種負面情緒像烏雲，專注在善的面向就像面對陽光，陽光普照，雲霧自然消散，心地常保真誠，負面的妄念，就變得淡薄、甚至消失。「正心」是說我在應對外在人、事、物之前，內心會先產生思維，如果能夠端「正」這些思維，心境就能由淺入深，由定，至靜，至安。修行的時候，可以根據個人根器不同，選擇適合自己的法門，也不一定要專門撥時間修行，因為日常生活就是一種磨練。

《中庸》對「安」的描述是「誠者，天之道也；誠之者，人之道也」。「誠」代表天地之間絕對、普遍、唯一且永恆的東西，這個東西進入人的層次，就是「誠者，天之道也」，用天主教的方式來說，就是人類分享（share）了天主。再替換成《中庸》的詞，就是我們每一

部分都共享了永恆的、無限的誠，每一個部分自己擴充這個誠，就是「誠之者，人之道」。誠是相對於人之偽而言，「偽」說的是人為了滿足本能欲望，泯滅了良知真誠。誠是說心對待外物時，沒有虛偽，如果換說「仁者，天之道也；仁之者，人之道也」也可以，消融了偽，內心純誠，對外物自然產生一種仁慈之心，把誠代換成佛性、天主等對等詞彙也可以。然而，《大學》、《中庸》對「安」只有簡短的描述，沒有進一步的解釋與說明，直到佛教傳入後，才能借用佛教一整套的鍛鍊過程，把修心各階段的心理狀態，細膩入微地描繪出來。

　　人只要做到大多數時候不焦慮，就算修養很好了。要做到這些，首先要了解，然後才是鍛鍊。禪宗有則故事，說慧可對達摩說：「師傅我心不安，該怎麼辦呀？」達摩回答：「這樣呀，你把心拿來，我為你安吧！」慧可想了一下，回說：「吾心了不可得！」達摩才說，「好呀，我已經替你把心安好了」，慧可當下就開悟了。但開悟只是懂了，懂了之後還要修煉，修煉到無論得失順逆，心都不會受外物擾動，造成恐懼、憂慮、煩悶、憤怒、驚慌。要怎麼修煉呢？欲望時時刻刻都追逐著事物，就像一頭野獸一定要進食，追逐目標的時候緊張，得償所願的時候放鬆，放鬆一陣子又開始尋找目標，沒有目標可找時，就茫然無所適從，可是還是欲求著東西，說也說不出，講也講不清。於是只能像個小孩哭鬧我要我要，大人不好意思哭鬧，就變得心情沉悶，這種現象佛教稱為「無明」。不安本是人之常情，修養只能讓不安程度降低，只有到達最高境界時，內心狀態才會永遠安寧，朗然明亮，雖無所得，卻自然愉快，看什麼都順眼。

　　上課只能言及於此，剩下的只能靠自己實踐。實踐是一輩子的工夫，想了解實踐過程，可以參考近代印光法師、虛雲法師、廣欽法師的生平、年譜、言行記錄，了解他們修證的過程。現在資訊發達，這些資料在網上都找得到，雖然現在你們還年輕不會認真去做，但是可

以慢慢了解，做一些簡單的練習，等到面對人生波動時，就不至於手足無措。

人是血肉之軀，肉體病痛衰落時，會增加修行的困難，但有時身體狀態的轉換是一種鍛鍊過程。以佛教的說法，當你在鍛鍊時，過去的業障會轉換成身體的疾病，如此才能排除，此時無須對抗，任其出現、自行消失即可；如果煩悶無法消除，可以散步、聽音樂來轉移抒解，也可參考宗教提供的方法，總之都是像《道德經》裏說的「損之又損」。當你專注在非欲望的對象，欲望自然會消減，像剛才說的，太陽呈現時，雲霧會自然消散。現代人壽命較長，遭遇的事情比較多，有各種困境需要去面對，鍛鍊心性，才會讓生命怡然自然。在鍛鍊心性的時候，不必急於一時，就當作日常的功課，慢慢地不愉快的頻率與長度都會縮減，修養越好，越不執著，越不會被負面情緒糾纏，人就越快活。

《大學》、《中庸》是儒家學說，儒家是內聖外王之道，所以內在由定、入靜、而安時，就外發為「慮」。「慮」就是佛教戒、定、慧的「慧」，智慧外照，就能觀見「物有本末，事有終始」（《大學》）。「得」到助人的訣竅，進入世俗之事。「本末」是講事情有結構，「終始」是講做事有先後順序，掌握事物結構，依循正確的順序，是做事最重要的大原則。具體落實到世俗之事，還有各種不同的知識，這部分需要自己學習。進入到外王階段後，就不可能避開世俗之事，也不會排除世俗之事，而且了解到一個人不可能知道所有的事，大家所學不同，所以要懂得把專業領域交給別人處理，彼此互相協助。《大學》最後談的，是一個人必須進入世俗之事，同時又保持內心的恬淡，「格物、致知、誠意、正心」是「內聖」，「修身、齊家、治國、平天下」是「外王」，以上就是《大學》、《中庸》的大致內容，是行為的綱領。至於具體細節，要用自己的經驗去填補，越印證越純熟。

波士頓學者論儒家的基本概念

　　從上學期開始，大部分的時間，我們都在談儒家，因為儒家的學問最平實，所有的討論都建立在既有的基礎之上，不會掛空談一個脫離社會的學說、理論。在以宗法、封建作為社會基礎的古代，儒家就談「禮」；如果轉換到現代，儒家一定談民主、資本主義。儒家談宗法封建時，認為禮有個缺陷——就是「人」。當人執行禮時，會因為私欲，把禮與道德作為工具，這一點與《道德經》的看法完全相同，所以儒家強調德性作為禮的補救。「德」又區分為社會規範的道德、內心自律的道德。內在的德就是孔子講的仁、孟子講的善端，轉換到現代時空，儒家依然會關注這些，例如金融海嘯之後，大家開始重視職業論理，其實儒家思想已經關注到這些，只是用一個「禮」來概括。又像儒家講「忠」、講「敬」，「忠」是盡力做好自己的工作，敬人是尊重別人的尊嚴，敬事則是負責任，敬物是尊重宇宙萬物，敬物的內涵。儒家談「敬」所牽涉到的概念，只要稍微一轉，對照到今天的社會，職業倫理也談了，人際互動也談了，生態倫理也談了。儒家之所以長久，就是因為能夠隨著時代變化，永遠建立在既有基礎之上，然後為問題區分層次。今天的人，也許沒接觸過儒家，但是他們談論的問題，卻與儒家相符，舉例來說：科學研究需不需要講究生命倫理？也需要，因為研究結果是未知的，例如基因研究日新月異，也許有一天研究出一半機器一半人，該如何對待？這就是一個倫理問題。在現代會把這些問題放到哲學中談，放到社會問題裏去談，但事實上，這些儒家都關注到了，也很重視。

　　儒學在美國的興起，有因緣際會的成分。國民黨從大陸撤退時，許多學者逃到美國，在美國大學就教這些。因為美國學者對這些感興趣，也因為美國政治上的需要，所以儒學研究就跟日本研究、東南亞

研究等，合併為美國的東亞研究。這種學科在美國稱為區域研究，其他類似的研究還有中東研究等等。區域研究的整套系統，源於十七、十八世紀的歐洲殖民主義的學術傳統，如果想了解其內涵，可以看薩依德（Eward W. Said）的《東方主義》（Orientalism）。各位平常就要多接觸不同領域的書，自己感興趣的都可以隨意瀏覽，不必精讀，有個概略的掌握，日後有需要時能夠找到即可。看書會產生思辨、思辯會通形成觀念，形成觀念後就能用自己的語言表達，這樣觸類旁通，開拓視野，讀起書來才會感覺興致盎然。例如看完《東方主義》（Orientalism），也許妳就聯繫到人類學，因為人類學的起源就是受殖民主義影響，整天在中文領域中打轉，視野會很窄，而且心情苦悶。

〈波士頓學者論儒家〉一系列文章，共有七篇，是方朝暉到哈佛大學擔任交換學者時記錄的。我在網路上偶然看到，就錄下來給各位。從順序來說，第一篇是杜維明討論儒學跨文化的發展，第二個主題談杜維明講儒家復興，第三篇講波士頓幾個學者研究的傾向與特徵。我把這些特徵抽出來加以重組，歸結出八個論題，在講義中列出來。

首先，「學術界長期以來認為宋明理學興起是因為回應佛教的挑戰，可是為什麼在隋唐時期沒有人起來回答這個挑戰？」我的看法是，那是歷史的因緣，不是一個邏輯的問題。

其次，「是回應佛教的挑戰？還是援引佛教的一些修證結果，來詮釋儒家的典籍？」我認為是援引佛教的修證經驗，來填補儒家的典籍，因為儒家典籍太過簡略。其實佛教也填補了道家，因為內心的修證與實踐，是人同此心，心同此理的，人在鍛鍊過程中會經歷的階段是相同的，各家各派中都有人經歷到這些過程，記錄下來，只是各家用的詞彙不同而已。隋唐以後有了儒釋道三教合一的說法，它們合一之處，就是內心修證這一個部分。

　　此外還有一般性的論題，包括「零星的對《論語》不同的解釋」、「學者的研究特徵與偏向」。另外幾個論題，「儒學與現代世界」講儒學在現代世界面臨的挑戰、在現代文明中的意義，特別是跟其他文化宗教之間的關係。「如何復興儒學」？這個論題預設了儒學正在衰落的前提，但儒學確實在衰落嗎？我看也不見得。七篇大意大致如上，要特別一提的是，造成各種分歧的原因，是各位學者的背景知識不同。

　　反傳統的浪潮，其實是指民國初年那些新文化運動、反孔等等，要深刻理解，就要仔細了解每一個細節，因為「傳統」兩個字很籠統，「反傳統」的對象是什麼？是反對政治制度？還是反帝制？反學術思想？反生活方式？反一般人民的觀念？對象必須明確，才能進一步探究。

　　如果認為反對的浪潮針對的是清朝的積弱不振，認為儒家思想導致當時的社會、政治、經濟、文化，跟西方列強相比，顯得落後，那麼有幾個盲點：

　　第一個盲點，反對的浪潮，不是發生在清朝，而是出現在民國建立之後。當時的人發現西方船堅砲利的背後，還有很多相關的現代知識，包括政治學、經濟學、數學、物理、化學等等，都是清朝之前所沒有的，這時如果舊體制的人反對別人學習現代知識，才需要反對他們，如果舊體制的人不反對這些現代知識，那麼無論他們怎麼強調自己所學的傳統知識，如經學、子學等等，只要沒有阻礙現代知識的傳播，反他是沒有道理的。

　　第二個盲點，如果反傳統的「傳統」指的是儒家，支撐晚清社會政經的思想文化是多元的，全部歸咎於儒家並不公允。如果「傳統」指的是考據之學（樸學），則犯了一個邏輯上的錯誤，樸學是一種學術研究，目的是彰明過去經典的意義，而不是研究如何擴張國家軍事

武力，卻因為國勢積弱，說樸學不對，應該推翻，這邏輯就好像要壯
大軍事的力量，結果卻去跟大學教授講，因為你們不能壯大軍事經濟
的力量，所以我們應該反對你們一樣怪異。如果傳統指的是當時的生
產技術，導致船不堅、砲不利，無法與西方國家抗衡，這時根本不必
反了，趕緊學習新技術才重要，你拿刀劍打不過槍時，反對刀劍有什
麼用？

　　當事物演變成社會意識型態的時候，人們很容易歸責，不能實事
求是，如果認為儒學造成晚清衰落，所以反對儒學，這是不對的。因
為造成晚清衰落的並不是儒學，設想當時若沒有歐洲列強入侵，會不
會有人反儒學？不會，而歐洲列強能夠入侵，最關鍵的因素是什麼？
是擁有近代科技發展成的軍事力量，清朝沒有這些技術，所以輸了，
當務之急是趕緊學習，反對儒學做什麼？

　　進一步說到具體內容，當時人所反的事物，其實大多屬於社會的
變遷，不必去反，也會自然轉變。例如當時最常被討論的兩性關係，
當時人反對「父母之命，媒妁之言」，要求自由戀愛，這是可以的，
但也要有足夠的條件。假如一個富有人家，有位沒唸過書的閨女，胡
適可不可能大搖大擺走進去，然後對她說：「我們來自由戀愛吧！」
還不被當場轟出來！但假如胡適在大學當中找到一個女孩，兩個人兩
情相悅，那為什麼不行自由戀愛？一切完全是環境使然。不過胡適碰
到了狠角色，所以只好仍然跟原配在一起就是了。在社會變遷當中，
人們適應、摸索，逐漸調整生活方式，以配合現代社會，這時改掉舊
的生活方式是可以的，也沒必要反對，因為社會基礎改變，就有的一
切自然會改變。

　　綜上所述，杜先生感覺心痛而不能釋然，是不察事物沿革所產
生的誤解。

　　再者，杜先生認為學術不能脫離其生長的文化母體，認為儒家在

二十世紀不再有書院等組織，失去了賴以保存和發展自身的完整體系，而且不像基督教一樣有一大群思想家，代有傳人，因而感覺儒學衰落，對此憂心。關於這些觀點，首先，想在現代興辦書院，是缺乏適當的環境。宋代以下，中央設有國子學，地方的縣設縣學，郡有郡學，但這些機構無法滿足學子的需求，所以才會有一群又一群志同道合的人，一起籌辦書院。但是現代學校的密度很高，教育普及，還提供完整的現代知識，書院的功能已經被取代了。至於說書院代表一種思想體系，所以想到基督教有一批批思想家，代有傳人，儒家卻沒有。但基督教這些人都有本業，不會拿基督教當作謀生的工具，所以也不需要特別建立書院，才能傳遞儒家的思想，比較適當的方式，是舉辦各種短期的課程，讓有意接觸儒家思想的人，都能來親近學習，專門成立一個書院，有點不合時宜。

此外，儒家雖然具有宗教性質，但不像宗教一樣有組織，既然不是組織，就不需要設一套體系，訓練一代一代的傳人。任何人只要願意，都可以學習儒家的思想，自己在生活中實踐，其實不辦書院、不設體系反而好，因為有心學習的人，可以自己去閱讀典籍，從小耳濡目染，能夠運用多少，想運用多少，都是個人的自由，一個觀念或思想，不該強迫人完全接受。觀念思想在人的生活中必須具有一個地位，佔有一個部分，但並不等於佔據全部。所以，假如其他學者問杜先生：「蘇東坡到底算不算儒家？」杜先生一定答不上來，如果他答出來那才糟糕呢！如果一個人因為讀什麼書、接觸誰的思想，就被限制住，這反而是反儒家。

孔子說過不要「劃地自限」（《論語‧雍也》），知識是要靈活運用的，不同年齡層的人，遭遇到不同事物時，只要掌握原則，都可以從中找到處世的智慧，如果自命為純粹的儒者，如果遇到打仗該怎麼辦？包括兵家、道教、佛教的思想，通通混合在過去中國人的生活

裏，這是儒家思想存在的方式。中國思想存在的方式，不可以跟基督
教思想存續的方式相提並論，更何況基督教的教徒也沒有人一輩子做
的所有事情通通都依循基督教，行住坐臥，得意時就向神感謝，那失
意時難道要罵上帝嗎？一個好的思想，在後人延續的過程中，總是會
因人而異、因時而異，能夠自行調整的。

第二十二講
論「波士頓學者論儒家」

解讀《論語》的經驗推導

　　由於《論語》本來就具有一點有限度地開放性，所以我們必須要由生活經驗去推導。但要怎樣去推導呢？像《孟子》還好一點，但是《論語》就一定要轉換成對話錄的形式，才能鋪陳出隱藏在裏面的東西。《論語》只記錄兩個人問答最重要的部分，但實際上前面應該有一段對話。兩個人對話是在什麼時間、地點？周邊有沒有其他人？才會導致他提出這個問題，要把這些部分推出去。

　　例如《論語》第一則：「學而時習之，不亦說乎？有朋自遠方來，不亦樂乎？人不知而不慍，不亦君子乎？」孔子怎麼會突然跳出這三個問題、三個答案？這應該是聊天聊完了，弟子回去後的記錄。同學要回想當時的時空，可不可能孔子跟弟子聊天時，用一個錄音機？或是用原子筆、用鋼筆這樣馬上寫？不可能啊！那時用竹簡，你試看看，不要說刻，光用漆筆在簡上寫下這些字，要花多少時間！而且要記錄的有這麼多，豈不要抱一堆竹簡來上課？不可能。所以現場是聊天的，有點類似柏拉圖或蘇格拉底，大家就是聊天，談完，弟子回去後，就把自己聽到最精要的地方摘錄下來，也許弟子起初也沒記，而是之後跟自己再傳的弟子，講到以前聊天時談到這個問題，孔子怎麼說怎麼說，弟子的門人回去就又記錄下來，所以才會混在一起，所以你要回到那個實況。「學而時習之，不亦說乎」？該逆推到什麼東西？就推到唸書。唸書應該是很快樂的事情，學生說：「不對

啊！我唸的時候很痛苦，實在是有點不想唸了。」什麼時候才會覺得
有趣？覺得興致很高？「不亦說乎」的「說」，只是簡單的詞，實際
轉換到生活經驗裏邊，大家都當過學生，就可以了解，孔子真正要表
達的，就是學習的興致很高，很想讀，很想知道。什麼情況下很想知
道？一定就是主動時，不會是被動時。被動時，就是考試前趕緊背一
背，是談不上興致的，這時心理一定想，最好趕快考完，可以把書扔
掉。有興致就會主動看，常常看，反覆地看，有問題會去找資料、會
去問，會用各式各樣的方法找答案，找到答案後就會高興，是這個
意思。

　　「有朋自遠方來，不亦樂乎」？古人沒有 facebook，所以老朋友
這次來了，要多久才會再來一次啊？以前曾一起跟著孔子讀書，當過
同學，然後各自回家，可能一輩子就見不到了，對不對？好像你們同
班同學，大學畢業以後是不是好些人一輩子從來沒有再見過面？能見
面的大概剩下幾個？現代交通、通訊發達，還會失去聯絡，在古代要
再見一面的話更難，是不是？所以老朋友來，當然高興，現在都很高
興了，何況古代？「有朋自遠方來」，多難得呀！那個時代沒有汽車、
飛機，只能靠走路，偶爾運氣好碰到馬車，也許可以搭一段便車。

　　那麼，「人不知而不慍，不亦君子乎」呢？這裏跟孔子對談的一
定是有年紀了，也努力過，也用功過，可是老是沒有出頭的日子，就
像顏淵一樣，顏淵更慘，還餓肚子呢！這個人一定是碰到這種情形，
所以孔子才會說：「別人不認得你就算了，不認得你，你還能怡然自
得，這才不簡單呢！」所以《論語》是要這樣子看的，你要把對話的
場景拉大，光提第一章，就是三次談話集合起來的，而不是一次的
談話。

時代文化背景的差異

再談到《論語》的問題。有時因為文化背景的差異，會導致理解上的誤差，David[1] 的解釋似乎有理，但是放不回原來的脈絡。像「攻乎異端，斯害也已。」的「異端」，David 解釋成「捨本逐末」，但在《論語》那個時代，「異端」是指一些雖偏頗卻好像能言之成理的說法。像荀子在〈非十二子〉或〈解蔽〉所講的，荀子批評這些人有一套說法，可是你如果去追隨這一套說法，後邊產生的缺點、弊害就很多。為什麼後邊的害處會很多呢？一個異端會讓你花腦筋、花時間研究，你說異端是胡說八道嗎？不完全是，他一定有他的一套說法。但是這套說法，何以會導致弊害、流弊呢？有很多的可能性，一種就像 David 說的是本末問題，把末當本，最後才發現根本問題沒有解決；第二種呢，也可以是用在錯誤對象上，當你把異端拿來運用的時候，不適切而產生一種流弊。所以捨本逐末只是可能性之一，還有其他的可能性。

還有，像 David 說「克己復禮」的「克」，相當於「能夠」——enabling，David 沒有注意到後面的「復」。「復」就是回到禮、禮樂，回到規矩上面來，為什麼要回到規矩上？一定是自己先不守規矩，可是不守規矩是不是心裏知道自己不守規矩？當然知道，如果不知道不守規矩，也不知道規矩是什麼，根本無所謂「克己」了，根本認為自己做的是對的了，對不對？既然心裏知道自己做的是錯的，不合乎禮，但是卻做了，可能有很多原因。第一當然就是內心的貪欲，對自己有利，衡量一下就做了，反正別人不會知道，有什麼關係。就像

---

1 方朝暉提到：David R. Schiller嚴格說來不是波士頓人，但是由於他家住在波士頓鄰近之地，且經常往來於波士頓，故而勉強納入於本系列。David不是大學教授，也不是知名學者。但是作為一名儒學的業餘愛好者，卻對儒家有許多精闢獨到的見解。

《中庸》講要「慎獨」，雖然我做了別人也不會發現，但做了不對的事情，自己是知道的。「克己復禮」要「克」的對象，除了外顯的行為，也包括像這樣的內心的動機。這時這種「克」就變成要求深刻的內省，來把貪欲排除掉、壓制掉。因為打從動機裏邊就想要，所以「克」起來特別地困難，有些人是因為徇私，反正是我老朋友，或者家人、親戚，幫他一下沒關係，而最深層的是自己內心動機的壓抑，那壓抑的時候怎麼辦？壓抑久了之後總會出問題，所以要轉移，因此孔子才會講「志於道，據於德，依於仁，游於藝」。要用其他放鬆的活動讓自己轉移，那個「藝」是廣義的，不是狹義的，也就是「藝術」，David 的解釋忽略掉了「復禮」的「復」。

至於「學而時習之」，就像前一個例子，David 講「習」是 practice，像小鳥學飛等等談了很多，但是有沒有切中要害？關鍵在於後面的「不亦說乎」！關鍵在那個喜悅，常常溫習不一定會高興，你說國中生、高中生一天到晚複習，複習到七、八點，題目做了又做，煩都煩死了，對不對？有沒有習？有啊！反覆操作，但是一點都不高興。所以，「說」的關鍵在哪裏？在於你之所以會再去研究一遍，完全是因為主動想探討裏邊的疑問，要有這個先決條件。

還有，David 認為宋儒講「存天理，滅人欲」，偏離了孔子的精神。當然，宋儒的話是講得過重，但宋儒講「滅」，是不是實際上的形象？這種用法是從佛教來的。佛教認為修行到最高的時候，所謂的「人欲」就沒了，這裏的「人欲」就是這個意思。問題是，我們一般人，尤其是老外，不知道這個時代背景，他看到「欲」，就直接解釋成「欲望」，那他就會想，「可是吃飯要不要欲望」？要啊！食色性也，對不對？如果照這樣解釋，當然「滅人欲」跟人的生存是衝突的。可是宋儒講「滅人欲」有一個限定的意思，是指一種「不正當的欲」，所以才會跟天理並列在一起，凡是違背天理的欲望，那都是要

滅的，合乎天理的欲望要不要滅？「食色性也」要不要滅？都不需要，因為這是生命的本能。但是在某些特定的情形，你為了想認得那個天理，至高無上的天理，儘量降低某些本能的欲望，甚至於滅，可不可？可以啊！你說我出家，不碰色。但是不碰色，你說難不難？難！不管是從年輕到中壯年的生命旺盛時期，甚至有人到老不羞了還有那個動念，雖然沒有能力了，還會有那個意思，對不對？這種事情在宗教裏有方法，儒家不談這個。那麼「食」是不是也這樣？也是這樣子。我不會到完全滅，但是我節制，節制到能夠維持身體的健康。所以這裏邊的「人欲」，要看是指什麼東西。如果說滅除一個人的「惡」，惡是由哪裏來？惡是因為前面有貪，你能夠從此不貪就好，貪的話就表示什麼？貪是欲，但是屬於欲當中不合天理的部分，所以在這個地方多一點了解的話，尤其前後文多一些了解的話，就容易理解了。

　　David 認為，孔子說「色難」，目的不是單純強調和顏悅色對孝敬父母如何重要，他認為孔子的意思是，一個人對父母不孝，是因為沒有建立起良好的道德感受力和應變能力，所以在孝敬父母時不能感到快樂，自然會「色難」。那麼是不是孝敬父母就一定會感到快樂呢？不見得，它的情況變化太多了。像現代生活有許多情形，就是古人所碰不到的，例如古人的父母都還沒到太老就掛掉了，所以這種「色難」是針對一般的情況，其實從小孩就開始是這個樣子。要孝順父母，就要聽父母的話，可是自己又想要做別的事，就好像父母叫你「幫我去買個醬油」時，你打電動打得正起勁，還買醬油？叫了好幾聲才跑去，對不對？要怎麼能夠和顏悅色？這是現實生活上的問題。假如年紀大了，說實在話，正如傳統講的「久病無孝子」，照顧的人承受不了，我們現在最常面臨的正是這個問題，因為父母年紀太大，長期照顧你就完蛋了。

　　因為一定得憂鬱症，整天愁眉苦臉。小孩願意照顧還好，有的小孩乾脆閉上眼睛，算了，不甩了，老的自己想辦法。或有的乾脆送到養老院，久久才去看一下，心裏受譴責，也覺得不好受，但是兩相衡量，有的不得已，有工作要忙，只能請一個外傭，對不對？各式各樣的變化很多，如果是自己照顧的話呢！要不就色難，要不就憂鬱症，長期照顧壓力大，老的還沒掛，小的先累掛了。你打憂鬱症 Google一下，就會看到很多例子。每天面對這個狀況，不要說子女很難愉快，當事人自己也快樂不起來，沒有辦法像弘一大師、廣欽這些成道的人一樣。父母只是很普通的人，有七情六慾，當他們躺在那邊、坐在那邊的時候，自己本身都想早點死一死算了，就算還沒死，心情也不會好，脾氣也壞，東罵西罵，稍微不如意就譴責子女不孝，可子女覺得很委屈啊！這是現代的問題，古代人碰到的機會不大，因為歲數沒有活那麼長，營養不夠，所以不會中風、不會高血壓。我們現代人營養過剩，吃太多肉，然後又少運動，才這個這樣子。父母身體健康，就是對小孩子最好的幫助，因為小孩不必掛心，所以做父母的，你不要說多老，五十多，頂多再晚，六十多，身體健康就很重要，所以賺了錢，你掏點錢，也不多，一千八、兩千塊，讓父母去參加運動俱樂部，每天去運動，心情也快樂，有人可以聊天，不會整天悶在房子裏邊。

　　稍微聊到這些，是因為只要你父母都還在，都會碰到，假如父母有高血壓，這是第一個徵兆，後面一個不小心很容易就變成中風，如果有糖尿病，後面稍微不小心就變成洗腎，一個禮拜只要推他到浴室或醫院洗腎，你什麼都不用做了，更何況你還要工作，還有小孩要照顧，所以送父母去運動中心運動，飲食控制才重要。

　　所以孔子講「色難」，現代人比起古代人要做到更難。古代人反正都住在一起，父母看到孫子就高高興興的，現在呢？因為分開住，

想看孫子看不到，而且古代是四合院，既住在一起，又各自獨立，他隨時碰得到，負擔、壓力沒這麼大，萬一生病的時候，因為醫療設備不夠，所以走得也快，不會拖，不像現在醫療設備給你插管。所以現在大家的觀念慢慢改變，不急救、不氣切，以後你們的父母如果年紀大，八、九十歲，有個萬一，反正該走了，也不要氣切，不要插管，不要急救，你們自己要做決定，當然也要幫他做好心理準備。

所以現代做父母的，就是兩件事：第一個，養生；第二個，養心。養生是維持身體健康，身體好，情緒就不會波盪太大。養心對普通人來講，最好的方法是有一個宗教信仰，宗教信仰等於是學道一樣，循著這條路，有一個依靠，人就需要這個依靠，這樣子就不至於對下一代造成太大的困擾、壓力，子女孝養時也就不會「色難」了。但孔子的時代沒有這些問題，不可能談那麼多，所以 David 這個解釋，也就太窄了。

放到現實生活裏邊，每個人遭遇的狀況都不一樣，牽涉到子女的責任，還有父母自己也有責任，這是我們當代的社會問題。社會的生存環境，會造成親人的離散，因為你要到各地工作，有點像遊牧民族，逐水草而居，再加上經濟的條件，也不可能同住，其實同住好不好？不要。不管是娶妻，還是出嫁，父母明理的話，住在附近，不要住在同一個房子裏面，上下層還可以，但是要自我節制。上一代的不要因兒子或者媳婦、女兒住樓下，就天天往那邊跑，為什麼？生活干擾，久了就會怨。住同一層更不行，生活很不方便。農業社會的時候，還是有相當的隱私權，正廳背後是父母、祖父母的，三合院兩邊的廂房一、二、三出去，老大老二老三，各住各的。其中雖然有些小孩會到遠地工作，但基本上農業社會依著土地，也還是有隱私權。現代社會更需要隱私權，所以不要同住，否則不要多久就吵翻天。當兒子的就為難，為老婆？還是為父母？兩邊不是人，當女兒的也是這樣

子，要為老公？還是為父母？也很為難。所以呢！住附近有照應之
利，但無干擾之弊，再加上現在通訊又發達，人們是會適應不同環境
的生活。孝道大家都承認很重要，但是要做的時候，要看每個人的條
件，這是他談到的問題。

隋唐儒學與佛教

　　至於「宋明理學的興起是由於回應了佛教的挑戰，為什麼在隋唐
時期沒有處理這個問題？」首先，宋明理學跟佛教觀念之間的聯繫，
最主要就是把《大學》、《中庸》談的心性，孔子、孟子談的仁，跟佛
教裏對於人的內心精神的探索結合在一起。佛教對人內心精神的探
索，非常非常細密，鍛鍊的過程，也是非常細密而且曲折，甚至連過
程中間所會遇到的歧途，佛教都講得非常透澈。

　　朱熹等宋明理學家的心性論，基本上是從《大學》、《中庸》出來
的。西方的漢學家會提出這個質疑，說宋明理學是對佛教的一個回
應、挑戰，現在人喜歡用挑戰回應這種概念，實際上沒有什麼挑戰回
應，那隋唐學者為什麼沒有討論佛教與儒家之間的關係？這道理很簡
單。因為隋唐儒者對於傳統以來的這些典籍，還沒有注意到「孔孟學
庸」(《論語》、《孟子》、《大學》、《中庸》四書的合稱)，他們注意的
是經學。他們的學術是向前朝承繼過來的，六朝經學最崇尚什麼？
禮。為什麼？因為很實用，可以搬過來支持門第之間的維繫，建制門
第內部的規矩，唐朝承繼的就是這些。初唐時候，那些六朝延續過來
的士族，連王室往往都對他們敬憚三分。所以讀歷史的時候，就會發
現唐代考試特別在拉拔一些沒有門第出身的進士，後來形成牛李黨爭
這樣的問題。唐代人在思想、讀書上關注的焦點，還沒想到這個問
題，所以佛教雖然在唐代開始興盛起來，但唐代人並不會去做對照，

然後深入思考。比如孔穎達編「五經正義」，唐代的著述著重於「經」，對於像《學》、《庸》這樣的東西，深入探討的不多。但到了宋代，這些理學學者、士人跟那些出家和尚、宗教人士，彼此的互動變多，其實唐代這現象就很普及，互動多時自然就會漸漸了解，了解時就會思考，佛教講得這麼詳細，那麼儒家呢？於是在儒家裏面找到《孟子》、《大學》、《中庸》有特別談到心性的問題，尤其是《大學》跟《中庸》，所以你看我們之前講《大學》、《中庸》時，不就碰到了這些問題？但是在儒家典籍當中，並沒有提到細節與過程，諸如「慎獨」要怎麼「慎」？「獨」的時候，人腦袋裏想什麼？人要「慎獨」的時候，腦袋裏面是什麼？慎獨的過程中有沒有一些錯誤？慎獨時碰到那些錯誤時該怎麼辦？《中庸》都說不上來，對不對？可是宋儒發現在和尚的禪定經驗裏邊，這些說法多得不得了，光一部《楞嚴經》就很多了，更何況還有其他的。用儒家的話來講的話，那些和尚實際實踐那些工夫的時候，就是在做「慎獨」的工夫。

「禪定」就是一種「慎獨」的工夫，我自己禪定時，就有觀察，在入定開始，我不定；我不定的時候，內心是什麼？內心慢慢走入定，走到什麼程度？是初禪還是二禪？還是三禪？還是四禪？這些都是佛教修行經驗中所實際看到的東西，儒家沒有談，所以宋儒很容易在這個地方接續下來。但是當宋儒討論這種心性的時候，又不會說把佛教的東西整個搬過來，只是效法佛教的精神，把其中的義拿過來。

至於佛教的鼎盛好像導致唐代衰微，乃至於像韓愈批佛，但韓愈批佛著名，是因為韓愈文章好所以流傳，其實佛教對於唐代的影響，最重要的是賦稅跟兵役的問題。很多人逃避兵役、賦稅，就出家去了，或者很多人流行出家，兵源跟賦稅的問題就更多了。要了解這個問題，可以看薩孟武《中國社會政治史》唐代的部分，朝廷的奏議已經有很多談這個問題，比韓愈談得更切實。韓愈文章畢竟只是從高處

打到幾個要點,美化一下,奏議卻像社論一樣,一條一條列出來,才真能講到根本的問題,所以這是兩者的差別。如果用現在的話來講,唐代士人的知識背景,還沒有適當的內容去跟佛教相對比,繼而產生新的說法,而到了宋代就有了,特別將「四書」加上《易傳》來彰顯出來。

其實,唐代士人本身就接受很多佛教的觀念,從很高階的佛教思想,到很低階的對一般民眾所講的通俗佛教故事,都已經很普遍化,也都已經成為日常生活的一部分了。所以你看文學史,會看到唐代有很多的傳奇,變文更不用講了,從佛教來的,唐傳奇也擷取很多佛教故事。至於對於佛教經典本身的詮釋,那是唐代許多和尚在做的事情,但畢竟佛教是個宗教,重點在實踐,當它用書籍文字說出來,那只是娛世而已,大概情況是如此。

基本上可以了解,儒家的理想就是從內聖到外王。儒家知道外王的部分是不可能徹底解決的,人們從內聖上去做的時候,可以讓外王更好,外王就是整個社會到國家的公共事務,因為它本身有結構性的因素所造成的結構性缺陷。所以在內聖的部分有兩條路,一條是回到外王的部分,讓這個世俗儘量改善;另外一條就是在內聖的部分不斷往上提升,走到精神的最高境界,這就接近於宗教,那是個人的證道。儒家有這種特性,道家也有這種特性,而不管儒家和道家,在內聖的過程當中,一定要同時接觸世俗之事,因為要處理世俗事務。世俗之事隨時代不同,可以不斷地轉換,轉換到現代就是,你可以是一個有宗教信仰或者有很高的證道修養,但同時是科學家,同時對社會科學研究很專精,同時對人文很有研究,甚至你能掌控更細密的技術性知識,這是儒家跟道家的特徵。

第二十三講
《道德經》的解讀（一）

德在儒道中的不同

《道德經》第三十八章說：「上德不德，是以有德。」說：「禮者，忠信之薄而亂之首。」批評人們以德作為工具，這部分儒家也一樣，所以儒家才特別強調「德」。其實這個問題，從古到今都一樣，所有的制度、事務，不管是古代諸侯國到各級官僚體系，或換到現代公務部門或私人事業，處理任何事情，最終都歸結到「人」。假設今天有辦法把規則固定為不變的常數，事情最終還是會產生負面結果，當中的關鍵就在於人。

「人」分成兩個分面，一方面是能力，就是智；另一方面是操守，就是德。假如現在把「智」也當作常數，就是說，當大家智力水準相當，辦事能力相同時，影響事務效率的就是「德」了。「德」所談論的，今天統稱為公共事務。古代不管天下也好，國家也好，公卿大夫的一個城邑也好，管得好不好，關鍵在於一個「公」——公正的心，而非為「私」——私心。如此歸結起來，操事者有德無德是影響事物的關鍵，儒家因此強調「德」的重要。

其實儒、道兩家都認為德性很重要，德性有很多類別，最重要的就是「公」——公正的心。公心以下有很多基本的品德，概括的說，就是禮義廉恥。然而人人都可講自己有德，唯一的差別在於，有人說真的，有人講假的。假就是以德為工具，真的就是儒家所強調的。《道德經》或《莊子》就是看到有人講假的，把道德作為工具，所以

針對欺世盜名、假道學的這些人事物來批評。先秦討論問題的焦點就在於此，這些問題到現在仍然存在，只要是人的世界就會存在，沒有十全十美的解決方法，只能做到程度上好壞的差別而已，這是我們在看先秦討論的問題時入手的地方。

儒家和道家一樣，也看到了這個問題，所以孔子很討厭鄉愿，而鄉愿就相當於《道德經》所討厭的下德。《道德經》所談的「禮者，忠信之薄而亂之首」，此處的「禮」，實際上是公共事務所根據的各種典章制度，像是我們所說的各式各樣的規範，儒、道兩者的焦點是一樣的，只是使用的語言不同。而當他們面對這個假的，也就是要處理以德為工具這個問題時，儒家怎麼做？不斷由正面來提倡，道家則是從反面做批評。但道家批評之後沒有強調德的形成的重要，就這一點上，儒家的積極性要比道家來得強一點。儒家會思考如何培養出一個真正的道德觀念，道家在這地方不會這樣講。

儒家的社會倫理教育

因為面對的是群體，儒家透過一套辦法來提倡，就變成一種社會倫理。儒家認為想實踐倫理，就要透過社會的組織、結構。古代的社會結構是由宗族開始，最後組成國家，所以在《大學》裏面談到從一般人到天子，一律皆以修身為本時，是從齊家、治國、平天下的順序談下來的。這邊的家不是今天的小家庭，是指一整個宗族，宗族內有自己的規範，從宗族再往上才到國。

倫理的基礎必須適用於社會組織，而社會組織會隨著時代變遷，於是倫理的內涵、傳輸教化的管道也會不一樣。基本上農業社會以家族為主，宗族可以分很多的家，很多的家合起來成為一個宗，許多不同的宗又聚起來成為鄉里的地區社會組織，所以中國傳統重視同鄉的

關係，這現象到近代社會才慢慢被打破。

　　這種由家而宗，乃至於到鄉里的結構，再上推到政治法律的關係，就變成行政體系的縣郡州，再到朝廷。在這傳統的社會，教育管道基本上都是由家族或宗族提供一般性的倫理，當他進入到政府公務部門時，能夠以此為基礎，不至於偏離得太厲害，這是儒家的理想。但這不是法律，只是柔性的倫理教化體系，比較缺乏剛性的強制力，沒有以法律作為行為的懲罰，充其量只是輿論上的懲罰，因此他的好壞程度就散播在 1-10 的指數之間。整個過程中因為受到農業社會的影響，經濟條件落後、教育普及性不夠，但會有各級的學校，而能進入學校的，會變成社會少數的菁英份子。

　　轉到現代社會來說，依然可以套用儒家的模式，只是國家一下來就不是宗族，而是各級學校，因為宗族的力量在現代已經萎縮了，於是改用家庭。家庭可以三兩個人直接進入社會，而因為社會流動大，原來的鄉，也就是同鄉關係也瓦解掉了，取而代之的是人各自進入不同的工作領域後，形成各行各業裏面的倫理，我們統稱為文化，這是兩者的差異。所以在現代，儒家的思想依然可以施展，只是流動管道不一樣，現代社會最重要的管道在學校，所以整個學校教育裏最重視的是倫理，從幼稚園到小學、中學、大學這樣的一個倫理，這倫理從小到大會有不同程度的調整，最終則必須銜接得上社會的社群。

　　在社會中，人有時會面對更大的障礙，這些障礙都會挑戰學校對個人的培養，這就是儒家說的義利之辯。但是，最終還是不可能避免悖離倫理的種種社會異象產生。這就是儒家碰到的問題，古代這樣，現代還是這樣，教育培養的效果一定是 1-10 指數之間，社會良好會是 7、8，社會不好會是 3、4。當著眼於個人，儒家就用「君子道長」還是「小人道長」這樣的話語來表達。當人處在群體社會當中，不可避免的會慢慢受到影響而產生變化，每個人所處的時代環境不

同，受到的影響也就不同，可是如果聚焦在個人上面，那就完全變成個人問題。在個人方面，就是追求個人的道德，一旦走向個人道德的方向去，踏入追求個人生命境界的領域時，就不必管社會變遷或個人際遇。

所以，儒家談論個人的道德，初階時是配合社會的倫理入手，使人可以回到社會裏生活，可是當社會生活不是那麼如意、不是那麼良好時，儒家強調的是要堅持個人的選擇，一方面希望能藉此拉升整體，另一方面是個人精神的提升。這種個人精神的提升透過兩條路，一條路是提升後能更符合社會倫理的生活，另一條路是不管社會倫理好不好，我可以提升自己生命境界的層次，那就是達到「仁」、「善」，或是《中庸》的「誠」、《大學》的「明德」。

道家的個人德性培養

相對之下，道家討論問題時，批判社會倫理當中負面的、以道德作為工具的部分，但不討論如何培養群體的道德。道家直接去談如何培養個人的德性，當你個人德性提升到最高時，體道之後，回過頭來就會有各式各樣的方法和策略來影響這個社會，這和儒家是差不多的。儒家一樣是回到社會，只是在說法沒像《道德經》那樣的系統，沒說當我在最高境界回過頭來時，該如何去處理。所以道家有各種術理的運用，比如說「無為」的運用，有很多根據現實狀況與時而變的技巧，但儒家很少，只有《春秋經》談到「守經」跟「達權」的問題，「守經」就是守住精神，「達權」就是因應各種環境來做不同的調整。

但這會遇到一個問題，當你培養個人道德而有所成了，但不是位居要津，不是社會的上位階層，談這些「經」和「權」做什麼？當你

不在上位，講話沒人聽，你說顏淵講話誰理？沒人理你啦！所以，這時候個人道德的方向就會轉移，所以《道德經》也好，《論語》、《孟子》也好，往往在說這些話時都會設定對象，通常第一個對象都是天子、侯王、公卿大夫這些封建社會中最高的領導者，這是他們設定的方向。這方向都沒了，剩下這孤零零的普通的士，甚至於士都不是的普通庶民，學這東西做啥！他們培養個人德性時，可以把生命提升到最高的境界，用儒家的話來說是「安身立命」，不管社會好壞，都能過得自在，道家不用「安身立命」這四個字，《莊子》是用〈逍遙遊〉的「遊」，逍遙地遊於人間世。

而不管儒家、道家，走到個人道德修養這條路上之後，因為沒有儀式，所以他可以走到類似宗教的最高境界——成聖，譬如佛教徒的話就是見性，天主教、基督教徒就是天主同在。當個人德性不斷提升的時候，就具有宗教的傾向，但即使走到這個地步，終究有一個侷限，因為你始終有一個社會背景在。在這個社會背景中，當你不是上位者，無法發揮影響力而身處於混亂，尤其當社會安定指數只有 2 和 3 的極度亂世，你和社會就會越來越疏離，一疏離，只講個人德性，就很容易走向隱逸。

雖然走向隱逸是道家的特徵，但儒家有沒有走向隱逸？一樣啊！實在不得已的時候，孔子也說過「道不行，乘桴浮於海」，雖然沒有真的退隱，至少他也有過這念頭。這時儒、道的差別在哪裏？儒家強調隱逸的部分比較少，強調比較多的是傳承，既然這環境不行，那我把這些知識、觀念、理想，變成一種學問，變成一種知識，讓自己變成一種傳承的管道，儒家很強調這一點，後來宋朝張載說「為往聖繼絕學」，就是這個意思。繼絕學的意思是，因為動盪的時期，學問沒辦法實踐，只好退而求其次，把種子保留下來，再傳下去，不使斷絕，因此儒家比較有一種文化的使命，但是道家在這地方就比較少強調。

儒家的人物不在社會權力核心，而處在社會邊緣時，會提倡文化使命；但道家人物不一樣，道家人物頂多就是說「我不傳了」，不傳的時候，他轉向鍛鍊自己的德性，不斷提升生命境界。於是衍生出很多的東西，只看配合的知識有何不同，譬如說，漢代配合從戰國以來關於人體醫學方面的身體鍛鍊的知識，就變成道教當中養氣成仙的部分。所以你能看到這些分支，原來是一條路走出來的，但偏向不一樣，偏向不一樣並不是不能相通，他們還是能相通的。因此道家和儒家談生命境界用的詞彙雖然不一樣，但還是同一條路，他們到達的高度是相同的。

天下殊途而同歸

回過頭來談前面我們預設為常數的部分——「智」，如果不把它設定為常數，那就是外王所有的典章制度，會隨著時代不斷的變遷，這屬於經學和史學的範圍。大體上，這是儒家和道家比較容易對照出的差異。

但就像《易經》說的天下一致而百慮，但是殊途而同歸。這情形就好像人一起走在一條路上，碰到分岔路時，就分岔出來走到不同的路上去，有人分岔出來走到德性，本想藉著德性影響這個社會的教化，也就是外王的部分，可是後來發現不行，因為王侯不聽也不甩你，自己地位卑微，沒辦法，就只好走到個人德性這一條路。老子跟孔子同樣走在個人德行這條路，一路走，兩個人背景不一樣，感覺不一樣，用的詞彙就不一樣，這是你能看到的差別。所以從這個比喻去看，就可以知道道家、儒家、法家、墨家、兵家等等學說，各自在同一條路上的哪幾個分岔點上，而走向不同的途徑。

法家走哪去？他不走德性，他看到儒家或者《老子》，乃至於

《莊子》，只是在那載浮載沉，沒有徹底解決方法，因此法家對人的品質感到失望。在討論人性時，他承繼荀子說的性惡，性惡不是說人本性壞，是說人有生存的慣性，最後為了生存會悖離善，走到惡，那怎麼辦？就用法吧！所以韓非乃至於商鞅他們才走到法這條路上，從客觀事物上去強調這個「法」。

那麼，兵家強調什麼？基本上，兵家在依循《道德經》這條路時，個人德性達到最高峰，成聖體道，回頭一看，發現這個世界原來如此，世界的變化根本就是不能講理的，世界就是物極則反的。兵家就是用反的原理，講形勢，就好像人到天堂以後回頭看人間，這個人間本來就是好好壞壞、載浮載沉，那他又回到人間順著載浮載沉去獲取他的利益，兵家就變成這個樣子。

因此很多不同學說在看事物的時候，方向、路數是不一樣的。今天我們也是一樣在摸索，不同的是，我們今天摸索的比較不像是儒家，而比較像《道德經》所看到的事物形勢的變遷，再加以利用。為什麼？因為我們可以跨越歷史的長度，跟過去幾千年比較，對照出來就可以發現，近代以來比較鼎盛的就是科學。人們滿腦子想的都是對物的操控，累積了大量的經驗和知識，產生了各式各樣、五花八門的產品來交易，然後形成工商經濟，工商的經濟模式形成了資本主義。在這個地方用儒家的角度是看不清的，儒家只是簡單的說「周禮因於夏禮，所損益可知也」，遠遠看，看得模糊。道家呢！尤其是老子，看得非常清楚，因為他本來就是回到最高層，他看到的世界就是出有入無，反者道之動，就是動極則思靜，靜極則思動，物極則反，他看到就是這形勢。近代以來知識背後的最終原理，就是《道德經》講的「勢」。我們用新的知識，用數學、統計來預測未來可能的發展，從未來可能的發展來找尋可能的較大利益。

高層次的儒釋道思想

　　但是我們也碰到一個問題，當我們身處於形勢的推移當中時，會碰到很根本的問題，人會想到自己受役於物，一開始一直跟著物在跑，內心本身不會有太強烈的感覺。可能因為獲得甚多，還覺得很亢奮，但緊接著是人最明顯的、最痛苦的感受，才發現這樣追逐物好像不對，但沒辦法，又必須追下去。哪裏不對呢？就群體來說，許多人不幸福、不快樂，早在馬克思時已提出貧富差距，還有被剝削的問題。

　　從個人來說就是身心受創，但馬克思還沒看到，十九世紀還沒看到，二十世紀上還不清楚，二十世紀下才開始越來越暴露出來。其中暴露最多的，就是心理的問題，譬如說二戰結束後，大概民國五十幾年期間，發展比較先進的國家，已經有很多吸食毒品的現象，還流行看心理醫生，很病態的，看心理醫生談話費很貴。但當時的人卻以看心理醫生為傲，因為代表自己有身分，像現在的富豪，健檢做越貴越好，一次健檢幾十萬，也是相同的道理。

　　這種病態的錯誤觀念，從美國開始不斷擴散，擴散十幾二十年，歐洲、亞洲、美洲也一樣。亞洲就是日本、臺灣、新加坡，大陸在後面跟著，大家都深切感受到的就是身心受創。這兩方面問題的出現，都是在「反」。「反者，道之動」，也就是形勢走到對物質的追尋，就集體來說，一般情況下沒有辦法遏止，一定要流動，要一直走到力量完全消盡，才有可能走回頭。古今思想上，這模型是一直存在的，不同的時代，現象會不一樣。透過這個方式才會知道，為什麼之前談論中國學術思想的時候，儒家、道家會被視為最高的層級，因為他們考慮問題的涵蓋面最寬廣，其他各家的層次都在底下，因為涵蓋面沒有他們廣。

　　認知到這個道理，也能作為唸書的方向，或者可以成為辨識學者

學養境界的方向。一個學者的一生，如果接觸面能夠寬廣而高，用《中庸》的話──「高明而廣大」，那麼他的境界比較高；如果專精在一個小小的問題下，他的境界比較低，這是學術評論上的境界。根據這個認知，清朝學者的考據很盡力，花了很多功夫，但比較起來境界就較低。

　　換個方式說，各位比較容易明白。比如說，今天談到的《道德經》，這份講義已經是前幾年的，當時反正要寫論文，我就寫一篇；再更之前，八十四年時我也寫一篇關於〈《道德經》的「無為」〉，那時我還在中山大學，到現在十七年了。人的境界會變，當年寫〈《道德經》的無為〉，限制在小的無為，還沒有包覆更寬廣的議題；不過，前幾年寫的就比較寬，只是現在還沒寫完。我預計把《道德經》八十一章區分為四個論題，然後在底下作解釋，現在只寫到第二個。第一篇是人的困境，第二個是體道的方法，第三個是道是什麼，分為道體、道用、道相、道徵，第四個是運用。基本上是以形式化的問題，來引用《道德經》裏面各章的內容，因為《道德經》各章本來就不是按順序編的，有很多話是一章一章隨興出來。

《道德經》的分析模式

　　先秦的典籍是後來才編的，所以次序需要重組，有時候連一篇之內的次序都要重組。重組時需要一個論理的程序，一個分析的模式。在《道德經》，我們該怎麼決定分析模式？我們可以從第一個問題開始，就是人碰到的困境，然後做一個形式上的思考，這困境是什麼？What，怎來的？Why，怎解決這困境？How，解決之後要怎做？基本上就是這些問題。所以你要形成分析模式，都是從 What、Why、How 這三個角度開始，然後一層一層地問下去，就可以把研究的對

象摸得透澈、看得窮盡,甚至有些作者沒提到的,你還能加以補充。

就《道德經》所談的困境來說,最開始的就是「吾所以有大患者,為吾有身」。用這個來開始,放在全書的第一章,在談論到人的困境時,《道德經》就是「吾所以有大患者,為吾有身,苟吾無身,吾有何患?」講得很簡單,我們需要用後來的知識不斷的補充。我用這身體來代表自我,有身體還有心理,當身體和心理一結合之後,人天生就有一種群性,進入到社會。那麼在這群性裏面,不管是儒家或道家,最後都會走向精神;一旦走入精神時,儒家和道家都不會討論,但宗教就會探討這問題,當肉體不在時人還在嗎?人有沒有心靈?這是宗教的問題,我們先放著,後邊再談。老子為什麼要先強調有身?因為最基礎的往往都會被遺忘,人之所以會遇到問題,都是從有肉身開始,所以要分析後續的,得先從人最基本的肉體開始講。人群體而生,組成社會,受種種文化的、教育的影響,產生一些欲求,但這些欲求通通都是後續衍生的問題,最根源的欲求反而往往忘記。其實最根源的欲求是人的生物性,基本上,人就是動物,動物的特性就是兩種活動:一個工作,一個休息。對動物來說,除了睡覺以外就是醒著,醒的時候幹什麼?找東西吃。找東西吃的時候又分四個!偵查、攻擊、防衛,別人來攻擊我要防衛,這是一體兩面的事情,防衛不行怎辦?就是逃跑,就這四個。

這四個活動很緊張,所以活動以外就是休息,除了睡覺,還有其他的休息方式。我偵查、攻擊、防衛、逃跑的時候有心理壓力,要紓解那種心理壓力靠什麼?靠遊戲。因為遊戲沒有目的,工作有目的,遊戲就是玩,所以是放鬆。當你了解這個之後,回到《道德經》去看:「一張一弛,天之道。」「張」就是緊,如果以「一緊一弛,天之道」作為一種宇宙萬物自然的最基本法則,生命體的運作,也符合「一張一弛」,包括植物也是一樣的。張的時候工作繃緊,弛的時候就是放

鬆，然後可以依此往下一層一層印證到自己的生活，都是如此。

　　一下跳到人的最高階活動，人在文明時期的活動也是這樣子的，只是有些地方比較複雜。遠的不說，阿扁現在最想要的是「逃跑」，要求特赦是逃跑的一種方式。但人比較複雜，想被特赦，又要維持自己的尊嚴，說我沒有犯罪，於是在這個時候，他就把過去學習的法律知識，應用來作為「攻擊」的道具，也同時作為「偵查」和「防衛」的工具。人類所有經濟的活動、人類既有的知識、運用的過程、方式等等，非常的複雜，但總的來說就是作為「攻擊」。

　　我們人類所有的行為，就在這幾個活動裡面。譬如說「休息」，動物的休息很簡單，看學校裡面的狗就知道，幾隻狗在那邊繞來繞去，磨蹭，那就是在玩，是在休息。但你看天冷的時候牠就很難受了，東跑西跑，到處找東西吃，結果從文學院跑到法學院，要找東西吃，結果沒找到。文學院的狗是一個諸侯，法學院的狗是另一批諸侯，就會把牠吠回去。動物都有地盤，光水塔和這邊的狗都有各自的地盤，侵入的話，狗會把牠吠回去。又或者，動物有時候會用身體摩擦樹幹，把氣味留在那邊，又或者像狗撒泡尿。古代的封禪也都是這樣，封禪就是撒尿，人類基本上是這樣劃分國際疆界。在部落社會裡，也有無形的疆界，這個部落和那個部落之間有無形的界線，侵入也不行，這種基本上都是生物法則。你能夠侵入別國，是因為你夠壯大，被侵入的人沒有辦法，只好到別的地方去。人類歷史上就是這樣不停的遷徙，從中原往南遷徙，在動盪不安的時代怎麼辦？就是只能不停的逃跑，沒有辦法攻擊、也沒辦法防衛，但可以偵查到，當你發現這地方待不住了，只好逃跑。

　　我們聊過逃亡的歷史很長啊！比較明顯的，從東漢董卓之亂，然後逃到哪裡？遼東一條路，比較近的是南陽盆地一條路，往西就是隴西甘肅，往南就是逃到今天的江浙一帶，再跑就是越南。以後有了經

驗，就知道每次逃亡的時候該往哪逃，兩個地方，反正他要追也懶得追，也追不到，要打過來也不容易，一個是四川、一個是江南。所以你看唐代要逃也是逃四川，到了晚唐也是逃四川和江浙一帶，逃了之後就開始喘口氣休息一下，然後有吃有喝快樂起來，所以就有《西蜀詞》和《花間集》一類的作品。這些狗在休息時就開始汪汪汪唱歌了，到了南宋也是往南逃，明朝也是，不但逃到江浙，江浙不行就往福建，福建不行再往臺灣逃，所以國民黨開始逃四川，發現不行就往臺灣逃，所以臺灣是廣義的江南，現在不只是往南逃，往臺灣逃，還要往外逃。

譬如三十八年左右逃日本、美國、歐洲這三個，你不要以為只有那個時候逃喔！文革前後、六四等等，也都是這樣子逃，那個時候往內部逃不掉了，逃香港很困難，逃臺灣也很困難，那逃哪裏？往歐洲，還有美國，這是逃亡的歷史。也許再過幾百年，你會發現美國會變成中國人的天下，逃亡的太多，歐洲也變成非洲人跟中東的天下，因為移民太多。這跟生物法則一樣，你認為自己是高等生物，但是繁衍數量不夠，當你被別的低等生物像蟑螂進你家，原本沒幾隻，後來越來越多，最後貓只好走了。因為貓少，慢慢就沒有後代，這個地方就變成蟑螂的天下了，人的生物性就是這樣，

這些現象很值得作為人類往高層次社會發展中的參照，到社會生活，你要的是啥？一切都是為了工作和休息。如果一天工作太多，休息不夠，對不起，就是報銷、死掉，因為違背生物法則。所以就算到了社會生活，還是要符合生物法則。在生理上，工作和休息要得到均衡；在心理上，工作和遊戲要得到均衡。工作又分為生理和心理，生理的部分，人勞累了需要休息；心理的部分，當處在恐懼壓力下感到緊張焦慮，就需要遊戲。如果工作的時間佔太大比例，那就死定了，第一個，生理上馬上生病，第二個，心理上各種精神官能症。但是人

往往是被環境推著走，生命總是重複來過，後人沒記取前人的經驗教訓，只好走到過度的工作。

人的抽象思考能力

整個生物性的根源在哪裏？是被一個東西所驅策，就是欲望。生命的最原初就是欲望，最原初的生命欲望就是我要活著，除此之外別無他物。活到自然生命結束，人基本上就這樣。只有一個問題跟動物有差別，人的欲望比起生物的欲望，有一個跳躍，生物的欲望很簡單，只要肉體滿足就好了。但是進入到社會生活，人的欲望還有另外一種——心理的滿足。心理的欲望，就變得無限，所以我們說「欲壑難填」。對生物來說，吃飽就算了，莊子說：「偃鼠飲河，不過滿腹；鷦鷯棲林，不過一枝。」你一個人能住多大的地方？也不過是一張床而已，要那麼大的地方怎住？你要吃多少？199 吃到飽，399 吃到撐，吃撐了還不舒服，隨著年紀大了，只能看了，不能吃，吃了就送醫院，是不是？

人的欲望在心理上有一個轉變，人有一種動物沒有的能力——抽象思考的能力。動物不能抽象思考，動物只有感官知覺。在動物來看，這是一條魚，就是一條魚；在人來看，這是一條魚沒錯，那也是一條魚，很多的魚都能抽象出來，成為一個「魚」的概念。抽象不佔空間，也不佔時間，所以我可以認識到抽象。當認識到抽象時，欲望就起了作用，我可以把抽象的東西視為己有。雖然說抽象不佔空間、時間，應該是任何人都可以擁有的，但是這樣的抽象是要有物質基礎，因為抽象的能力是奠定在具體的東西上，像是魚和肉的概念，必須要有具體的肉或者魚。但像天使的概念，天使是人畫出來的，有沒有人說我家養了十個天使？沒有啊！你說你家養了十條狗、十隻豬還

有可能，你說你家養了一個天使，在上面註明所有權，說是你的，別人不能拿，不可能啊！

　　他需要具體的物質基礎，人的欲望可以把抽象的東西視為所有，欲望的本性就是佔有，本來是感官知覺上的佔有，提升到心理上的佔有。佔有帶來感官的滿足，你很渴，水喝下去，這就是滿足；你很餓，東西吃下就覺得很滿足。但現在抽象的東西成為你的對象時，你會不會滿足？會。那種滿足是來自於佔有時的快意，快意完畢了，會不會像感官知覺一樣暫時消失掉？會。一直到你想起時，你才會又覺得心裏蠻踏實高興，抽象的東西就有這特性。所以抽象的東西作為欲望的對象時，就會變成無限，這個無限就帶來後面更多的困擾，這和生物的困擾不一樣。

　　人基本上還是會有生物的困擾，但是現在加上抽象的欲望對象，困擾又更加的擴大。一般來說，抽象的欲望對象指的是什麼？文明裏面的擁有物，最簡單的，比如說「名譽」。人家說你好聽的，你就覺得自己是名人、是大師，那就是有名，你聽了心裏很高興，這和你有東西吃、有房子住不一樣。房子是實體的，你住進去，別人不能來，這是具體的。權力也是抽象的，雖然這抽象有一個範圍。你說你有錢，和你有具體的實物不一樣，你有錢你可以去換取、去交易，但這錢對你來說是抽象的，尤其我們講貨幣，你說你有很多存款，只是數字，你看數字很多時心裏很高興，你插卡進去錢就來了，有很多你用不到，但是它滿足了你的心理，這當然是進入文明世界後，人的必要，但問題在於你要多少？基本上抽象的東西可以擴張到無限，這是很基本的事實，因為這基本的事實，才會延伸出後面的問題。後續穿插進來的關鍵因素是啥？知識。動物獲取東西，靠的是天生本能，但人要獲取這些具體東西和抽象的東西時，則是靠知識，從基礎的勞動知識開始，一直層層地向上到高等的技能知識。

知識智力與人的困境

在群體生活中要生產出人的欲望對象時，就像生物的食物鏈一樣。生物的食物鏈最上端的，最終會被最底端的吃掉，就像我們吃肉，等到我們死了，細菌吃我們。人的社會生產體系也像是食物鏈，最底層是實際勞動者，種田、種菜，隔了一段時間，假設天氣狀況OK，我有收成，自己使用，吃不夠就餓肚子了，或到別的地方去偷或去搶；如果生產太多了，就讓他爛吧！反正也沒有儲藏技術，但有些人發現，你有多的我向你買，買來以後再賣到另一個地方去，可以獲得一定的利潤，這就是知識最起碼的能力——計算。

人的社會不斷一層一層往上提升，一個活動會延伸出其他的工作，一種工作需要一種技術能力。我的知識可能是知道什麼時候要灑種子、澆水、除草；如果我是工人，我知道東西怎麼焊，即使最底層的工作都需要知識，但更高階的知識不需要自己勞動，我去撥弄一下、調配一下，過程中就會得到自己的生存需要。調配這件事需要的知識就比較複雜，人的知識就是這樣不斷地衍生上來，所以知識在滿足欲望上，是非常重要的工具。

知識越來越複雜，但基本上可以區分為三個類別。要生產東西，需要技術性的知識，假如不是個人生產，要群體通力生產時，就需要關於組織的技術性知識。再進展呢？我們有抽象能力，就會用到各式各樣的符號。人類有三個技術能力，所以能提升上來，那就是器物製造、組織和符號，這些和現在的知識分類是相符合的：自然科學、社會科學、人文科學，這些知識讓我們能創造更多的東西，欲望會更容易滿足。

所以，注意在這個過程中，人的困境是怎樣形成的？人的困境和動物不一樣的地方，第一個就是智力。抽象能力跳躍上來後，發展出

這三種技術。在三種技術裏面最核心的，就是荀子講的「人生而有知，人生而有群」的那種群性，當然也可以由器物製造的技術開端，也可以由符號的技術開端，這三個是綁在一起的，但裏面最具有原初的邏輯上的優先性的是什麼？群性。為什麼？因為這是由生物性來的。動物有沒有社會？有啊！你看螞蟻雄兵，但一旦進入到人，群性社會性還是優先考慮。動物的群性社會性是自然法則給牠的，牠會自動遵守。但人類呢？很多都是經過人的智力去設計規畫出來的，於是就產生了結構性缺陷。我必須使用這個東西，但這個東西是有毛病的，在人的組織裏面就是需要規範，動物有沒有？有。但動物的規範是天生的，一隻狗是狗老大，其他狗就聽牠的，其他狗不聽話，牠過去吼兩聲就乖乖的。

人的規範本身就有這些問題，從家庭的、社會的、到國家的法律典章制度，基本上都有這四個本性。第一個，有強制性，如果不強制，那算什麼規範？規範背後就是用權力，但強制性出來時，對個人生命有負面的影醒，沒跨出臨界點沒有影響，但跨出之後生命就會受到傷害。你的欲望原本就需要滿足，但受到規範的限制、禁止，如果習慣了就沒關係，如果過度，人就會造成心理上的反抗，如果不能反抗，就會整個瘋狂，不管傳統還是現代社會，都是如此。在非常高壓集權的環境下，人的生命就會被扭曲，快樂不起來，因為整天被監視，所以「禮」有一個適度的規範。

強制性的另一面，對個體而言就是壓抑。人沒有不受壓抑的，一旦進入社會就會受到壓抑，因此，人紓解壓力的方式，就是最原初生物性裏面的東西——休息，休息裏面的「遊戲」。人不可能完全沒受到壓抑，這時候人就需要從低階到高階的各種遊戲，「志於道，據於德，依於仁，游於藝」。當你志於道，據於德，依於仁，落實下來遵守各種的規則、禮數……都是壓抑。放到家庭也是一樣，有時父母管

教過度嚴厲，小孩過度被壓抑時，就會被扭曲，造成人格心理不正常，或是父母罵的比例七或八，鼓舞或溫暖的比例只佔三或二，這小孩的人格發展會造成困難，就變成心理變態者，就像秦始皇，是呂不韋的私生子，長大過程中一定慢慢知道，但慢慢就人格扭曲。

文明發展的利弊與影響

規範的特性，除了強制性、對個人有壓抑以外，還有週期性。因為生活是隨著時間不斷流動，流動的過程當中人會產生變化，每次變化，有些規則可能就會因此功能遞減，無法發揮作用。無法發揮作用時，就要產生新的規則，需要制度上的變革，大部分是比較輕微的改變，就像孔子講的「周因於殷禮，所損益可知也；殷因於夏禮，所損益可知也。其或繼周者，雖百世可知也」。

但孔子看不到時代劇烈變動的情形，以中國歷史來說，兩個最劇烈的變動：一個就是戰國、一個就是滿清到現在。為何會產生劇烈變革？因為人們所使用的器物工具改變，帶來整個社會結構上的改變。我們從組織技術的本性來看，規範本身就具有這種特質，你說傳統父母之命、媒妁之言，轉變到近代社會，為何會強調自由戀愛？即使不強調，年輕人不反抗，相親的狀況也會消失，為何？因為工作的關係，相親是因為你沒機會接觸異性啊，你生長在農村，所以只好兩家這樣認識。可是當你出去工作時，父母之命怎麼命？根本不在眼前。在臺灣三、四十年前，社會走向工業，有了工廠，人就聚集在交通便利的都會周邊，我在家裏面種田，賺不到什麼錢，所以到工廠賺錢，而且工廠賺錢還比較新鮮，為何？假日可以出去玩、可以看看電影，還可以看到年輕的異性，那就這樣子結婚了。結了婚就買了房子，結婚後起初還遵守一下老規矩，帶回給父母看，慢慢變成父母過來看，

誰還在相親？這就是社會變遷。

從帝制到民主也是一樣。一個規範進入到另一個階段裏面，要怎麼改，也是要看當時環境形勢。因為人受到物的影響，那麼當人所處的組織本身性質差的時候，身在其中的憂患就比較多，所以「寵辱若驚」、「貴大患若身」、「吾所以有大患者，為吾有身」，這個身就是當你進入到社會的時候，你又增加了一個新的憂患，這種新的憂患，是文明世界裏面一種與動物不同的、新的憂患，這是組織的規範帶來的，而組織的規範會帶來這樣的變更，是你的工具和器物帶來的，帶來生活處境的變化，當生活處境有了變化，同時又帶來了利弊。

其實古代已經有象徵式的說法，《淮南子》提到「倉頡作書，而天雨粟，鬼夜哭」，這是一種象徵性的表達，就是說，我有了文字後，文明跳躍一大步，帶來龐大的福利就是天雨粟，那龐大的福利後面帶來的麻煩，各式各樣的脫序，一脫序之後焦慮就來，那就是鬼夜哭，哭是極度焦慮崩潰的象徵。這種象徵在人類歷史裏面經常出現，尤其到近代，這種焦慮因為工具、因為物的轉變所造成的規範的改變，而人所面對的問題更大。遠的不說，光手機就夠你煩了，每個都低著看，同學碰在一起也低著頭看，前一陣子看同學上課很安靜，後來發現原來大家都在玩電動，回到家也是一樣，他帶來的利益不是操控他，結果反而變成《道德經》說的，人就役於物而不是役物。

每種新奇事物，都會造成人役於物的現象，《道德經》談論人的這種困境，用現代語言來講，就是對文明的批判。「批判」這個詞彙是 critique，對已接受的東西，去看他根源處出現的缺陷，這就是批判，是西方哲學的用語。不要望文生義，以為批判是罵人、指責人啊！不是這個意思，批判是純粹針對問題來看，觀察出缺陷，而希望能夠找出新的方法來消除這些缺陷。

其實這個困難《莊子》也都說過，你很有錢是不是，把所有東西

用箱子裝起來，那小偷怎辦？他不開你的鎖啊！鎖得再牢他不管，整個箱子一起扛走啊！文明就是這樣，他是一種文明象徵的表達。下次我們再談《道德經》，談個人的困境，一層一層爆發出來，他是有層級的，規範再接下來，人之間的武力，就會建立價值觀。人的價值最開始還是武力，武力上面慢慢才會想到正面的，因為人生存的需要，但最根源的就是欲望。欲望是人最初的動力，就像引擎一樣，沒有了欲望，後面這些問題通通都沒有，但你不可能沒有欲望，因為它就是生命，下一次我們繼續談。

第二十四講
《道德經》的解讀（二）

社會秩序的動態過程：武力、規範、守信

在《左傳》裏講趙軒子，諸侯的辛酸，「高岸為谷，深谷為林」。他用自然作比喻，很高的山嶽都會垮掉成為深谷，深谷也會因為山川變化又成為高山，這是形象化的比喻。如果用《道德經》來講，就是物極則反，所以你們把握一些很簡單的原理，運用在生活上可以看很多。讀《道德經》也好，或是其他傳統典籍也好，當你看了以後，把它應用到現實生活，就可以看出許多問題的起伏狀況，就是「識」。

接著上一回談到過的「禮」，我稍微幫大家溫習一下。其實從很簡單的生物性，進入到人的社會性的時候，在生物性最基本的工作跟休息之外，人再加上一個關鍵的東西，就是智力，使得欲望變得無窮。在社會性裏邊最關鍵的因素，就是組織。智力會跟社會性同時並存，是交互作用的。智力帶了幾個知識，就是符號、技術，有工具製造的技術跟組織的技術。當你聚焦在組織的時候，整個組織要可以運作，必然內含什麼？規範。大家可以用基因的觀念去想，這就是人類社會的基因。這個基因本身有幾個特性，包括強制性、壓抑性，而造成人的不平等，因而有週期性。

這是從靜態來說。這些靜態的東西，就好像一個生物體，本身的基因、內在結構、元素是這樣子。當你要活動的時候，這些基因就開始在這裏起作用。所以我對於人的困境，前面是用第二層的靜態面來看，接下來就能從動態面來看。

在動態面，人是生物，所以有欲望，欲望一定有個對象。因為知識、智力以及人群組織的關係，對那些欲求的對象，不再用生物性的方式來說，而是用人的方式來說，叫作「價值」，所以我們有了「價值」。而這個「價值」最初都跟欲望有密切關係。能夠符合欲望需要的才是有價值的；不符合欲望需要的，就是沒有價值的。在這一點上，大家很快可以聯想到《莊子》所說的，就是要把那個價值先擱置掉。這個價值，除了對象有價值以外，另外一個有價值的就是「工具」，因為工具可以幫我們獲得所要的對象。就對象來講，它最重要的價值是什麼？我對它有所有權。所有權是一個很重要的概念，生物也有所有權，但人的所有權跟動物的不一樣，生物性裏邊對於所有權、所有物，缺乏一個儲存的觀念，不會說有一隻狗買了一個冰箱，然後把牠要吃的骨頭放冰箱。但人有儲存的觀念，除了儲存的時候，滿足現實的需要，儲存以後不一定用得到，但是衍生出心裏上的滿足，人就在這裏慢慢走向文明。因為你要獲得有價值的東西，第一個工具就是拳頭、武力，只有武力是最重要的，因為搶就有了！當然，人類比較複雜一點，他會在武力跟其他的東西去交叉運用。而人在有智力、有理性時，他去思考運用武力的時候，也會發現當純粹用武力的話，最後我自己也會倒楣啊！因為會耗竭，兩敗俱傷。所以他會考慮到從利益、從欲望所要求的對象的利益上來說，武力雖然很重要，但是能夠不用最好。怎麼樣才能夠不用？就從群體之間，從個人跟個人之間，到團體跟團體之間、部落跟部落之間，乃至於引申到現在的國家與國家之間，可以用很多規範。在一個社會內部，個人跟個人之間的規範是什麼？「倫理」，就是各種的「禮」，有社會規則，乃至於到法律。國際到國際之間，就是盟約。這就是規範。

如果從這個角度來看，你會了解為什麼先秦思想老是談禮樂？為什麼禮樂會不被遵守？因為禮樂的底層是什麼？是武力嘛！赤裸裸的

武力！所以禮樂就是「文」，「文」就是修飾，就好像把一個人赤裸裸的武力修飾一下。不然周天子幹嘛擁有六軍呢？他讓諸侯只擁有三軍，小的諸侯只擁有一軍。意思就是擺明了你們的拳頭比我小，但是大家先擱著不要用，只要你們來朝貢我，我也不虧待你們。你把這些轉化成漫畫式的話，就會非常的透澈、清楚。所謂的「禮樂」，就是規範。

當然，隨著社會變遷，我們說過人的規範從最基礎的風俗習慣、親屬倫理到社會倫理，然後進入到法律，最後到政治。這四個層次作為綱維，作為社會秩序的基本規則。但在這規則裏邊，假如我不遵守，你能拿我怎麼樣？我拳頭大啊！對不對？所以變成再往上就有高一個層次的價值，那叫作「信守」。信我遵守規則，遵守規則變成人群社會當中的一種美德。當然，從武力、規範、到守信，這三者之間是浮動的，沒有保證的。一旦你不能守信的時候，最後要靠什麼？靠強制，就是用武力報復，用各式各樣的權力去報復。所以守信就會變成兩種狀態，一種是被迫守信，一種是本來就願意守信。理性上你覺得守信有利，我們講信用不一定是德行喔！信用有好多層次，信用最底下的層次是不得已，因為怕報復，所以我守信。再往上一層，因為有利，我遵守規則，他也遵守規則，這樣大家在互動交換等等都非常有利。守信到最高層次，才會變成發出內心的一種「德」，這時就變成道德的。因此，守信有三個層次，最底層是被迫的，往上一層是利害的，最上一層才是道德的。

道德觀念的產生：愛與同情

問題是，道德的這種觀念是怎麼產生的？從這裏就進入到愛跟同情，這種愛跟同情也是根源於人的本性。我們這裏不從哲學上、先天

上去講，為什麼？當人在日常生活的互動當中，因為規範、因為守信，自然會產生一種感情。感情本來就是天生的，在親屬、家族裏邊，比如說兩代親子之間、兄弟姊妹之間，然後慢慢擴散並跟別人互動，自然會產生感情。這種感情會在什麼時候發揮作用？這有不同的時期。第一種，比如平常沒事，大家互動的感情很好。第二種感情，發生在任何一方，一個社會乃至一個國際，任何一方遭遇到困難，這時你會怎麼樣？你會同情他遭遇困難、陷於不幸。當你有這種同情的時候，因為前面有感情嘛！所以你自然會幫忙，這是初步的階段。因此，我說那是有限度的，因為你的幫忙，你對他的協助不是無條件的，你會衡量你的能力許可範圍。在你的能力許可範圍，你會去幫助他，所以這是有限度的同情，有限度的愛。

所以，在人的社會裏邊就有好跟壞，有時候赤裸裸的武力，有時候怕被報復而被迫立下規範，然後武力擱置，遵守規則。不過這個階段還談不上什麼情，情感一定要在日久後才會產生，所以相處互動就變得很重要。從個人跟個人之間，乃至於群體跟全體之間，交流、互動越頻繁，就越容易了解對方，因為了解對方而產生一種感情。這感情當然包括有時候好感，有時候惡感，所以感情是一個很重要的轉變，從這裏人可以上升到道德的境界。只不過在一般的情況下，這還是屬於社會活動當中的一種同情與愛。當進入到道德的境界後，那就不一樣了。不但竭盡所能，有時候甚至還會願意犧牲，包括有限度的犧牲跟無限度的犧牲。因此，從這裏去看人與人之間的互動，頻繁的程度要適度，不能過於頻繁，也不能老死不相往來，因為這是互相關懷、同情跟愛的重要關鍵。

可是，如果暫時從《道德經》跳到現代來看，現代生活有很大的部分在阻絕人們的同情跟愛，它讓人跟人之間的互動變得很少或者很淺。什麼原因呢？如果要追溯起來，就是因為生產方式。從農業變成

商業，這是一個文明的進步。在這個進步裏邊，農業原來在開闊的土地上面，聚居在那裏，人口數不會很多。但是當進入工業的時候，背後有它自身的法則在推著走。什麼叫自身的法則？第一個，工業一定要在城市的周圍，才能減省運輸成本，所以人口數就往城市集中。本來也有城市，但從原來的小鎮，變成大規模的城市，甚至演變成現在的都會，都是幾千萬人。當那麼多人集中在同一個地方的時候，能不能讓工作地點距離跟居住地太遠？不能。於是只能住在同一個地方。但土地有限，就限制了你的居住空間，怎麼辦？往上面走。往上面走的時候，就蓋樓房。樓房這樣的結構像蜂巢一樣，一層一層的，它的空間是封閉式的，跟農業社會鄉村和小鎮的開放式結構不一樣。人的工作型態造成改變，這樣子就產生了疏離，就是 insulation。這種情形下，人跟人間能不能夠日久生情？不能，因為不能夠相處。這在五、六〇年代開始，那些工商業比較發達的國家，比如美國，都已經是這個樣子了，稱之為「寂寞的群眾」。群眾都在一起，但是都很疏離，所以很寂寞。情感在這種生活型態下就被切割掉，然後轉移了，轉移到哪裏？再也不是以鄰里為單位，而是轉到從小所接觸相處的同學和朋友。我從這裏延伸出來，你們在考察自己的現代生活時，就可以知道為什麼是這個樣子了。

交換活動與權力價值

人在互動過程中，假設有了武力，包括權力，有了規範，也可以守信，那麼這種互動，基本上就是一種交換的活動。「交換」，早在農業社會、部落社會時代就有了，那是以物易物。其實最原初的交換活動，就是所有物。在交換的時候，會產生一種東西，叫作權力。為什麼會產生權力呢？因為每個人所擁有的東西不一樣，類別不一樣，數

量不一樣，價值等級不一樣。於是就在交換的過程當中，物品可能比較差，或者數量少；或者物品有很高的品質，數量少或者多。基本上，交換的背後，其實是供應跟需求。由於供應跟需求，就會形成人所擁有的東西不均等。沒有人所擁有的都一樣，即使是共產社會也不可能。那麼在擁有的東西不均等的時候，包括了食物的交換、實際的物品，一直到剛才我們講的工具價值，所有這些東西的交換，就會產生一種「權力價值」。你有權力，是因為你擁有的東西，包括從有形的物質到無形的地位、名譽……等等，這些通通都是權力。由於權力的不同、不均等，人類社會就會有這樣的位階，就會產生一種所謂的壓榨、剝削，從農業社會到今天，都可以看到這種現象，只是人們可以忍受的程度如何？能忍受就還可以撐著，不能忍受就動亂。

「交換」是一個社會學名詞，人類在這個地方會延伸出高低不同、權力大小、貧富差異。所以，從古到今就產生了所謂的貴族。貴族是個很有意思的東西，在古代統稱為貴族，從天子、諸侯王，然後公卿、士大夫，相對於普通的庶民，他們本身也有等級上的不同。這種貴族，就延伸出一種貴族的特質，這種特質就是要表現出一種慷慨，因為相處久了嘛！有時候也會有一種愛心，或者一種同情，貴族在這裏有一種矛盾的性格。

我們剛剛談到在動態的過程裏邊，會碰到一個交換的活動，這種交換的活動會造成權力的價值，權力的價值又會進而異化成為一種剝削。但人類又因為相處的關係而有情感，因此也會有同情，也會有愛。這些情形，同時都存在於貴族性格中。把貴族性格當成一種象徵，分布在任何的社會裏，不止傳統社會有貴族性格，現代社會也一樣。當人處在比較優勢的地位時，對弱勢地位會有一種同情、一種慷慨。因為同情，所以會施捨。但在這種慷慨的背後，有著很複雜的心理，有時候是一種傲慢，有時候傲慢消除掉了，會帶多一點同情。可

是，這些都有限度，這些限度都限定在他的地位不能被挑戰的條件下；一旦他的地位被挑戰的話，會轉回到最原始的武力，就變得非常的殘忍，這是人性在這樣方式之下的變化。

這樣的簡單模式，可以用古今中外的歷史來驗證，甚至於一些文學作品，特別是小說、戲曲這類的作品，就是這樣一種貴族特質，剝削跟施捨是並存的。在貴族的內心裏，一方面很提倡仁慈，但是另一方面又潛伏著殘暴，這是人類發展的一種現象。這是《道德經》所談不到的，可是也有點到，比如「人役物」跟「不要役於物」這樣的觀念。到了現代，在高技術底下延伸出龐大的人口，再進一步延伸龐大的環境壓力，這三者之間是一個串一個的。你看近代歷史，第一個就是技術的突破，產生龐大的人口壓力，因為壽命延長，進而影響生態環境。回顧從古到今的發展，可以歸結到「欲望」。從生存的欲望到有了智力，而產生工具突破，工具突破進而才產生對生態的影響。現在資源匱乏的問題，就是《道德經》講的「役於物」。人成為被自己創造出來的工具的奴隸，你把這種人的困境套在中國歷史跟世界各民族的歷史，都是如此。所以，你必須更簡要的去看人的條件。

人的文化基因

人的生存條件，或者人成形之後，他成形為人的基因，不是醫學上的基因，而是文化上的基因。這種文化基因是一個有缺陷的基因，在適當的環境時機，在外力的引誘之下，這個基因就會爆發。每一次帶來利益的同時，旁邊就是潛伏的弊病，那個弊病很快就會爆發出來。這是一個很基本的法則，在古代就已經提到。如果換成宗教的講法，有點宗教上的預言，或是一種啟示，他就告訴你們注定會是這個樣子。那麼這個時候怎麼辦呢？以《道德經》的方式，人要擺脫這個

困境，只有一個辦法，就往內心；也就是說，你能不能阻止技術的發展？不能。因為那是自然的發展，人的智力一定會這樣子做，在文明的發展中，自然會開發出新的東西。所以我們要做的是，如何在文明不斷地起伏，以及開發出新技術時所同時帶來的新利益和新缺陷下，不至於陷入痛苦。「痛苦」是個總說，如果要仔細說的話，所有古今歷史裏面，個人種種的際遇，通通是它的注腳。

所以在《道德經》裏，對人的這種困境，它提供的方法就是：只有鍛鍊自己的精神，在《道德經》講的就是「體認道」。體認道的方法，《道德經》講得很簡要。我一再跟你們講過，中國傳統思想裏的道家跟儒家都會談，但是很多細節都沒有講，因為時代太早，只能講個大要。但是他們都用不同的語言去講同樣的事情，到後來的宗教，比如佛教的經論講的很多、很詳細。再往後，天主教傳進來，天主教有自己信仰的方式。以我們自己承繼的文化傳統來講，大體上儒釋道都會有這種鍛鍊的方法。這也是為什麼我們會把儒釋道視為中國思想的三個主流，原因就在於他們思想的照顧面很廣。

內聖外王之道

如果用儒家的話簡單來講，就是從「內聖」到「外王」。《道德經》有沒有內聖方法？有！接下來談的就是。有沒有外王的方法？有！就把「無為」加以運用出來。大家注意，「外王」是一個函數的概念；也就是說，運用在人群，不管這個人群是從天下到國家、到一個單位組織，乃至於到一個小小的團體，都可以叫作「外王」。放到今天來講，大家對外王的觀念不要很死板，以為「王」一定是政治上的，不是！如果用現在的分類來講，政府組織是屬於王的範圍，民間企業也是王的範圍。民間企業有營利事業跟非營利事業，還有宗教團

體等等，大大小小不同，也都是王的範圍。如果能在任何人群組織裏邊，把事情處理得完整順當，讓團體內部能夠和諧，這一樣是外王。

在前面我們談過儒家，不管是《大學》也好，《中庸》也好，《孟子》也好，乃至於孔子，都講得很簡略。孔子講「我欲仁，斯仁至矣」，你問他怎麼欲？他就都不講了，只講從日常的倫理生活開始。孟子講「吾善養吾浩然之氣」，怎麼養？孟子就不說了。孟子說「反身而誠，樂莫大焉」，怎麼反身？他也沒講。直到《大學》也是一樣，之前我們談過《大學》、《中庸》，要「誠」，要「明德」，要「定」「靜」「安」、「慮」。但怎麼「定」？怎麼「靜」？怎麼「安」？怎麼「慮」？通通都沒有講。而在《道德經》，就講「為學日益，為道日損。損之又損，以至於無為」，這就是他的方法，全部八十一章就是講到很具體的方法。其他大部分都是講這個方法達到以後的境界，那就是體道的聖人。這個方法揭開了「為學」就是知識，知識要不斷累積；但是要「為道」的時候，就是不斷的減損。道家講損之又損，所以一般人認為道家是反智的，其實不是。道家如果反智，他本身會陷入邏輯上的自相矛盾。所以，損之又損並不是說拋棄知識、毀棄文明，他不是反智，因為如果是這個樣子的話，你要放棄知識，這個念頭本身就是知識，那就會變成自相矛盾，這是認為道家是反智說法的錯誤。那麼，損之又損，要損的是什麼？損的對象是什麼？就是欲望。

前面說過，人在生物性裏邊，欲望就是佔有的欲望；到社會性，欲望就是權力性的欲望。除了這個以外，欲望一定有個對象，這個對象會放置在我們的價值體系裏成為價值的對象。所以要損的，就是一律抹平所有對象的價值判斷，也就是莊子講的「齊物」。所有這些東西，包括佔有慾、權力慾，還有藉此獲得欲望的種種知識價值，基本上來講，通通都是知識，現在要擱置它。這些知識是用什麼方式呈

現？這些知識呈現的時候，是在我們的意識裏成為意識內容，在時間之流中，剎那每一秒鐘裏邊，不斷的、很多的意識內容，佛教話叫「念頭」。把念頭一個一個連串下來，就是所謂的對象，但老子也沒有講損的對象是什麼？那是我剛才補充進來的。如果我用佛教講的方式補充進來，可不可以？當然可以啊！你要講損的內容是什麼？那就是唯識宗講的「八識」：耳識、鼻識、舌識、身識、意識、末那識、阿賴耶識。八識裏邊所有的內涵，全部都是你的念頭裏的內容，所以唯識可以比較接近「損之又損」，他要轉識成智。《道德經》講損的時候，也是這個樣子。所以在意識流動裏邊，不要被一連串拉著跑。

那麼，方法是什麼？這個方法有一個原理，如果照《道德經》來講，它的原理就是，當我坐在那個地方，我要把這些意識的內容平和下來、純淨下來，這當中就有一個東西在——我要。我要，是欲望。所以為了要避免欲望不斷的循環和輪轉，這個時候我必須在意識的內容裏，擺上一個不是我欲望的對象，這時我的欲望沒有辦法依附，沒有辦法盤桓，沒有辦法執著到它，那就是兩個東西。只有這兩個東西，我的欲望是拿它莫可奈何，你用想像的方式，把欲望想成一個有龐大力量，而且可以去黏住任何東西，但現在發現有兩個東西黏不住，那就是「神聖」和「自然」。所以為什麼從這裏一跳會跳到佛教？因為佛教會談這些東西。為什麼佛教的各式各樣方法，都要教你專一？不管用觀想也好，用聽聲音也好，它所觀想的內涵都是什麼？「非欲望」的對象。比方說，不識字也適用的，它就叫你唸阿彌陀佛，天主教的話就叫你想著聖母瑪利亞。當你專心在想的時候，其他的念頭就不會過來。所以我們在講損之又損的時候，可用宗教的主張去填補它，這是最初步的過程。這個就等於「定」。知止而後有定，我相信這個至善，我要認清楚、體認到這個至善的時候，我才會安定下來，才會專一。但是至善這個詞是一個抽象的名詞，它如何呈現？《大學》就不會講。

　　如果我把它換成至善之道，道怎麼呈現？我在進步，我把至善視為淨土，淨土呈現什麼樣子？佛教《阿彌陀經》講的淨土很漂亮，淨土真的很美，清朗的天空、樓臺、鈴聲叮叮噹噹很好聽，有鳥飛來飛去，所有的鳥都會唱歌。《阿彌陀經》還會告訴你，那些鳥不是真的鳥，那些鳥其實都是阿彌陀佛的化身，牠們的歌聲都是阿彌陀佛的意義。阿彌陀佛，梵文的意思是無限光明，那種無限光明，依人的意識來講，總會有所見，所以他就告訴你淨土就是這個樣子。那麼，我可不可以把至善變成天堂？可以啊！天堂有什麼東西？就想像一下，天堂也是一片光明，有天使在飛，天使還會唱歌。所以知止的時候，如果按照《大學》的方式來講，知止然後才能定。你在意識裏必須去思維天堂的樣子、淨土的樣子。或者不用天堂，也不用淨土，我用中國傳統的美術方式想像出那種山川的美景，可不可以？可以啊！因為這些山川美景，都不是欲望所能夠依附上去的！欲望不能說，你們大家都不能看，這個美景是我的，欲望不可能這樣子。所以這個時候停留在這裏面，知止才會有定。那麼，沒有這個東西的時候，我的腦袋是什麼呢？要損的時候，在真正的作損之前，我的腦袋是什麼東西呢？平常我們只是說好亂好亂，但是怎麼亂法？你仔細去想，有時後想起來，正常人跟精神病實在是差不到哪裏去。知止而后定，是很初步的工夫，這就是「損」。

　　所以老子講「損之又損」，他只告訴你這裏邊有很多關口，有很多境界。好了，《道德經》只這樣子講，一直到哪裏？到「無為」。就你沒有任何新的、有意的作用，無為就是不執著，不執著什麼？連觀或聽的美的對象也不執著了，這講得很徹底了吧！如果按照佛經來講的話，連佛也不執著啦！你不認定有佛啦！要教你不執著，在佛經裏邊也是這樣子講，有沒有佛？沒有啊！你不能一直執著在有佛，這是為了避免對佛有所執著，用這種最猛烈方式的是誰？就是禪宗。所以

當到了沒有執著的時候，就是無為了。「損之又損，以至於無為，然無為者，無不為」，就一切都自在了！問題是，當從損之又損要到無為時，這個中間過程裏邊，你在那邊觀，你在那邊也定了，但你還不能靜，你靜了但還不能安，這中間有很漫長的過程，而且有很多的歧途。凡是碰到歧途要怎麼辦？如果沒有人提醒你，你就一直下沉，一直被拉下去，拉到那個你覺得很美、很好甚至於很神聖，甚至於覺得自己有很偉大能力的歧途裏邊。在禪宗叫作玩弄光影，師父就會拿響板往頭上一拍，讓你從意識中拉回來。你不要沉迷在那個光影裏邊，因為那些都是你的想像，你不能想像那個東西。不管是好的現象或者不好的現象，你討厭的，讓你恐怖的，讓你喜歡的，通通一概不執著，過去就算了！這種損之又損，《道德經》就不談了，但佛經會談得很多。《大學》從定到靜到安，是一個簡單的過程。最後是安，講一個怡然自得。可是到定、到靜的時候，有沒有到頂？還沒有到頂，還沒有到安。表示中間還有可能出現歧途，但《大學》裏也不講了。佛經在這個方面講歧途講了很多，因為在這個過程當中，人身心的各種感受知覺，都會產生很多好的現象及不好的現象，這樣的過程《道德經》沒有談，所以我們需要借用佛經的講法來補充。不然像這樣學術文章寫一寫，卻一點用也沒有，因為這是講工夫的。

第二十五講
《道德經》的解讀（三）

《道德經》的四個主題

　　我對老子的理解，基本上寫在〈論《道德經》的虛靜世界〉這一篇論文裏。為便於同學掌握，這堂課的論述主要即根據此篇。至於本文的解釋，涉及文字疏通，那是另外的問題，我以後再寫，我現在只寫到——「他所認識的道到底是什麼？」因為我把八十一章整個重組，分為若干主題：

　　第一，講人的困境，有時候在各章跳躍，有時一章裏邊包括好幾個問題，所以要拆開來。

　　第二，就是講體道的方法，也是散在不同的章。

　　第三，體道了以後，你認識的道到底是什麼東西？可以分「道體」、「道用」、「道相」、「道徵」四個方面來說明。「道體」就是直接去談「道」的本身，但道的本身當然不可能談，都是用映襯的方式；也就是說，從人的經驗去反襯出「道」究竟是什麼樣子。「道用」就是道造化萬物的時候，傳統所說的作用或者功用。「道」顯現出來的時候，萬物的現象是什麼樣子，那就是「道相」。體道的人——既然在人，所以就講聖人——這個聖人體道以後是什麼個樣子，那就叫「道徵」。

　　第四，能體道、見道之後，你看到的世界是如此，再回到現實世界後，前面談到的那些困難要怎麼解決？這是最後的部分。

　　基本上，《道德經》的八十一章可以分為這四個單元：一個是人

的困境，一個是體道的方法，一個是體道之後所觀照的世界，最後一個是如何消融人的困境。這裏邊很關鍵的問題就是──光讀《道德經》沒有用，一定要做實踐的工夫，就是第二個主題：如何體道。

所謂體道工夫，用《道德經》的話來講，就叫作「損」。第一個階段先「損」，第二個階段就叫「觀」，就是大家看到講義裏的「損之又損」。「損」的時候進入「觀」，就是法地、法天、法道、最後法自然，那個「法」就是在「觀」。觀天地萬物，然後慢慢就觀到道的體認，最後連道的體認也放開了，道本身不是你追求的對象。這些其實都跟儒家、佛教可以相通，不是像一般人把儒家、佛教跟道家一個個割裂開來，而說它們各自有不同的說法，其實它們講的是同一件事，只是從不同的方向、不同的層面去講，所以用的語言、解說的方式會有不同，這就是《易經》講的「天下一致而百慮」，但是「殊塗而同歸」。

上一回我們談到的，透過了損的工夫以後，所看到的世界是什麼個樣子？我稍微溫習一下，從前面很簡要的來講，人的困難在於他的憂患，這個憂患遍布在人從生到死之間，起因在於人的欲望，加上人的智力，智力使欲望擴充到無限。於是你去探討欲望的本性，當人有了智力，創建了文明，文明裏邊最核心的東西，就是人群，人的文明一定要建立在人群裏，就是所謂的社會性。在社會性裏，人群最根本的作用，可以說是人群的基因，就在組織裏邊的規範。規範本身有優點，但是也潛藏著一些缺陷，就是我們講的四個基本特性：強制性、不等性、壓抑性、週期性，這個是靜態分析。當人動態發展的時候，因為欲望在最底層起作用，人也有智力、理性，希望能夠儘量滿足欲望。但是，在這裏就樹立了一些價值，從最原始的價值──武力，然後慢慢互動的時候，產生進一步的價值──信賴，但這些都是有限度的。在這種信賴裏邊，由於長久生活在一起，會有一些感情，就有可

能產生一種有限度的愛。然後這種有限度的愛，有可能上升、擴張到一種無限的愛。可是在這樣一種有限度的愛的過程裏邊，起關鍵性作用的，就是人在互動過程中的「交易」。交易，會造成雙方的不平等，因為人天生的性格就是自利，乃至於各方面後天條件上的差異性，一定會造成這樣的現象，所以使得人始終處在動盪的處境裏。

隨著智力不斷地進展，人的知識開創更新，發明新技術，最後又面臨到在《道德經》那個時代看不到的，但現代很嚴重的問題，那就是因為技術無限地開發所造成的人跟自然的衝突。前面是人跟社會內部的衝突，後面衍生出來的就是人跟自然的衝突，這就是人的整個困境。所以，當在面對這個困境的時候，追溯到根源，要解除這個困境，先不談其他的、後續的群體之間所碰到的衝突，先談個人內心的憂患，就要透過體道的工夫，所以從「損之又損」入手。

這個講體道的工夫，自己有一個道理在，當要化解、消融掉群體的這種困境時，老子不斷地講到聖人；但是在人的社會組織裏邊，要能成為聖而成為王，畢竟只有少數，剩下其他多數人怎麼辦？這個「聖王」既然只有一個，好吧！我們其他多數人把王的意義擴散出來，擴及到各個層級的主管、領導人，但那還是有限的啊！除了那個最高位以外，絕大多數人同時都兼具王和民的身分，兼具管人又被管的身分。所以，這種體道之後的素養，不一定是完全消融這個社會上的內部衝突，有時候是化解自己內心當中大部分的衝突，這種功能比較大。畢竟，要找到那個聖王很有限，只有極少數人。

這個道理，就好像我們現代人接受教育，想要出人頭地，問題是，你想往上，但在上位的人能有幾個？剩下的人怎麼辦？剩下的人再聰明、功課再好、能力再強，都沒有用啊！因為那個位子只容許一個人坐。在這種限制下，難道剩下的人就不用唸了？就不用學了？不是的。其他人的學，是要化解個人在生活過程當中所遭遇的問題。所

以，這種損之又損的體道工夫有兩重作用：一重在公，一重在私。用在公，就是用在社會；用在私，就是用在個人。用在公的部分、就是社會上的公共事務；用在私的部分，就是個人的生活，讓自己能夠做到怡然自得，就是損之又損以至於無為的最終效果。

體道的境界

　　緊接著下來的問題，就是體道以後，你所看到的世界，跟體道以前所看到的世界有什麼不一樣嗎？這樣的問法很像禪宗，對不對？開始的時候是怎麼樣——見山是山、見水是水，那是經驗世界最初的，也就是人處在其中，陷溺在其中，憂患不斷的。進一步的階段呢？做了工夫以後來看，見山不是山、見水就不是水了，因為你看到了什麼——看到了原來的那個山或水都是顛倒的，原來人們原初最素樸、還沒有修過、還沒有去學道之前，原來是顛倒的，根本不是山、不是水。但是等到體道以後呢？見山又是山、見水又是水，為什麼？因為你已經認清楚，那些雖然是顛倒的，但它是實有的，你還是要去處理他。其實，這在佛教的觀念來講是什麼？前面是一個有，我們執為實有；但是見山不是山、見水不是水的時候，就是證空。證空以後會墮入頑空，後邊再還一個見山是山、見水是水的時候，就承認：這是有，沒錯；但這假有，暫時因緣會合。假不是真假的假，假是假藉因緣的意思，它是暫時會合而成的，終究是無自性、畢竟空的。那面對這個假有時，要不要處理？要，還是要回到這個假有裏邊來。

　　所以，人家就會問：這個老子啊！你體道以後，看到的這個世界是什麼個樣子？他可以從很多種方式來講，如果說依老子的講法，他講體道後的世界，就是有、無、玄、反等等這些形而上的東西。但是老子可不可以換一個方式？他用這個方式講是適當的，為什麼？他要

針對問題——消融後來所要面對的現實困境問題。當面對這個假有的時候，他要怎麼去處理？他也可以換一個方式講，可以用文學的、美術的、歷史的等等各種方式去講。但是每次講的時候，那些東西呈現出來都是什麼？都是前面困境世界中的一端，某一種現象，對不對？老子可以告訴你，這個世界是什麼樣子，他說就像《紅樓夢》那樣，可不可以？可以啊！或是，就像《水滸傳》、《三國演義》講的那樣子，或者說，像魯迅、張愛玲講的那個樣子，可不可以？可以。因為那是透過文學，來講出世界是種顛倒相。

但這個顛倒相，前面他已經說過，人的那種困境、那些現象是人自己鋪陳出來的，《道德經》沒有講那麼多，只有很簡短的幾句話，他說「人役於物」，人為什麼會役於物？因為把物區分為各式各樣的價值，所以「五色令人目盲，五音令人耳聾，五味令人口爽，馳騁畋獵令人心發狂」。光這四句話，就概括了古今所有的歷史小說、藝術、繪畫等等的主題，你仔細稍微想想，《紅樓夢》講的是不是這樣子？最後賈寶玉經過了一番折騰以後，他就遁入空門了，是不是？

而這只是外在的事，外在的物質性。還有內在的、心理的、或者思想的追尋對象。有時候是錯誤的，但那也讓人陷入其中啊！古代的、現代的小說，你看白先勇或者張愛玲寫的內容，是不是不出這些範圍？

老子一句話就講完啦！換到佛教來講，那是什麼？就是貪、嗔，最後癡迷嘛！同樣一件事情，用的詞彙和說的方向不同，看起來不一樣，實際上講的是一樣！貪什麼？貪五色、五音、五味、貪馳騁畋獵啊！對不對？嗔什麼？要不到就生氣嘛！看到別人要到，嫉妒別人，也生氣嘛！為什麼癡？因為心裏老念著，放不開啊！癡就是癡迷，一心一意就黏著他了，放不開嘛！佛教從心理上講，《道德經》從要的東西這個方向去講，他們的道理基本上一樣。所以，你看許多繪畫或

者音樂，呈現出來的是不是這個樣子？也是如此。

中國傳統繪畫當然比較跳脫出來，尤其是傳統山水畫，因為山水畫本身就秉承道家的思想精神在裏面，呈現的大部分都是心境的解脫；不像西洋畫，呈現出來的是人陷於各種扭曲和苦痛當中，對不對？野獸派、印象派、現代派，一大堆各式各樣的流派，近代繪畫史攤開來看，畢卡索也好、梵谷也好、乃至於馬諦斯（Matisse）也好，所呈現的都是內心當中的分裂。小說也是一樣，像存在主義的作品，談的都是一些荒謬，他談的那個荒謬，老子都說過啦！莊子講得更多了，唐傳奇也說了，這些都可以加以會通。從歷史去看，是不是也是這個樣子？老子就這麼一句話——「五色令人目盲，五音令人耳聾」，歷史上典型的人物，古今多多少少，對不對？不管在歷史形象上是負面的，還是正面的，都是這個樣子。就像李斯要被腰斬之前，才後悔地跟他的兒子講：想跟你回到故鄉，在草原上牽著黃狗打獵，多好啊！現在唯一想的是這樣子。可是不行了，已經腰斬了；好一點的，顏延之是不是也是這個樣子？也是啊！顏延之也受盡屈辱，南方被併入到北方，到北方做官，人家也瞧不起你呀！這個世代也是如此，即使未來也是一樣的啊！

歷史上的古今人物也是如此，能夠避開、洞察的，就是范蠡、陶淵明這等人物，他照見、他閃掉了，他知道那是一塊肉，但是他不進去咬，因為一咬以後，籠子就關起來了。就像老鼠看到肉的時候，滿眼都是肉，沒看到籠子啊！等到進去咬了，喀嚓！門就關起來了，發現，唉呀！原來肉上面的四周都是佈滿了籠子。人就是那隻老鼠，「五色令人目盲」，就是指這種。所以，如果要老子這樣講，他也可以，這樣就回到了人的困境裏邊去了。

前面我們談人的困境，古今多多少少都是如此。所以在另外一個地方，我提到了明朝張岱。在〈人文學術在消融生命內在衝突中的作

用〉這篇文章中，我提到張岱〈桃庵夢憶〉裏的序文。張岱是文人，文學造詣很好，可他到老年的時候，他講自己的故事，回顧過去的人生。他最深切、真正很懺悔的話（懺悔是宗教的起點），他講文人以慧為業，很會寫文章，以慧來造業，沾沾自喜，洋洋自得，他說自己年輕的過去就是這個樣子。所以，到現在把這些文章通通收集起來，他說：「持向佛前，一一懺悔。」意思是說，寫這些東西是一種懺悔的意思。所以，中國傳統古今歷史，都可以拿來注解《道德經》，也可以注解佛經，道理都是一樣的。

超越的方法

《道德經》要講的不是這個，既然我要解決這樣的困難，那麼我們這個世界是個什麼樣的世界——所有的困難都是因為有「你」呀！「你」，是困難的來源，那「你」是誰？他要這樣子問。除了「你」以外，還有任何別的東西，萬物——花、草、樹木，還有其他人、別的動物，所有的，都是怎麼來的？這個問題是不是就是形上學的問題——萬物從何而來？這個問題，就變成《老子》的第一章——從「道」來。但是從道怎麼來呢？他說「有為萬物之始，無是萬物之母」，他從這兩方面來講。古代的話語實在不容易理解，就是說，道、有、無這樣的概念、思想，真的不容易理解。一直到近代，西方人有一套說法，可以幫助我們很容易地了解這個道理，那就是「超越」的方法。也就是形上學裏討論存有論的時候，有一種超越的方法。就是說，超越的方法對基本的原理，就是從「認識」著手。我們看到所有的東西，會問「我是誰呀？」「我從哪裏來呀？」「他從哪裏來呀？」「為什麼會有這棵樹啊？」「為什麼會有太陽啊？」「為什麼會有大地啊？」「為什麼會有河川啊？」「為什麼會有古今所有這些東

西啊？」所有的這些為什麼，就像《楚辭》裏邊屈原的〈天問〉，對不對？現在老子就給你解答，你看這些東西，如果把他們所有的千差萬別通通暫時忽略掉，最後會剩下什麼？共同的一種性質——他們都存在，也就是，他們都有，對不對？這就是超越的方法。

當我認識到一個對象的時候，同時我知道有另外的其他對象在旁邊；當我要認識其他的第二個、第三個對象的時候，我知道還更有別的對象在旁邊。也就是說，我的認識是一直下去的，無窮無盡的，直到我死亡為止。可見，我所有能進行的認識，一定要有一個前提，就是「無限」。因為我的認知都是有限的，都是個別的，有限的要以無限作為前提，預設有這樣的前提，這條法則就是這樣子推出來的。有了這一條法則，我們來認識、來了解「道」、「有」、「無」，就比古代人方便多了。你說老子他知不知道？他當然知道，問題在於他的詮釋方式。

以古代人的文化背景來說，《道德經》在談的時候，人在生跟被生之間最能感知到的，就是母跟子、雄跟雌。因為從生物經驗來看，從人世經驗來看，只能用這個方式來襯托。而我們講這種超越方法的西洋哲學，也不是每一個西方人都懂。那是近代西洋哲學在探討形上學的時候，從認識論入手，因為認識論是西洋哲學的基礎。從這個角度來解說，這樣可以懂。但如果沒有這一套背景知識，換成只有這種生與被生的關係——我看到母雞生了小雞、母羊生了小羊，我看到媽媽生了兒子、女兒——我只有這種背景知識，那你來告訴我說，道跟有、無之間的關係，就是這個樣子——有是萬物之始，無是萬物之母。這樣的說法，我勉勉強強可以理解。怎麼理解？個體是怎麼來的？是因為有一個道，叫作「有」；可是所有的個體，又怎麼來的？有一個道理，是「無」。就好像母胎一樣，是可以孕育所有的可能性，對不對？一個母胎可以孕育出一切可能的東西，但是不是所有可

能的東西都一定會孕育出來？不一定喔！要孕育出來的時候才有存在，所以在這個地方，要用老子這種傳統古代人的背景，而不要用認識論、超越方法這樣的背景。這樣的背景，就是：作為一個母，他比況為什麼？就好像一個大的容器，這個容器可以滋生出來一切可能的萬事萬物；但實際上被生出來的是不是那麼多呢？沒有啊！實際上產生出來的，那就是有，他就存在了。可是所有的存在，後邊會不會就是存在、延續、最後消失掉？他又滅了，滅了又跑哪裏去？又復歸於無了，又回到了哪裏？回到可能孕育的對象。所以，用古代人的方式去理解天地萬物怎麼來，就可以這樣子解釋。對小孩子的解釋，也是這個樣子啊！小孩問「我怎麼來的？」就是把你生下來了。「為什麼生的是我而不是別人？」所以當小孩生下來的時候，在那個類比上談，你就是「有」；你的媽媽可能生到別人喔！所以你的媽媽就是那個「無」。

　　因此，「無」作為生命的泉源，「有」則是生命的誕生，一切萬物的誕生。用這樣的方式，你說這種了解，算不算懂？也算懂，只是這種懂是一種類比的方式。而我們講用超越的方法，是一種理性、邏輯、推論的方式。以現代人來說，這種理性、邏輯、推論的方式，看起來懂得很清楚，但有時候感覺不夠、感受性不強。如果改用「母」、「始」這種經驗上的類比，感覺會比較親切；而用形而上的方式，則是很清楚、很懂。所以這兩種方式，一個像是數學的解說方式，一個則是文學的解說方式，差別在於這裏。

「反」的原理

　　老子看到的世界，就是所有禍患的根源都在於「有」、「存在」，沒有「有」的話，就什麼都事都沒有了。然而，存在怎麼來的？就是

「有、無」，最後又歸於哪裏？歸於道。你還會追問：為什麼會有這個「無」？為什麼會有這個孕育一切的對象呢？而且可以孕育得出來？這樣是不是說，最高的、唯一的，那就是「道」。當推到更上面去的時候，這個變成不可思議，以傳統的方式來看，沒有辦法再講了。這怎麼辦？凡是由「無」孕育出來「有」的時候，都可以看得到、聽得到、摸得到、聞得到、嚐得到，就是你的感官經驗，還有理性思維也都可以看得到。現在老子只好告訴你說：道看不到、聽不到、摸不到，感官經驗知識都碰不到，理性的推論也推不到，他只能這樣子跟你說。這樣的對象，認識它有什麼用？這是另外一個問題。認識它有什麼用？是因為我要做體道、損之又損的工夫。所以，當談「有」跟「無」的時候，會聚焦在「有」。在「有」這個部分來看，存在了，但是會變化；變化了以後，都會消失。「有」的生命的歷程，會有一個動能、一個動態，這是注定的。這個注定的對象，老子稱為「反」，所以他講「反者，道之動」；就是任何存在的東西，一定遵循這樣的原理。

其實這樣的原理，如果換為《周易》的方式，就叫作「始」、「壯」、「究」，有開端、有頂盛、最後有衰弱。如果從《周易》代表卦──乾卦──從「初九，潛龍勿用」一直到「用九，見群龍無首，吉」，就是一個過程。所以，如果用另外一個方式來說「反」，更清晰地詮釋就是「物極則反」──事物到頂點就要衰落。在這樣的過程裏邊，最重要的是，這是怎麼造成的？就是一種動能。這種動能老子叫作「勢」，「勢」就是一種能、一種力量。因此，他所看到的世界，包括萬物、人的世界，就是本於道；但這是有限的，既然有限，這個世界的活動一定經歷過這種「反」的過程。

既是如此，我認知這個對象有什麼用？當然有用。因為你要處理前面所談的人生困境時，就會用得到這個。因為人生的困境都來自於

你要的對象，這些對象最後都會依「反」的原理而歸於「無」，這是一方面。第二方面，萬物都在「反」的過程中，產生各式各樣的糾紛，如果縮小、聚焦範圍到人，人在這個過程中遭遇了很多憂患，我要幫著化解這個憂患。當我要化解這個憂患的時候，第一件事情，是不是就要依循「反」的原理來化解？依循反的原理，就是一定這樣子走，是客觀的，所以順著「反」走的時候，事情就不至於那麼糾纏。

所以，體認到這種「反」的原理後，我自己就可以去化解人生困境的問題了。因為我認識到萬物都會「反」，所以抓它幹嘛呢？等你抓住了，它也已經腐朽了，因為它結束了嘛！而你自己也會結束，對不對？

所以我常開玩笑地跟你們講，那一大堆鈔票，不過就是冥紙而已啊！擺在銀行裏，你根本用不到嘛！不是你爛，就是它爛，因為它會變幻，你以為抓住了，其實還是流逝掉了。這就好像什麼？美容。一塊肉最後一定會爛掉、長蟲，可是你在這塊會爛掉的肉上面，儘可能地塗上各式各樣的東西，避免腐化，不要長蟲。可最後還是爛掉、還是長蟲啊！是不是這樣？所以，不是你爛，就是它爛，這就是「反」。

這個時候還執著幹什麼？就不要執著了。不要執著怎麼辦？就因其自然，這是對自身來講。還有對物，對外在的事情，你怎麼樣順著它，然後讓它因其自然而不會有衝突？比如說，狗會不會故意去啃這棵樹？不會啊！萬物並生，天地萬物是並育在這個自然界裏面，它們同時有天生的一種食物鏈，這是我們現代人的看法，古代人說的就是「萬物相生而不相害」。它就並列在前面，自然而生、自然而長、自然而老、自然而衰，就是如此的循環不息，所以這叫作「生生不息」。人也是，在人的世界裏，讓人因循這個自然，在這裏邊會不會有很大的衝突？不會啊！比如說，文學院這邊的樹通通站起來，然後

跑到理學院那邊，去打敗、砍掉它們的樹，然後再侵佔到理學院的樹？不會呀！只有人才會。

空與反

　　戰國時代的人講「天下畢同畢異」，「畢同」的是什麼？因為都是存在、都是「有」，所以共同的原理來自於存有。「畢異」來自於哪裏？來自於本質。所以，現在又有二，有二的話要歸於絕對，就是「道」。這是第一層來看——從「有」、從「存在」來看。但是，所有的存在物，如果要從存在物聚焦到人，人有尋求價值的能力，在所有的價值當中，歸結起來，全部都是個別的，因為個別預設了整體、有限預設了無限。所以，所有的價值都來自於背後的無限，這個原理在更高層次，更高層次依附在存有，但是存有的原理又依附到哪裏？最高的道，所以變成了道的屬性，涵蓋在道裏面。這在中文叫「道之德」，西方哲學叫「絕對存有屬性」，這是從人的角度來看，依西方的方式來講就變成價值哲學。

　　所有的價值裏邊，我們追求的都是所謂的真、善、美。真、善、美的最後歸結，就是絕對地存有屬性。那麼，人們在這個價值裏邊，除了正面的真、善、美之外，由於受物的影響，所以會求其多、求其質，量的多和質的美，這是人的慾望所追求的對象。所追求的這些對象，最後在西洋哲學裏可以看到它都沒有地位。相反的，道家在討論這個問題的時候，不是這樣來看，不是看差異，而是看萬物的生滅變化。生滅變化的原理，最後會到「無」，所以都在「有」跟「無」之間循環。那麼，當萬物生滅的變化歸到「無」，「無」最後歸於「道」。再進一步看，雖然是歸到了「無」，現在要關切的是——在「有」裏邊，不再看萬物的整體價值了。他看所有存在物，並時存在

又並作的時候──「吾以觀其復」──萬物在存在活動當中的現象，所有的現象，不管是個體也好，或是所有的力量匯聚起來也好，都離不開最後的生滅變化。

從這裏，老子他體認到一個最高的「反」，反者是稱為「道之動」。所以，當你看反的時候，其實是指只要「有」（存在的），就會有一個過程，然後產生變化，最後消失掉。這個「反」的原理，落實到個別的存在物本身都有一種能量、一種動能，這叫作什麼？叫作「勢」。所以，「勢」可以是最小單位的勢，也可以大到所有物都聚合起來所形成的勢。俗語講「團結力量大」，當有許多個別力量匯聚起來的時候，就形成很大的力量；但是不管多大的力量，最後一定是在「反」的原理底下。

在這個地方，《道德經》和西洋哲學的角度就不一樣了。西洋哲學所提出的，是一種價值最後成為絕對存有屬性，當你去追尋這樣的價值──真、善、美──的時候，你要怎麼做？當你提出「要怎麼做」的時候，最後所得出來的答案，會回到《道德經》裏邊來，也就是「損之又損」。因為那些所謂的真善美──高層次的德性（virtue）──也會變成欲望的對象，一旦成為欲望的對象，還是會成為你要消融掉的對象，於是又回到了「損」。

《道德經》要解決的是困境，困境裏有欲求，這是一個端點。欲求要有對象，這個對象是不是可以欲求到？老子還分析這個對象的本性──反──給你看。這個時候，佛教怎麼說？佛教說，都是「空」。你最後抓到了，是因緣和合。所以，空跟反，是不是一樣？都是同一件事情，只是不同的角度入手。這是物，我從這個角度來看是「空」，是從因緣和合說空；但是換個角度，我說看到的是「反」，因為最後畢竟要消失。我從什麼地方看「反」？從活動歷程。所以，「空」是從端跟末來看，而「反」是從中間來看。一個事物在開始的

時候是聚合，所以本來是空；一個事物在離散（消失、毀滅）的時候，又各回到各自的元素，所以也是「空」。但是這個事物在存續的過程當中是什麼？是「反」。所以，在這個地方，道家跟佛教有沒有不一樣？沒有。當佛教說是「空」的時候，最後要你怎麼樣？不要執著。因為執著到最後，抓住的是一把空氣，什麼都沒有嘛！我剛才講的，不是對象最後消失了，就是你自己也要消失了。如果從「反」來看，「反」的最後結果會流到哪裏？流到「無」，復歸於無啊！復歸於無的時候，是不是也要無執？這個部分跟佛教一樣。但是，在「反」的過程裏邊，人是不是很真實的生活？譬如說，你活到九十歲，這段時間是不是很真實的？很真實啊！這段時間裏邊雖然是空，但是如果從佛教來講的話，他就變成「假有」。《道德經》沒有這個講法，對不對？你還是活得很真實啊！打你一巴掌會痛，對不對？很真實的。所以在這個過程裏邊，既然也是一個「反」，要怎麼樣讓這個「假有」得到最好的狀態？什麼是最好的狀態？就是──沒有憂患，因為老子也這樣講：「吾所以有大患者，為吾有身」，對不對？

要怎麼樣做到沒有憂患？就由自己跟群體。那麼，佛教的「假有」，是不是也要處理？就算知道是因緣和合、知道是空，可畢竟還是一個活生生的人啊！雖然你不是普通人──你是出家的比丘、比丘尼，但還是要吃喝拉撒睡啊！還有其他同道、世俗人，大家都聚在一起，在這個時候要怎麼辦？同樣的道理，讓人家沒有憂患，能夠非常快樂，就好像在淨土裏邊，對不對？既然要消除憂患，那麼所有這些憂患的衝突都在哪裏？都在人的困境過程裏邊。所以，如果想要沒有憂患，就像原初那個樣子，就只有回到原來存在的狀態，因為原來存在的狀態是天地之所造，在這個地方，就必須要體認到「反」的重要性。

個人與群體的無憂

要讓人處於無憂的狀態，可以分別從個人跟群體來看。

在個人方面怎麼做？就是前面講的——體道。我自己的素養能夠達到一個境地，我處在這個環境裏邊，不受喜怒的影響，不擾於心。用莊子的話來講，「聖人之用心若鏡，不將不迎，勝物而不傷」，關鍵在能夠跟物互動而不受傷害，這個時候是你個人。佛教有沒有講？也是講啊！佛教講個人能夠解脫掉這些問題，最高的是誰？阿羅漢。後來轉換成菩薩，才能幫別人啊！在這個境地之前，佛教用的比方是什麼？不是用心若鏡，而是用鵝作比喻，鵝游在水面上，水會不會沾濕鵝毛？不會。那表示什麼？鵝在水中游，就好像人在這個世界裏運行，所有的煩擾都不會影響到他。也好像鏡子，誰來照，我就照誰，照完就走，絲毫不留執著。

再來，《道德經》後邊要講的其實就是群體。面對群體（人的群體），這個「反」是充滿力量的（充滿了勢），各種力量交會時，就要善用這樣的力量。這個時候，「勢」就是組織了，人群組織各有各的力量，來化解這裏邊所產生的問題。於是，在化解的過程當中，可以從個人的虛靜裏得到一種素養，因為這個時候已經恬淡了，所以可以有很多不同的層面來面對群體的問題。比如說，對人一定有規範，對規範能夠公正，因為已經無為了、恬淡了，對不對？因為知道現實世界會有很多差異和不平等，所以會損有餘而補不足。因為現實是有限的，因此會講儉，老子有三寶嘛：慈、儉、還有不敢為天下先。為什麼不敢為天下先呢？因為只要順著勢就好了啊！你為天下先、一定要強出頭的時候，就會在很自然的勢的運作裏邊破壞掉這個勢了，不能因其自然，對不對？

當如果要對抗不同的勢的時候該怎麼辦？因為組織不是單一的，

會有各自不同的勢，這時就要守柔、守弱。為什麼要守柔、守弱？因為對方在勢頭上，你去對抗，不就是雞蛋去碰石頭嗎？不去，就等嘛，等他勢頭到頂了，溜滑梯一下來，走下坡，在底下接著就好了嘛！在上面接很費力呀！在底下接不是比較輕鬆嗎？就好像樹葉，到該掉的時候，風輕輕一吹就掉了，因為條件成熟了嘛！所以，老子用柔、用弱，不是真的柔、弱，而是現在不去對抗，等待那個勢整個消失掉，老子說的就是這樣的方式。

但是到後來，不管兵家也好，或者是戰國到漢代的政治、權謀、術數，都用了什麼？都用了這個「反」的原理。但是當他用這個「反」的原理時，背後缺少了個人的無為和虛靜，所以變成陰謀，變成各式各樣的權謀，一直流沿到今天，都是如此。這不是《道德經》的本意，而是屬於術──對「反」的利用。如果換用儒家的方式來講，就叫作「術」。「道」在哪裏？「道」在個人虛靜所得來的素養。沒有「道」，只有「術」，這個術就會流於危害、戕害；有「道」，「術」才可以發揮正面的作用。

對比佛教，我面對「假有」，現在不看「勢」，在個人方面要處理這個問題的時候，只能跟《道德經》一樣，鍛鍊自己能夠達到「恬淡而穆穆」，但是佛教不叫恬淡（事實上最後也是這樣）。當內心不再貪、執的時候，就沒有嗔、沒有癡迷，這可以透過禪定的方式達到。當個人達到了，但是面對群體時怎麼辦？這個時候，佛教就不是像《道德經》看形勢上的「反」，因為這個形勢的「反」無有窮理，不會有了結的。所以，佛教會在「反」的末端、走到結束的時候，再伸手幫你，這是佛教之所以為宗教的原因。也就是說，你生命了結了，我幫你。宗教永遠都是在人最衰弱的時候才被想到，人最恐懼的是什麼？就是死亡嘛！所以幫你超渡，它只做這個工作。因此，你可以看到《道德經》和佛教在這兩個角度上的互補，面對這個實有的世界、

人界，它們幫助的角度不一樣。

可以說，《道德經》秉持個人虛靜而無為來處理群體的問題時，如果用現代的比方來講，比較像是個企業、公司；而佛教比較像殯儀館，或者老人院、孤兒院等等，因為它講諸受是苦，面對的是人生的負面。當你在挫折當中，我給你個安慰，甚至挫折到最後，我是殯儀館幫你收進來。但是《道德經》在這個地方跟儒家一樣，比較像是企業在處理這個問題，因為企業、公司一定存在，人都存在這個公司裏邊（用現代的方式來講），就會碰到力量的交錯，這時就要順著力量的交錯讓大家各安其位，所以，《道德經》在運用上就分好多的層次。

老子三寶：慈、儉、不敢為天下先

老子消融困境的方法，第一個講的是動力：慈、儉、不敢為天下先。因為慈，所以勇；因為儉，所以廣；因為不敢為天下先，所以能為器長。這個器，古代用法就是跟道相對的器（形而下的世界）。因為慈是最主要的動能，如果沒有慈心，對現實世界沒有一種相當於孟子所講的惻隱之心、相當於佛教所謂的慈悲心，那就不會有動力。

人處在現實世界裏邊，對於所有萬物就要是「儉」。在《道德經》的時代，儉的相反是什麼？就是奢。所以，「儉」在這裏的意義，就是要能夠供養每一個人。其實回到現代來講，「儉」其實更加地重要，因為現在的技術特別發達，所以我們開發大自然，耗費太多，就變成奢。而現在的經濟又提倡以消費來刺激生產，來提高經濟動能，讓經濟繁榮。可是這當中始終有一個疑問：經濟的成長要到什麼時候為止？是無限的嗎？不可能。如果是有限，要有限到什麼地步？國民平均所得兩萬美元，甚至於三萬、四萬，能不能高到幾十萬國民平均所得？不可能。數量上有一個侷限，對不對？畢竟經濟學的歷史還很短。

而不敢為天下先就是：不違背「反」的原理。當要為爭先的時候，依反的原理，有起有落（到頂盛、到衰落），不管個體或群體，都是這個樣子。一為天下先，馬上就爭；爭就相刃相靡，這是老子的基本原則。

無為的具體應用

至於面對具體事物的時候，老子就用「無為」。其實「無為」有很多種意思，要看放在哪一個思想脈絡裏邊。譬如說上下之爭，無為可不可以處理上下之爭？可以。就是說，因為無為，也就是無執，無執代表在處理公共事物時，你這個人（這個領袖人物）的內心已經超越了人群之爭，你是不爭的。當不爭的時候，才能公正，所以「江海能為百谷王，以其善下之」等等這一類的話，就是說，能夠本於慈而無為，外發而無私無欲。在無私無欲的時候。在生產跟分配方面，超越其上，就可以成為仲裁者，定出來的規則都可以非常地公平，這是一種意思。

另外一種意思呢？「無為」就是少私寡欲，就可以消除掉爭端。人之所以爭端，就是因為多欲。老子提倡的就是少私寡欲，甚至於講得極端一點，有時候說絕聖棄智、絕仁棄義、絕巧去利。為什麼？這並不是真正的要把聖智、仁義、巧利都拋棄掉，而是這些本來是好的東西，淪落為謀求私利的工具。換句話說，只有無為的時候，才能夠做到這一點，也就是消除掉人因為多欲而帶來的爭端，這是從處理群體問題上面來看。

再另外一個意思就是變動，人的活動一定會延續在時間之流上面，一定會有改變；但是這些改變要緩慢，也就是維持動態平衡。因此他常講「治大國，若烹小鮮」、「其政悶悶，其民淳淳」的話，就是

說不要有太多的干擾措施，變動要慢慢地來，讓條件成熟。其實慢慢地來，更精確的說法是：任何的變動都要讓條件先成熟。達到的目標需要有條件，如果條件還不夠的時候，就先處理、培養這些條件；當這些條件都培養成熟了，自然就水到渠成了。

前述這些無為的運用，都是屬於大原則，因為具體的知識老子不需要講了，每一個時代都會有不同的知識。

還有「損有餘補不足」，因為分配、生產，每個個體的天生條件都會不一樣，後天所處的條件也會不一樣，所以老子就用「損有餘以補不足」的方式來處理。這也稱之為天道，其實這裏所謂的天道，就是自動調節，就像現在稱為自然生態一樣，它本身會有一種自動的平衡機制。哪個地方稍微不足了，會有一種自動控制，然後就可以再生。再生豐富了，其他的物種再過來，這是自然界的生態平衡。「損有餘以補不足」，其實也是這樣，就是一如大自然。

如果放到人類社會裏邊，具體的措施就叫作社會福利。有餘就是富有的人，可以多收一點稅，成為社會福利的財務來源。當然，社會福利的限度要到什麼地步？這就不是老子的問題了，而是我們現代人的問題。

社會福利要有一個限度，如果用《道德經》的話來講，就是「物極則反」。因為不可能永遠無限制上去。為什麼？因為這是靠動力推上來的，當推到一個端點的時候，動力就會慢慢遞減，動力一遞減，就自動就衰下來了。所以，目前最大的問題是什麼？就是這些過度的社會福利，會造成國家財政的高赤字。這種過度的赤字，又不能夠徵稅，或者侵蝕到下一代人的工作以及他的福利，就等於說是寅吃卯糧，上一代人吃下一代人的錢。這些都是所謂的損有餘而補不足，具體化在歷史現象裏，就是社會福利制度。

第二十六講
《莊子》的解讀（一）

老、莊的基本異同

　　從講話時候的身分來看，《莊子》跟《老子》其實不太一樣。畢竟老子是周之守藏史，可以看到的東西多，包括整個周代宗法封建制度，在歷史上的情形，以及老子當代目睹的情形。在深入思考之後，老子將那些事物歸結起來，發現各種事物都與權力有關，人面對這樣一種權力生活，因而造成種種紛擾，尤其是對人的內心有很大的衝擊。老子思考事物發生的根本原因，用系統的方式來講，這樣的思考一直深入下去的時候，就會發現離開那個權力生活的現象會越來越遠，就好像一個人在思考地上生活的一切時，會離開地上而越離越遠，講的都是天上的事情，而實際上它的根源是可以貫穿到大地來的。所以老子的想法，是透過人內心的鍛鍊，不斷思考到最清明、最虛靜的時候，看到世界是這個樣子。如果這個世界的現象再往下講到權力世界的時候，那就是《道德經》的另外一部分，討論到現實的權勢問題。這時就分兩部分，一部分是在權力世界裏主導者應該具有的素養，另外一部分就是主導者具有這種素養後，面對各式各樣的權力運作時所要採用的方法，也就是傳統所謂的「術」，今天叫作「略」，有策略、政策……等等。

　　從這個地方來講，如果換一個角度，莊子是蒙園漆吏，一個小吏而已，當然他讀了書，也看過很多古今典籍，他要發揮這樣的想法，基本的路線跟老子是接近的，但是他講話的身分就不一樣了。莊子是

從很平凡的普通人來談,所以他的內容少了什麼?少了《道德經》所講的權力領導者應具備的素養,還有面對客觀形式、權力的形式時的處理方法、對應策略。

其實這個道理放到今天來,也是一樣的答案。當你面對一大堆人講一些所謂的治國大道時,他們想半天,說「我又不治國,關我啥事啊」!對不對?當然,也許有年輕人可能會想治國,但在一百個人裏面恐怕也不到五個、十個,剩下的八、九十個怎麼辦?他們都是普通人啊!要過日子耶!這些事情距離他們很遠,他們只需要一個可以過日子的知識就好了。但即使要過日子,也是在社會的群體裏面,也就是一種權力場所。人的社會群體本來就有權力場所,只是權力場從核心往外擴散,有的是非常集中的、強大的,有的就比較鬆散的。大多數的平凡人也會在這樣的權力場所裏邊,但不像老子所講的那些侯王──屬於權力核心的人,平凡人是屬於外圈的。在外圈裏即使成為一個領導,也只是小小主管而已。他碰到的問題、要處理的形式等等,沒有那麼的凝重、複雜。所以站在這樣的身分底下,在面對那樣的權力場所,他要讓自己能夠避開那個權力所帶來的禍患、災難,他的方法不是向外的。

從莊子的角度來看,他不是朝外去解決問題,而是不碰它。既然不碰它,就要往內,那就是什麼?往內心的素養著手。這有點像什麼?像人處在大自然當中,能夠平息自然界的災害嗎?不可能,只能夠閃避。但也不只是躲過自然災害,還要躲過心中的恐懼,讓內心在那種權力場域裏邊,能夠優游自在、似有若無,對你構成不了任何傷害、不成其為災難。

這就是莊子跟老子比較大的差別,他們的基本精神是一致,但是兩個人的偏重點不一樣。《道德經》和《莊子》都會討論「道」,但是《道德經》的道講下來時,接著放在現實裏邊的權力領導者上面;而

《莊子》把道放下來的時候，卻是放到我們每一個人的身上。《道德經》所講的內容，也可以放到每一個人的身上，但是要引申出來，這是兩者不一樣的地方。

　　所以當你看到中國傳統思想裏邊，綿延長久的就是儒家、道家，隋唐以後再加上佛教，為什麼？並不是他們的說法特別好，而是他們所說的內容，是從古到今每一個人一生當中通通都會碰到的。碰到了一定要需要他們來提供解答，而他們所提供的解答也是非常合理正確，並且是高明的一種解答。其他諸子或者其他典籍所提供的解答，往往只侷限在一個層面或者某個枝節，而不是全面性的問題。比如說兵家或者法家，兵家和法家是側重在權力世界裏邊的制度、典章，或者權力世界中人的衝突、鬥爭。但人的生活不會都永遠如此，很多時候都碰不到這些事情。可是，在權力世界當中，每一個人通通都會碰到生存的問題，消極面是要沒有災難、沒有禍患，積極面是要覺得生活很愉快、很幸福。所以也可以說《莊子》是一個平凡人的智慧，專門提供給平凡人的，而平凡人又佔絕大多數。這裏的平凡、不平凡不是指智力，而是指在社會上、在權力世界裏邊的位階。這是看《老子》和《莊子》的時候，值得注意的現象。

莊子思想綱領：心齋、齊物、逍遙

　　在分析的問題上，老莊也有共同的地方，但是在細節上會有一點差異。我們在分析《道德經》的時候，是從人的困境、困境的起因開始談起，接著從內心來談困境的消除。但也可以從外的儒家路子來走，不過儒家的路子也只是提一個大方向，真正的具體落實，是隨著時代的變動而發揮，在傳統上就是經學、史學，就是三通之學這一類的制度，一直到今天所謂的自然科學、人文科學跟社會科學，如果用

佛教的話來講，就叫作「世間知識」。

至於另外一套，所謂的超越世間知識呢？佛教叫「出世間知識」，那是另外的內容，也是老子和莊子所提到的。在世間知識中，人要脫離困境，只能走局部的、有限度的，如果要根本地、徹底地脫離那個困境呢？那只有「出世間知識」，也就是超越世間的知識──內心精神的提升。所以，在分析某事上會去體道，體道了以後，嚴肅一點就是講生命境界，普通一點就是講體道以後的生活狀況如何。在《道德經》裏會加上體道之後如何化解權力世界中的問題，所以才有「無為」、「守柔」等等這一類觀念的存在。但《莊子》則沒有這類觀念，而是體道以後變成一個逍遙的人。所以從這種地方來看，整個莊子思想也是會先描述人的困境，以及困境的起因，然後再談如何化解掉這種困境的起因。所以《莊子》的思想，基本上就是三個綱要：心齋、齊物、逍遙。「心齋」是內心的工夫，「齊物」是對物的態度，「逍遙」是內心的狀態，三合一。就這一面來講，一般人心齋達到了，另一面就是逍遙了，逍遙在生活中面對的事物就齊物了。

如果換成《道德經》的觀念來看，會碰到為什麼要心齋的問題？因為有困境，還有困境的起因，針對這個起因，所以追求心齋。心齋後的精神狀態，體道之上是什麼？在《莊子》來講，是對萬物的態度。可是在《道德經》來講，體道之後是要看這個世界的樣子，就是「有」跟「無」，就是「反者，道之動也」。而且我一再跟大家補充過，這個世界可以從不同的方式來講，老子也可以寫一本小說，像《紅樓夢》一樣，你問老子體道的世界是什麼？他就攤開這一本小說給你看，你看吧！老子也可以寫一篇唐人傳奇，或是一部戲曲；他可以寫書，可以填詞，也可以用現代戲劇的方式來表現，那都是體道之後所看到的世界。可是這些文學、小說、戲劇，都只是從一個片面來告訴你，用《論語》的話來講，舉一要能反三。所以讀了文學是舉

一，但是文學讀了以後不能反三，那就陷入到文學裏面去了，沒有用。所以為什麼文人有時候會迷戀在他的「舉一」裏邊，跳不出來，這是文人的一種可悲。張愛玲就很典型，民國以來的文人很多都是，像魯迅也是啊！還有很多是載浮載沉在其中，只是沒有陷入到那種精神狀況的不穩定，但是也困而不出，為什麼？不能體道，不能反三。

所以《道德經》在體道的時候看外物，也是齊物，自身內心也是逍遙。從逍遙的另外一面來看，就叫「虛靜」。就本身來講是虛靜，顯現出來的活動狀態、生活型態，就是「逍遙」。只是《道德經》不講這個，他講「反者，道之動」、講有、講無。體道之後，因為他看到了體道之後的世界，所以要無為、要無持、要功成不居，所以老子偏向社會集體問題的化解。《莊子》則會說，關我啥事，我還是過我的日子，所以莊子就像是一個小老百姓、一個農夫、一個對道有所體悟的文人、作家、藝術家，或者普通的小販、公務員，莊子自己就是低階的小公務員。所以，基本上只要抓住了「心齋」、「齊物」、「逍遙」這三點，《莊子》的思想就講完啦！剩下的都是內容。

《莊子》剩下的內容，都是說為什麼要心齋？這個時候莊子會清晰地慢慢講下去，用各式各樣的寓言，《莊子》的故事有點類似佛經裏的變文。變文也是一個故事接著一個故事，故事的最後來講佛理。《莊子》也是用很多小故事來講所謂的「詭詭」，這種表達方式非常尖銳，但不刺人，尖銳得讓人眼睛一亮，突然醒過來。莊子是用這樣的方式，非常具有漫畫的味道。

心齋的意涵與功效

掌握住莊子思想的綱領，再來讀《莊子》的本文，自由自在、隨時隨地的讀，就是逍遙了。因為你在其中，那個時候沒什麼想頭，你

一邊走一邊唸的時候，人就很專注在那當中，腦子不會去想價值世界的事情。權力世界的另一面，就是價值世界，人們去區分各式各樣的價值，而有了價值等級。這個價值是依附在人最深層的欲望需求，所以又回到了哪裏？回到講《道德經》時候所分析的「惟吾有身」的「吾」，「吾」就是「我」。「我」，有生物的、社會的、精神的三個層次，這是用現代人的觀念來補充的話，對於「我」會了解得更透澈、更清楚。

　　所以為什麼要心齋？為了讓自己的內心處在一種非常素樸的、純淨的、明亮的、沒有各式各樣憂煩的處境，憂煩是因為心裏波蕩不一、不愉快。如果統合起來講，生活過程當中，種種事物所表現出來的各式各樣情感，就是在文學中所看到的：有時歡欣鼓舞，有時很憤怒，有時很憂傷，有時很悲哀，有時很細膩的感情有點悵惘，各式各樣的情感，從粗糙的到非常細膩的通通都有。越粗糙的越是有對象，越細膩的越是沒有對象，有對象就是說氣有處發。別人惡整你，讓你氣得半死，你心裏恨他，就報復他，這個有對象。但有的沒有對象，或者是對象已經過去了，能怎麼辦？有些甚至沒有過往，也就根本沒有對象。比如「滄海月明珠有淚，藍田日暖玉生煙」，沒有什麼對象的；「錦瑟無端五十絃，一絃一柱思華年」，對象都已經過去了，心裏還放不掉，還常常想著。其實李商隱是很細膩的人，他的感情非常非常的細膩，尤其他講：「春蠶到死絲方盡，蠟炬成灰淚始乾。」你真的很難找到用形象來比喻的那麼細膩、那麼貼切。古代人叫體物，李商隱對物深有體會，再藉物言情。這樣子放不掉，可又不是很強烈，好像絲弦一樣，緊緊地纏繞著，這種是沒有對象的，人就困在這個地方。

　　這時就變成對價值的追求，就兩難了。因為就算遠離權力場所，但是在現實世界裏邊，多多少少會有一些價值，除了自己肉身的基本

需要外，還有其他所區隔出的各式各樣價值，人在當中尋逐，就會因此陷入困苦，所以莊子從這裏來講心齋。《道德經》不會這樣講這個現象，可是在《莊子》裏邊會鋪陳地去講。

人們就是會比較，因為價值就是在比較嘛！比較可以有很多方面，所以〈逍遙遊〉一開始就講比較，就是所謂的「有待」。講「有待」是更深切，但是在講「有待」之前，莊子先講比較。價值是有條件的，而條件是相對的。既然是相對的，就有差別，比如大小，大有鯤、鵬，小是小鳥、小魚；基本上人們都認為大的好、小的不好；高的好、低的不好；飛得遠好，飛得近不好。就物來看，也會有美、醜的判斷。在這個價值形成之後，人有時候會浸潤在其中，分不清楚，這就是追逐。在價值追逐中再深入一層，就會不斷地尋求所謂的高價值。古代人如此，現代人何嘗不然？

人就是活在這種價值的區隔上、從肉體的價值，到社會的價值，從小讀書就教你要出人頭地，就是一般社會上的財、權、名、位這四個。人們就是從這四個去區分價值，不是說人不能要這些，而是在有跟沒有、得到跟失落之間，態度、心境能不受影響，這就要靠心齋。就一般人來說，有，或者沒有，是有際遇的問題；但是不管際遇如何，在上或在下，在高或在低，內心能夠平和，就是所謂的心齋。因此，聚焦起來，心齋就成為很基本的工夫了。接下來的問題就是，要怎麼做？當心齋做到底的時候，在境界上也就相當於《道德經》所說的「無為」、「虛靜」。因為不管什麼事情都看透了、看清楚了，所以他心境平和，所以這是關鍵。

但是在這個過程裏邊，比如說〈逍遙遊〉講了這麼多，鯤、鵬、大樹、螟蛉、彭祖、蟪蛄、朝菌等等，其實莊子真的很會講話，如果他活在現在，一定會有很多女粉絲，因為他講話很生動、很吸引人。莊子講那麼一大堆，通通都是在講小大之辨，不過就是在區別大大小

小而已。再從這些地方進一階，像〈逍遙遊〉所提到的宋榮子。大家都有各自的長處，「知效一官，行比一鄉，德合一君，能徵一國」，但是宋榮子猶然笑之。因為宋榮子比他們超越了一層，這些他不看在眼裏。就算這個人多能幹、品德多好、多會治國，他會覺得這沒什麼了不起。他心裏自有主張，要過什麼樣的生活，要走什麼的路，所以，「舉世譽之而不加勸，舉世非之而不加沮」。是跟非是一種價值判斷，不管任何人，罵他也好，鼓舞他也罷，反正他都不在乎。但是，莊子就評論宋榮子說：「彼猶未樹也。」就是說宋榮子的德行、素養還沒有建立得非常穩固。為什麼？因為宋榮子有一種反激的心理。所謂的反激心理，就是矯激，就是瞧不起流俗。當反激心理的時候，就很容易爭鋒相對，而對那個流俗有很嚴苛的評論，這是第二個境地。

這種境地常常會帶來負面作用，什麼叫負面作用？他不行，就會被傷害；他行，他就傷害別人。為什麼？他說我是對的，所以剛厲，如果他的際遇剛好處在高位、高權，那麼他一定高壓，接著就流向於專制。如果他不行的話呢，這種人會寧死不屈，所以就會被修理得很慘。古今有沒有這一類的？有啊！像明朝的李贄就是，故意跟流俗不同，批評流俗的觀念，人家就恨得牙癢癢的，所以最後就被修理的很慘，像這種都是矯激之行。這種矯激的目的都在出名，因出名而求利，古今都有這種現象。

《莊子》對這個是有講究的，就是在心齋的過程裏邊，內心要排斥這些不合理的或價值上的較量，但更高一個層次是要不理它、超越它，就像列子御風而行。列子御風而行象徵什麼？象徵已經超越了，就好像不在地面、人間，而是已經跑天上去了。但是這個上去還是不夠，為什麼？御風而行，還是依賴著風。這比較類似在宗教裏，還仰賴著、死抓住一個最高的理想。當一旦有依賴的時候，就不能夠顯其純然的本性。就像《道德經》裏邊的「人法地，地法天，天法道」，

道而法道。列子就等於像道而法道，但是還沒有進入到消除所法的道，成為道法自然，回歸到本性。〈逍遙遊〉所談的這三個層次，從一般的價值較量，到宋榮子，然後到列子，這是人們在心齋，或者其他學說的精神鍛鍊裏邊的三個層次，而最高的層次就是「乘天地之正而御六氣之辯」，不偏不倚，無所依賴，無所依傍。老子、莊子都也是這樣講，印證到儒家、佛教也是一樣。

　　人的精神境界，大略區分為：對抗價值、超越價值、依傍價值、平淡價值。四個中間，還有不同的階段和過程，這部分《莊子》就沒有談這麼多了。所以我先用這三個作為一個綱領，然後去看〈逍遙遊〉的時候，你就知道〈逍遙遊〉一開始所講的「有待」、「無待」，關鍵就在於人們所樹立的價值是相對的，但並不是要消除掉，而是知道那是客觀的事實，是在現實生活、權力世界裏邊，無法消除，而是要超越，透過精神鍛鍊去超越，不受它的干擾。我常用佛教的一個比喻，就好像鵝游在水面上，水花濺不到鵝毛，濺到了自己也就滑下去了。鵝毛不會濕，就像人生活在這個現實世界裏，有很多紛紛擾擾的事物，但這些紛擾的事物會不會在你內心構成波濤洶湧的情緒、情感等等，以至於造成傷害？不會。因為你精神鍛鍊到這個地步，就是莊子講的真人、神人，這是一個目標。

人生價值的超越

　　如果要說《莊子》，其實簡單幾個話就講完了，《道德經》也是這樣。關鍵在於回到本文的時候，他是跳躍的，各個段落所講的內容，在他的論題裏可以有一個邏輯層次，可是卻跳躍在不同的論題之間，因此讀的人很痛苦，覺得很難。這就是因為不曉得他的邏輯層次在哪裏？讀《道德經》也是一樣，同樣一章，這一句話講在哪裏，那一句

話講在哪裏，不知道。像莊子談堯跟許由之間的對話時，當然先不要管郭象的說法，郭象的說法已經受到晉朝的影響。如果從他的本意來講，只是在襯托出許由，你說堯已治天下，要讓天下給許由，許由說：「吾為名乎？為實乎？」講那麼一大段話，實際上呢！許由只是說，我並不是為這個外在的價值，你有權力是有價值，如果取代他，就等於追逐這個價值。真正地按莊子的說法，所追求的這些價值，數到最後是什麼？所有的都是依附在身體。所以莊子才會講：「鷦鷯巢於深林，不過一枝；偃鼠飲河，不過滿腹。」其實莊子講這個話是非常深切的，只是我們很容易遺忘，因為那是理所當然的。活著，對每一個人來講，反正不碰到自己身上的，都是覺得理所當然的，碰到的時候才發現不那麼理所當然，那是要保護的。古代人如此，現代人感受更清楚，因為現代資訊發達，天天都看得到、都聽得到。當你一切順利，正要往上爬時，醫院告訴你，cancer，就完了。每天幾乎都有人會發生這類的事情，由醫院判你死刑。

尤其我們現代社會跟莊子的時代不一樣，而且又比莊子時代更加嚴重。莊子能夠看到的例子並不很多，因為沒有通訊、沒有天天新聞、沒有網路報導，他只能從典籍裏面看到這些人物，然後就很敏感的感受到了。到今天來講，這個又是幾乎每天都會看到。所以，莊子藉著許由來彰顯，他破除了價值的分辨，所以他講：「吾將為名乎？吾將為實乎？」名者，實之賓嘛！實之賓是虛的。那「實」又如何呢？也不過就是「鷦鷯巢於深林」、「偃鼠飲河」，人生要的其實不多，不過就是身體的健康和心情的愉快，就這樣子而已！所以，當我們從這個角度來看的時候，更可以發現莊子是講給一般人聽的。如果是很有使命感的人，就會跳出來質疑，「如果都照著你這樣子，大家都懶懶的，社會怎麼進步？文明怎麼進步？」但，其實莊子不是這個意思。社會仍然在進步，而是說，在文明、技術各方面仍然隨著社會

的發展、知識的進展而前進時，你的內心能夠不掉進去。

問題是，這個太難了！從層次上的分野來說，不同年齡層下的工夫比例不一樣。年輕時候下的工夫，大概七分在為學，三分在為道；中年的時候，應有的謀生知識也差不多了，要再增進，所以是五分放在為學，剩下五分放在為道。為什麼？中年的下一個階段就是晚年，因為工夫是一個慢慢做的過程，需要時間，不是說做事情可以刻期完成，只有一種大略的階段。然後，進入到晚年，就是七分為道，三分為學了，還是有知識的進展。以我們現代人的生命週期來講，大約四十以前可以算是青年，為學的比重比較高，為道的比重比較低，因為生活需要。慢慢過了四十，一般到六十多退休的這一段年齡，大概是為道、為學各取一半。退休之後，為道的成分就更強。雖然現代的壽命比較長，退休不見得就是老年，身體狀況其實都還不錯，但是已經要為道了，為什麼？因為他再也沒東西可要了嘛！

人們所欲求的那些價值是在哪裏？在社會裏。在社會裏邊要透過什麼去完成那樣的目標價值？透過工作。當沒有了工作，就沒有了目標。而且工作裏邊還包括了財物的報償，以及地位、名譽提升的報償，這些都是人的基本心理需要。可是過了以後，沒有了，因為沒有了工作，結束了，就等於沒有財物的報償，也沒有地位的報償，心裏很清楚，雖然有時候人家還是虛榮地稱你一個名銜，但是你覺得很虛榮。這時名譽、權力、財物的報償通通沒有了，然而生命的動力在欲望。生命的動力還有，但突然沒有了目標，沒有了目標，生命力就會萎縮掉。當然，還沒有到萎縮之前，就好像車子走了一個慣性，剛停下來時還會往前衝。這個時候，就要靠修養。如果不靠修養，就很容易從心理上開啟，走向各式各樣嚴重程度不等的精神疾病，然後回過頭來又影響生理，這樣交叉，這就變成現在常看到的老年人生活品質不好的問題。莊子思想放到今天來講，就更貼切了。

所以莊子講許由的問題，只是說，要能夠超越出那種價值，因為所有的價值劃歸到最後，都只是現實當中暫時設置的東西。走完了，這些價值也就沒了。就好像玩遊戲一樣，遊戲裏面設了很多關，一關接著一關，不管你有沒有過去，所有的障礙最後通通都結束掉了，按一個鍵就通通消失了。所以，這就是莊子用許由這段故事的主要目的，至於郭象的反駁姑且就不論了，以後在玄學中會談。

心齋的鍛鍊

在〈逍遙遊〉裏邊，莊子進一步談到所謂的「神人」，那就真正是得到「心齋」了。神人那個框是什麼？是表示不受傷害。他講藐姑射神人，肌膚像冰雪一樣，淖約像處子，不食五穀，荒年對他沒有影響、火對他也沒有影響，吸風飲露、乘雲氣、御飛龍……等等，這都表示什麼？這是一種象徵，象徵他不掉在世間的價值判斷裏邊。所謂的吃五穀、飲風露、要雲氣、要飛龍，都是有所憑藉。那麼，人憑藉的是什麼？憑藉的是價值才活下來。現在神人超越了這個價值，所以也就不受到傷害。

以莊子的時代來講，古代神話故事裏邊常有這一類人物，用這些神仙來象徵，是莊子的一種表現方式。除了這種神人之外，莊子也提到惠施的故事。莊子用惠施來象徵什麼？象徵世俗對任何事物一定要劃歸到不同的價值，有價值就是好的、可用的，沒有價值就不曉得該怎麼辦。所以惠施碰到大樹的時候，說這棵大樹當這個也不行，當那個也不行，不曉得該怎麼辦？莊子就跟他講，既然都不行，就放在無何有之鄉，彷徨乎其野吧！就是大家最熟悉的「無用之用」。其中的關鍵還是價值體系，只要在價值體系裏面就是有用的，沒有用的東西就不曉得該怎麼處理了。而放在《莊子》裏邊，世俗認為沒有用的東

西，可以當什麼來用？當遊戲。就是我跟大家講過的，人基本上就是工作跟休息。休息裏邊，一個睡覺，一個遊戲，對不對？惠施代表的是把任何東西都放在工作裏面，而莊子呢？在工作裏面放不下的，可以放到遊戲裏面去。所以，遊戲一定要沒有目的，遊戲就是純粹地玩，沒有工作時候的功利價值和目的，純粹的遊戲。

不過，道理雖然是這麼說，但實際上困難，難在哪裏？難在慣性，就是人常常講的上癮。我們不只會對毒品上癮，我們的活動當中一樣會上癮。上癮了就變成什麼？慣性。慣性很難改變，要改變慣性，總是要有調適期。因此，當對於所依賴的對象形成慣性了以後，要轉換過來成為無所依賴，就會開始心慌，生活大體就是如此。

因此，在這之前的心齋鍛鍊，就《莊子》來講，就是一個非常重要的工夫。而這樣的工夫，莊子也就這麼簡單的談幾個心齋。在〈齊物論〉裏邊，莊子說，不要聽之以耳，要聽之以心；不要聽之以心，要聽之以氣。唯道集虛，這都是一種比喻式的說法。因為用耳朵是感官知覺，用心是思維，比較進步一點、高階一點；再進一步，連感官知覺、連心都不用，這時候再看你的內心是什麼樣子。因為當你用內心、用感官知覺的時候，都會不斷地呈現出對象，於是你對於對象就會不斷地思維，我們叫作去追逐，那將掉在對象的輪轉裏面。而莊子怎麼會這樣講呢？當然一定要有他自己實際的經驗。這個實際經驗，像莊子在〈齊物論〉中所談到的「心齋坐忘」，這表示莊子靜坐。莊子的靜坐方法，未必是後來道教或佛教的方式，或者印度瑜珈的方式。莊子在靜坐之中，才省察自己的內心，然後從省察內心的過程裏邊，逐一逐一地更加清明，才可以產生這樣的經驗，才說得上來。

所以內心經驗的東西，沒有就說不出來，要有才說得出來。初步有，說出來以後，是不是就圓滿了？沒有！領悟跟體證有一段距離，因此不要以為聽到他領悟了、悟道了，就已經沒事了，沒有！悟道是

拿到博士班的入學許可，想要體道，就得畢業。悟道就等於入學了，可以就讀。所以，唐宋以下很多的偈語，對我們的了解有幫助。這個了解是一種直觀的了解，不是邏輯分析的了解，這確實有幫助，可是，證道沒有用，還要一直一直做。為什麼沒有？因為慣性。人的行為、生活模式等等，都有自己的慣性。慣性是很難清除的，那種就叫業，佛教叫業習——業力的習氣，現在就叫作慣性。慣性扯著你，讓你沒辦法，你到時候一定這樣子做。所以莊子從心齋去談那幾個過程的時候，用耳朵、用心，都是不斷地在思慮裏面繞。

當開始用耳朵聽的時候，第一步，會轉變成用心。用心聽的時候還不可以，為什麼？到什麼地步才能不用心聽，而用氣？這些問號，就《莊子》本身是不會說的。《老子》也沒說，《大學》、《中庸》、《孟子》也都沒說，那只好怎麼辦？拿佛教來填補當中的過程，雖然他們有簡簡單單地說，但太簡略，不夠詳盡。如果從這裏來看莊子所講的心齋，可以用互相發明的方式，用誰的呢？用《道德經》的「損」，它說「損之又損」。所以，當莊子說「無聽之以耳而聽之以心，無聽之以心而聽之以氣」，從耳到心這個過程，通通都是「損」，只是「損」有淺有深。人們開始的粗淺，很容易損，因為人最顯著的就是身體、感官知覺，很容易受感官知覺的慣性影響。在排除這個慣性影響後，比較細微一點就是內心的慣性、思維的慣性，你會受到它的影響而停止在那個地方。所以把內心思維的這個慣性，慢慢地也能夠解除掉。解除掉的方法，也就是損的時候，從另外一方面來講，就是轉移。因為沒有損之前，腦子裏面都是很紛亂的，現在要損的目標就是轉移，轉移到內心非常的清明，然後純淨，而且一心不亂，要轉移到這個地步。這當然不容易啊！要做到是需要很長很長很長的工夫。

專一的方式，佛教提供很多種方式，比如說唸佛，唸到一心不亂，這是一種方式。唸觀世音菩薩可不可以？也可以。唸到身體裏邊

只有這個符號，只有這一個聲音在你耳朵，其他什麼都沒有。這個什麼都沒有的時候，是會怎麼樣子呢？會突然大放光明、豁然開朗，這是前代記錄上的經驗。就像慧能說的，當你不思維、不想、不去思索、不去追著你的意識念頭的時候，請問這時候有什麼？不知道。因為你沒那個經驗，真的不知道。古代人寫這樣的東西，表示他是有經驗的，像達摩寫他有的經驗。每一個人的經驗不一樣，但基本上都有一個特性，就是光明，突然是太陽大放光明。這個境界當然不是很容易的事情。有了，然後呢？還要繼續做，為什麼？讓它穩固，但也不必刻意求穩固，而是讓你隨時處在這種很清明愉快的時候，你仍然能夠對應事物。這是心齋一路講下去就變成這樣，所以當莊子「無聽之以心而聽之以氣」的時候，就相當於《道德經》所講的「為道日損」，損到最後以至於無為，對不對？其實在這個過程當中，越到後期就是人法地、地法天、天法道，最後道也無可法，就法道本身，道法自然。所以當聽之以心的時候，已經慢慢在走到法地、法天、法道這樣的階段，最後聽之以氣，沒有什麼可想的，就是回到自然。

人的慣性思維

這一條路從正面講當然是這樣子走，但是它有很多歧途，所以一般人不要走的那麼深入，只要恬淡一點，讓自己的內心可以比較穩定、從容就可以了。如果要再深入一點，或者自己慢慢做，或者有人一起做，或者有好的師傅來帶著，要不然自己要能夠非常清醒地提醒自己，是不是走了岔路？這中間唯一的判斷，就是有沒有很執著、沉迷於某一個腦子所想的處境，不管是好的或是不好的。好的，你會很高興；不好的，你會很害怕。如果發現自己掉在那裏一直執著，就要趕快離開那個處境。

　　詳細地說，在《道德經》、《莊子》裏沒有，可以看《楞嚴經》。尤其是《楞嚴經》最後面所講的「蘊魔」——色、受、想、行、識。我們每一個感官知覺，都會延伸出十種分岔的路，就是歧途。這些歧途，宗教叫作「魔」。因為是由五蘊所反映出來的，所以就叫作「蘊魔」。五蘊就是色、受、想、行、識，這已經超出《莊子》的範圍，也許以後你們也會碰到，碰到的時候就去看看這些書，大體就可以有比較清晰的了解。

　　我們就是藉這個大綱來看〈逍遙遊〉，同樣也可以藉這個大綱去看〈齊物論〉、〈養生主〉等等，道理都是一樣的，只是每一個分段不太一樣。〈齊物論〉、〈養生主〉都已經寄給你們了，因為我沒有全部寫完，這個是抽空才寫的，所以陸陸續續，到目前寫了〈齊物論〉、〈養生主〉、〈大宗師〉，其他的都零零碎碎，沒有完整。做這種整理的工作，首先要讓整個思路很有條理，第二個步驟就是各個段落意義能夠表徵出來。

　　比如說，〈齊物論〉很重視語言、知識。這個部分如果放到現代哲學來講，就是西洋哲學裏邊的分析哲學很重視的寓言問題。當然，哲學立場不一樣，因為他們是談哲學，他認為一切靠人的語言，但《莊子》從更高的人的實踐到心性、氣性的實踐。從這個角度來看，莊子把語言暫時擱置。一般認為〈齊物論〉篇幅太長，一直很難解，所以我先做了〈齊物論〉。〈養生主〉比較短，會讓大家看起來就覺得好像比較容易一點，但實際上〈養生主〉要養什麼生？所養的生是個什麼養的生？就是中道。不要「為善無近名，為惡無近刑，緣督以為經」，就是它的中道。因為只有在這個地方讓它停下來，不這麼做，就會變成前面所講的，如果我們要追，那是一個無窮無盡的過程，「吾生也有涯，而知也無涯。以有涯隨無涯，殆矣。已而為知者，殆而已矣」。要在知識上尋求一個終極意義，現在一些新儒家叫作終極

關懷、終極意義。這要到哪裏去找啊？怎麼知道你找到的就是終極的意義？每個人都會這樣子，碰到困難總是想要抓住，抓住後就可以從此安心。可是他沒想到抓不住啊！所以越是想抓，就好像松鼠、籠子裏的松鼠，一直跑一直跑，跑到折骨絕筋為止。所以「莫若止」，在莊子來講，你就停下來啊！

其實這種情況，從人的生命過程來講，確實一定會有、難免會有，尤其年輕的時候，十七、八歲以後，有的人更早，十五、六歲，就在想生命的意義是什麼。絕大多數的人，都會有活著幹什麼的感覺？活著最終的意思是什麼？到底有什麼意義？一直在想這個，可是真的想不透啊！你怎麼想得透呢！一掉在社會的結構裏邊，它有一個階梯順序——價值的階梯順序，就要你慢慢爬上去。而人的心、習氣、業習、慣性，其實來自於哪裏？目標的關係，來自欲望的關係。欲望的關係是什麼？我得到了，我就滿足了。當你上升到人的意識狀態的時候，人生很長的一個階段，人有時候認為只要這件事情辦完就沒事了，從此就安心啦！哪有安心的！辦完了，後面還有一件。就好像論文寫完了以後就天下太平了，其實不是。寫完以後找工作，找到了工作以後去上班啊！早上有個班去上，有得領薪水啊！一天到晚的領，領久了以後也會覺得單調了、乏味了。領到什麼時候？應該有個戀愛對象了。好不容易等到了一個，總算結婚了。結婚了就沒事嗎？還有呢！生小孩。最後小孩生下來，沒事了嗎？有！小孩還有事，為什麼？小孩要讓他長大，哇！這下時間長了，一搞搞了二十幾年，長大了，等到你覺得小孩應該沒事了，可是已經老了！老了想想，這下總算沒事了，有事！什麼？就身體不好，或是這個人不好、那個人不好啊！最後真正沒有事是什麼時候？就是掛掉的時候。

所以從這樣人的慣性思維裏邊，才會回到類似《老子》、道家的觀念。不受它的干擾、影響，就會變成什麼？傳統喜歡講的，叫「當

下即是」。當下，現在就是，你的意義在哪裏？就在現在。在現在的什麼狀態？在現在的愉快狀態就好了。可問題是，我現在的愉快狀態怎麼樣才可得？或者不至於陷入不愉快？這接下來就是《莊子》、《老子》的這一套。

大體上，這就是為什麼道家或者儒家會成為古今思想的主流，且始終不廢，最主要的原因不是它有多偉大，而是每一個人都會碰到。每一個人都碰到的時候，就要從這裏去尋求方法，找到解脫之道。

下一次我把〈齊物論〉再說過，之後轉到法家。法家跟墨家一般只要花比較短的時間，提點一下大概就可以知道，最後再把先秦的思想做一個結束。基本上先秦所有思想都是以宗法封建制度為核心，然後反映出來各個不同的位置。封建宗法制度有點類似是一面鏡子，所有的思想都從這面鏡子反射出來它自己的模樣，所以了解宗法封建制度是重要的。以前我常常講，要了解中國傳統的世界，只要抓住宗法封建制度結構的特性，就能迎刃而解。就好像要了解近代以來的世界發展，以中國來說就是民國以後，或者包括晚清，在歐洲可以說是近三百年有工業、科學開始，就要了解資本主義。只要了解資本主義的基本運作模式，就可以很容易把握住近代世界的東西。資本主義可以從經濟面、文化面、社會面去了解，乃至於從政治面去了解，它輻射出來的東西很多。今天所看到的金融風暴、高齡化、健保等等問題，是封建中華社會所沒有的，但是都可以在資本主義裏面探討出來。如果要更聚焦，那就是「全球化」。當你了解了之後，對自身所處的環境才能夠清楚，而在對比之下來看傳統學說，就會有更豐富的意義，不會太單薄，才會比較有厚度、有寬廣度，不然只停留在傳統的角度來看時，就會變得很萎縮，顯不出時代性。

第二十七講
《莊子》的解讀（二）

〈齊物論〉的基本命題

　　「齊物論」可以說是「心齋」底下的一個議題，論心齋就從觀物開始，再談齊物。齊物就是逍遙，一件事情看從哪個面向去看，就像一朵花，我從東、西、南、北、上、下面看，都是同樣這一朵花，但又各有其姿態。再談「心齋」，為什麼要「心齋」？從反方向說就是「心不齋」。為什麼會心不齋？〈齊物論〉的整個內容就是討論這樣的問題。我給各位的講義，在思想綱要裏面，第一個談的是自我，接著談的是知識，知識透過語言來表現。因此，在整個自我裏面，莊子先講知識跟語言的關係，依此再談知識。知識談完，接著談語言本性，再從語言直接轉入到自我的困境，以及自我的困境是什麼？接下來就講「道」。體道是什麼樣子？道的內涵及其表達方式，莊子怎麼樣來說這個道？這個地方我就借用方東美的講法，有「道體」、「道用」、「道象」、「道徵」。「道體」就是道的本身，「道用」就是道在整個現象世界的作用。「道象」就是道呈現的現象，或說是萬物的一個現象。「道徵」就是聖人，體道之人的表徵。

　　〈齊物論〉每一段話，依分析模式或論體結構，經過整理再理解，我們借重西方人最簡單的邏輯方法，用 3W 提問，首先問：什麼是道（What）？為什麼要有這個道（Why）？如何得道（How）？這樣子了解就非常清楚了。中國傳統學術都是從史官傳下來，因此常用具體事例來解答。當今，我們受到西方哲學的影響，容易從概念分析

處來找答案，兩者各有益處，可以兼而用之。比如說，讀書當於不疑處有疑，這個疑就是什麼？就是問。所謂「博學、審問、慎思、明辨、篤行」，它的內涵究竟是什麼？為什麼要如此做？要如何做才對？層層下去，然後就窮盡它的問題，最後整個答案就全部顯現出來。

古典經籍如《論語》、《老子》、《莊子》，都可如此窮究問題，加以重組論題。對〈齊物論〉，也可以從什麼叫作「齊物」提問？接著問，為什麼要「齊物」？接著再問如何平等看待？對任何事物都一樣看待，不做任何假設判斷，包括好、不好；美、醜；真、假，你馬上就會問「為什麼？」「可能嗎？」例如日常生活要吃早餐，蛋餅跟漢堡要選擇哪一個？在價值上也許選擇的是錢，漢堡比蛋餅貴，所以買蛋餅；但也可能不用考慮錢，就選擇口味，漢堡香，蛋餅比較不香，所以就選擇漢堡。日常生活的每一件事情，都是在做選擇，時時刻刻都在做價值判斷，因為「欲求」就是這樣把人困在裏面。

人的一生，每天都在大小事情上打轉，大至國家認同、公共議題，小至工作、戀愛、家庭等日常生活，回到莊子的「齊物」，終究無法解決現實生活的壓力與衝突。可是莊子的學說就像棺材店一樣，總有一天等到你，當現實生活的困境把你逼得幾乎快瘋掉時，你去找莊子，他還是跟你講「心齋」，對不對？你問他為什麼要「心齋」？題目、答案跟前面說的都一樣。最後問他如何做時？他就跟你瞎扯淡，講一大堆天人、聖人、神人，讓你聽得霧煞煞，搞不清楚他在講什麼。如「莊周夢蝶」，莊子講，有一天我做夢，夢到一隻蝴蝶，後來覺得自己變成蝴蝶，後來蝴蝶又變成我，最後搞不清楚到底我是蝴蝶？還是蝴蝶是我？你不曉得莊子在說什麼，也聽不懂，對不對？莊子這樣子跟你講時，你聽了好聽，很高興地回去了，但是什麼意思？怎麼做？不知道吔！莊子很多解說都是這樣的情況，他不跟你講具體的方法、步驟。

　　那去問老子，老子就跟你說「損」。然後問他怎麼損？損是什麼東西？他只講「損之又損」，講等於沒講。於是你又去找慧能，慧能就講「不思不想」，我怎麼可能不思不想呢？對不對？於是你又去問達摩，達摩就要你坐在那個地方「面壁」，乖乖、傻傻地一直坐，腦子亂七八糟，也搞不清楚到底在坐什麼東西？這時眼睛也只能看有限的地方，當你一個人靜坐下來了，心境慢慢地平和、安靜下來，就好像監禁起來一樣，這就叫「閉關」，算是比較具體一點的方法。接著又去找善導，善導會跟你講，「好吧！不要面壁了，你可以坐在椅子，或在蒲團上盤腿也可以，你就唸阿彌陀佛」，一直一直唸，然後就開始打瞌睡了，昏沉之中就睡覺了，總是這樣的過程。

　　所以，當你問 3W 這幾個問題的工夫時，儒家、老子、莊子講出來的原因基本上是個概要，只有到佛教才會講到詳細一點的工夫。儒家學派一直到子思寫《中庸》，提到不思不想、沒有喜怒哀樂，就是論工夫開始的時候了。但喜怒哀樂之未發之謂中，問題是我怎麼可能沒有喜怒哀樂呢？想不通？子思也沒講。若是請教孟子，孟子就跟你說「反身」，當問「怎麼樣反身呢」？孟子又調頭就走，他也不跟你講。最後在《大學》裏面講到定、靜、安、慮、得，你問什麼是定？它也沒有答案，你根本無處可問。最後才問到佛教，佛教在這個地方說得很詳細。先叫你坐好，叫你兩腿交叉，盤腿金剛靜坐。

　　各位有沒有靜坐的經驗？你們可以學學，金剛坐、如意坐或散坐。當你坐下來的時候，一開始腦子裏就像跑馬燈，不斷地想東想西，這時，你就要開始做損的工夫，拿什麼東西去損呢？最方便的方法就是去唸一個佛號或聖號，唸「阿彌陀佛」、「觀世音菩薩」，或是唸「聖母瑪利亞」、「耶穌基督」一連串不停地專心地唸。以我個人靜坐的經驗，有時不唸就用「觀」，例如腦子專心想落日，看那落日很漂亮紅通通地，專心地看時，落日旁邊有一點晚霞，晚霞旁面有幾隻

鳥在飛，有時候鳥也消失了，有時候晚霞也不見了，就直接是那個落日，有時，看不了兩下子腦子又去想別的東西，就這樣子反反覆覆、來來回回，一直到這個念力越來越專一，跑出去的時間、次數慢慢地變少了，這個就叫作「定」。當逐漸定了下來，到後來你發現根本不太想了，腦子只是思維著這個落日或唸著聖號，專注、平靜而安定。這只是初期工夫了，等於是幼稚園畢業，若要再進入小學，靜坐時腦子裏會再有變化，這是我的靜坐經驗。

　　一般讀老莊，儒家也罷，讀書大概只是到把你搖醒的地步。你原來在睡覺，睡得很沉，且在裏面作一大堆夢，就像南柯一夢。唐人傳奇、佛教故事用夢境、沉睡比況的也很多，西方的李伯大夢、《愛麗絲夢遊記》等也是。因為讀書而有了知識上的提醒、針砭，醒來以後就要去辦事，辦什麼事呢？去做工夫。所以沉睡、夢境背後透出的意義是什麼？迷惑。所以像場夢一樣，這個夢有沒有意義？那只能把人搖醒，搖醒以後仍有一個疑問，如此而已。至於做什麼工夫呢？〈齊物論〉說「心齋」的工夫，若問莊子「為什麼要心齋」？「要如何心齋」？我的講義裏面釋義的部分，就按照莊子原文的次序，一段一段解說，所以每一段不同的標題底下，就顯現出莊子要講的理由。

有我、無我、自律、他律

　　我分為「有我」跟「無我」。人籟、天籟、地籟，表達的是「有我」；南郭子綦，象徵「無我」。莊子假設出一個人物顏成子游，來看他老師南郭子綦。「南郭子綦隱机而坐，仰天而噓，荅焉似喪其耦」。耦，該讀作寓，即寄寓之所，身體和意識互相搭配，就是耦。那人盤著腿，靠著小茶几，對著天吐氣，「荅」就是看起來好像有點智障，槁木死灰，呆呆地像解體一樣坐在那。莊子如果生活在現在，他一定

是用智障的人來表現聖人，所以顏成子游在旁面一看，怎麼搞的？你今天怎麼跟以前不一樣了？你今天看起來像槁木死灰。南郭子綦這才睜開眼睛跟他講話，你知不知道今天我已經消失了自我。這怎麼能懂？也無從懂起！

所以南郭子綦就用人籟、地籟、天籟，借用大自然做比方。南郭子綦說「夫大塊噫氣，其名為風」，古人認為風就是在空氣中自然流動，有風的時候，風一吹萬竅怒呺。你仔細聽看看，風吹過各種地方的聲音，吹過山林，吹過大樹，吹過小樹，吹過洞穴，還吹過鳥巢，這是古人的表達方式。「夫大塊噫氣，其名為風。是唯無作，作則萬竅怒呺。而獨不聞之翏翏乎？山林之畏佳，大木百圍之竅穴，似鼻，似口，似耳，似枅，似圈，似臼，似洼者，似污者；激者、謞者、叱者、吸者、叫者、譹者、宎者、咬者，前者唱于而隨者唱喁。泠風則小和，飄風則大和，厲風濟則眾竅為虛。而獨不見之調調，之刁刁乎？」若用現代的比況來說，風吹過大樓、巷道、屋簷、窗子、水面、橋下，每個聲音都是不一樣的。風吹就是代表大自然！自然就有氣、有聲音，這就是地籟的眾竅；人籟，我們可以用樂器來比擬，笙、竽、笛、洞簫等等都是。那什麼叫天籟呢？當沒有「操控者」的時候就是天籟。人籟、地籟，都有一個「主導者」在控制，天籟隱藏在人籟、地籟之中，沒有主導者、操控者，所謂的「咸其自取，怒者其誰邪」？像風就是自然吹過，它吹過竹子，竹子就出這種聲音；它吹過樹，樹就出這種聲音；它吹過葉子，葉子就出這種聲音。各個聲音不一樣，又沒有操控者，這時，就是天籟之聲了！南郭子綦如此的回答，你說顏成子游懂不懂？應該也是似懂非懂，但是這個比況的背後，透露出一個類比，即《詩經》賦、比、興的那個比。這個類比像什麼？莊子用人籟、地籟表達人的一種自我控制，到天籟時無法控制，這個部分他只講人籟、地籟，不講天籟，空白背後就是以隱藏的

方式翻轉運用到類比上，隱含的意義就類比出來了，這是我的講法。

類比到人的欲望，可以分為「自律」和「他律」兩種狀態。「自律」要求自我控制；「他律」就是對外物操控的律法。當一個成人接受了文化、教育、知識之後，在人群裏面就得透過組織、階級、權利等等不斷地對外在控制，一直到死亡為止，如何讓組織、階級、權利運作，就得有他律。整個生命就是這個樣子，所以控制是生命的本性，也是慣性。若跳到佛教的達摩，就會說自我控制的淺深是業習，指對生命的障礙而言是業障、孽業、造孽。莊子又換一個方式講，以化身顯現自我控制，所以化身為司馬遷可以寫《項羽本紀》，化身為曹雪芹可以寫《紅樓夢》，化身為羅貫中就寫《三國演義》、吳承恩的《西遊記》及各種小說等等。整個文學、戲劇、藝術所講的，通通都是在講自我控制的化身，因此，可以說古今文學都是在注解《莊子》，它包含生命的繁華昌盛、千瘡百孔及悲哀。所以我常跟大家說，文學是宗教之母，原因就是在這個地方。

《莊子》可以用各式各樣不同的方式注解，但怎麼樣「無我」？就等於你問他如何「心齋」一樣的道理。你問他怎麼「無我」，他就拿「心齋」那一段話告訴你，要你不要用耳朵聽，要用心聽；到第二階段，不要用心聽，要用思維、用氣……，最後連心都不用了，那又是另外一個問題。

若是慧能在莊子旁邊聽到「不思不想」，慧能一定會說，「不思不想」就是勿以心聽嘛！什麼是勿以心聽？「不思不想」是不是腦子什麼都沒有呢？不是，勿以心聽就是不要用自我控制。若是老子在旁邊，一定會補充說，就是不要執著就好了！「不用心聽」，不是說不要去想，要腦子像白癡、一張白紙一樣，什麼都沒有，而是什麼都「有」。你的腦子可以跟人家互動，該喝酒時喝酒，該吃飯時吃飯，該遊戲時遊戲，該工作時工作，但是不執著，就是勿以心聽，因為心

會執著。而那個心是什麼心？就是前面所講的欲望。這樣的解釋好像聽故事、看漫畫，對不對？若用分析模式來看，這時看的就不只是很浮面的問題，而是很深層的。若用很跳躍地假設說，接下來顏成子游再問莊子：「你講這個東西是什麼意思啊？」莊子一定接下來說，「我們要說的是天籟！」就像南郭子綦說人籟、地籟一樣，人的作為常常變成像人籟、地籟一樣，而不能像天籟，「大知閑閑，小知間間；大言炎炎，小言詹詹」。人籟、地籟是什麼樣子？就是一種「小知間間」，看東西看得很小、很細，只看到眼前，所以斤斤計較，看起來很聰明，實際上是在縫隙裏面鑽。天籟的時候是什麼樣子？就是一種「大知閑閑」，閑就是很悠閒的意思。這四句話就道盡了生活裏面人的兩種狀態，也就是說，人在自我控制底下「小知間間」，指的是他一定會解析，偏偏越解析就越往縫隙裏面找，越解越細，又自以為是，自我得意。「小言詹詹」，就是指所談的東西很零碎、很細緻，看起來明察秋毫，可是卻支離破碎。而大知很清閑，無所得失，不會因為這個得或失而陷在自身情感、情緒的糾纏裏面，所以用「閑閑」來形容它的從容，表現出來的語言自然沒什麼味道，因為沒有對比、沒有衝突、沒有得失。莊子將小知、小言形容的很貼切：「其寐也魂交，其覺也形開。與接為構，日以心鬥。縵者、窖者、密者。小恐惴惴，大恐縵縵。」整天提心吊膽睡不好，就算睡著也說夢話，一覺醒來就跟人家鬥，用力鬥、用心鬥，尤其用心鬥的時候挖空心思、東想西想，該怎麼辦？怎麼化解？整日擔心受怕的，因為你在鬥爭裏面很可能就會垮掉。

後面接著講，「其發若機栝，其司是非之也；其留如詛盟，其守勝之謂也；其殺若秋冬，以言其日消也；其溺之所為，不可使復也；其厭也如緘，以言其老洫；近死之心，莫使復陽。喜怒哀樂，慮歎變熱，姚佚啟態；樂出虛，蒸成菌」。這是描述在用心機的時候，好、

不好，對、不對，有價值、沒價值。「其司是非」，指的是這個地方就好像弓箭用的機弩一樣，若是現在就是槍，按一個扳機，子彈就射出去了。這表示用心非常的縝密，「發」、「留」都是一種狀態，有時候看起來很沉默、很堅持，好像守住盟約一樣，可是內心其殺若秋冬，意指內在精神一天天的萎縮，就好像經過了秋、冬一樣，生氣盎然的氣息整個慢慢地萎縮，不斷地沉溺陷下去，也就是我們現在所說的「回不去了」！「其厭也如緘，以言其老洫」，指的是像他這種人，有時候陰沉到像針線縫得密密麻麻的，穿都穿不透、看都看不透，也就是我們現代人講的老狐狸。這種人的心裏沒有一點兒陽光，所以說「莫使復陽」的道理在這裏，整個生命過程就是這樣喜怒哀樂。最後，就好像那個虛或菌，菌是指水氣蒸發的時候好像一條一條的圈圈在那面冒，那個空氣就像菌一樣都是虛的，都是泡泡，原來一生花那麼多的工夫，到頭來原來是像在玩泡泡！你在生活過程當中那麼投入、認真與用心，到頭來竟變成一個泡泡，一場空。莊子用這樣的強烈對比，「樂而虛，蒸成菌」，因為你什麼都沒看到，什麼都沒得到。其實，這是一種「小知閑閑」、「小言詹詹」。

成心與區別

莊子所講的這些，是用另外一個鋪陳的方式來寫，寫人籟、地籟，可是跳躍得太厲害，讓人根本看不出他內在思路的連綿性。像這種「日夜相代乎前而莫知其所萌」，是怎麼回事？意思是，每天都這樣子滾來滾去，根本不曉得自己為什麼會變成這個樣子？它的萌芽、最開始的地方是在哪裏？它「已乎，已乎！旦暮得此，其所由以生」。所以你在剎那、旦暮之間，就陷到這樣的困境。這是從何而生呢？就是從人籟、地籟，那種小言、小知而來，若追到更深層的原

因，就是人的控制欲望。控制欲望若要進一步再去鋪陳，就必講原因在哪裏？原因就在「自我」。每個人都有以自我為中心的價值觀，那就是「成心」。你用那一套價值觀來衡量外在事物，有時候相合，有時候衝突，所以接下來就會講，為什麼會有這個成心？一個人的成心是怎麼形成的？可以從小言、小知來講那個成心，為什麼會「日夜相代乎前」？因為那個自我日夜緊抓不放。那再問，「那個自我是怎麼樣形成的？」因為有外在事物，相對之下就講彼此。非彼無我，非我無所取。這是從人的認知角度來講，任何世間萬物都是個別的，生命的本性就是要外物來填補我自己，讓我生存、延續，所以我對外物會分辨這個跟那個的不一樣，分到精緻的時候，就是我們學術上的各種定義，語言也是如此。

我們要區別這個跟那個，是因為我們要用它。比如聲韻學，我們知道聲有聲母，並且有其變異，例如ㄅ跟ㄆ、ㄇ叫作變異作用，這就是一個彼跟此。因為這樣我才能運用語言，這是正面的一個現實。世間的所有東西也就是得這樣子，所以我們就分類。這樣一區分的結果，每個事物又都沒有辦法孤立的存在，彼此互相依賴、相因相宜。冥冥之中，背後好像有一個主宰，不曉得它從哪裏來？根本看不到它、找不到它，「成心」就是這樣子形成的。是一個欲望、生命的趨勢，然後你在、他在。莊子再更進一步拿身體來比喻，「百骸、九竅、六藏，賅而存焉，吾誰與為親」？你喜歡你的腦袋嗎？可是你的腳也很重要。你喜歡你的肝臟嗎？可是你的心臟、脾臟也很重要，少任何一個都不行。

所以，「汝皆說之乎？其有私？」你對它們哪個有特別喜歡的嗎？還是你有的喜歡，有的不喜歡，很討厭。我討厭我的腸、我的胃，我比較喜歡我的腦，我喜歡我的左眼，不喜歡我的右眼，能這個樣子嗎？所以說，「如是皆有為臣妾？其臣妾不足以相治乎？其遞相

為君臣乎?其有真君存焉?」一路下來都是問號,如「求得其情與不得,無益損乎其真」,要在萬物之間區隔出來這個好、那個不好,喜歡這個、不喜歡那個,就永遠沒完沒了!所以說「無益損乎其真」,指你在這裏面,本身的完整性完全沒有受影響,在這世間上還是如此的啊!從一個人對自己身體器官的態度如此,擴大開來,人對他的世界是不是也是如此?一樣啊!我喜歡這個、不喜歡哪個,從衣、食、住、行、育、樂、美、醜、權力、財富,都是「無益損乎其真」。這個世界還是原本的樣子,人做這種區隔,到頭來誠如聖經所言「塵歸塵、土歸土」,對不對?從「成心」來看,那是生命本身的驅使,但從更高如宗教的層次來看,上帝實在很無聊,沒事創造出那麼多生命?尤其創造出人類這樣的生命?原來自然就好了,創出這個人類,結果讓這個生命玩一圈以後,又把它收回去了,這不是白搭嗎?玩了幾十年,然後又全部塵歸塵、土歸土,通通回去了,當從這個角度來看世間,確實很無聊。可是人既然成就了這樣一個生命,在這個生命的過程中,又把自己困在裏頭,去區隔彼此,有著各式各樣的價值,並在裏面輾轉,到最後再去領悟,又回到清明的生命。你不覺得上帝這樣做很奇怪嗎?如果用佛教淨土宗的比喻來說,我原來就在淨土的世界,好好的,幹嘛跑下來?跑下來玩了一圈以後,覺得不好玩,然後又跑回去,這不是白跑嗎?對不對?

所以莊子接下來講,一個人「一受其成形,不亡以待盡。與物相刃相靡,其行盡如馳,而莫之能止,不亦悲乎」!就是說,一個人形成了生命,一個事物形成了一個物體,他就是這樣子等著死、等著結束。在這過程當中,他跟其他的事物衝突時,有時相刃相靡,用刀子砍來砍去,彼此傷害,停不下來,結果到最後,一切又戛然而止,這生命看起來很悲哀、荒謬啊!「終身役役而不見其成功,苶然疲役而不知其所歸」,糊裡糊塗一輩子,它的意義就是忙東忙西,到最後忙什麼?連自己不知道!

這種生命的迷糊、迷惑與迷惘，人們經常把它轉換成小說，小說裏是不是「終身役役而不見其成功」？如果從透澈的宗教角度去看，是不是一個人「終身役役然後終身疲役」，最後不知其所歸？死到臨頭反而自問，「我來了這裏，為什麼又要死啊？」「我死了以後又跑到哪裏去啊？」搞不清處狀況。就算你是神仙可以不死，又有何意義？「因其形化，其心與之然，可不謂大哀？」形體遷化你的內心，你的內心又不能夠超越形體而有所領悟，不也是一種「大哀」。所以「人之生也，固若是芒乎？其我獨芒，而人亦有不芒者乎？」莊子不斷地反問，這生命難道就是這麼盲目、茫茫然？或者只有我覺得茫然而別人不會？有不茫然的人嗎？有一點內省的時候，好像很茫然，不曉得要到哪裏去？「人之生也，固若是芒乎？」就是這樣子嗎？莊子真是沒事找事做，本來大家都過得好好的，糊裡糊塗的日子也就好了，你把他叫醒幹什麼？你要是不叫醒他，他就這樣糊裡糊塗睡著也就算了，叫醒以後很痛苦啊！醒了以後，發現自己原來是這麼的糊裡糊塗，如果不知道，也還覺得不錯，很聰明吧！可是你把一個自認為很聰明、很有成就感的人，要他立德、立功、立言，當做得很不錯的時候，你又告訴他說，「你做的都是屁」，他不是很難過嗎？

無成心即無執著心

其實，這裏面的意義，不是在於否定你的忙碌，而是否定你不能夠很清晰的超越內心而遊乎其中，就是你不能逍遙。莊子並不否認現實的世界，這跟佛教一樣。佛教認為現實世界是「假有」，但是你呈現在假有而顛倒，不知道也不懂它的「真空」，你就回不到中道去了。你要在「假有」當中體悟「真空」，在「假有」當中無所執著，這就是中道。如果只了解它的「真空」而否定這個「假有」，認為

「假有」都是虛幻,這樣又變成「頑空」,就回不到中道來了。《莊子》的意義也是如此。所以,一個人如果隨其成心而師之,「夫隨其成心而師之,誰獨且無師乎?奚必知代而心自取者有之?愚者與有焉。未成乎心而有是非,是今日適越而昔至也。是以無有為有。無有為有,雖有神禹,且不能知,吾獨且奈何哉!」就是指每一個自我都執著自己所知的東西,建構起非常完密的知識和價值觀,最後,每個人一定都會是孤立的。

　　莊子很多話看起來很奇詭、不好了解,像「以無有為有」,把虛無當成有,是什麼意思呢?就是指我們用成心作為自己的衡量標準,像西洋哲學講「人是萬物的尺度」,每一個人都有自己的一套成心,用自己的尺度來衡斷一切。這個成心有喜怒哀樂、愛惡憂恨、機巧疑計等等,就是愚笨、智障者,都有其成心輪轉不息。若說一個人沒有成心,要如何對外物去衡斷它的是非?這是不可能的。什麼是客觀?無成心、無成見,就像惠子講的,「我今天到了越國,同時以前又就到了越國」,連這個邏輯上的矛盾都放下時,即使是神明也不懂,他也沒辦法理解這樣的矛盾。所以這種成見,要是放在人的世界範圍裏面講,所有的客觀都有它的矛盾性。莊子所謂的不能有成心,應該是指更高層次的。

　　什麼是更高一層次的?不執著。「自我」指的是很多面向,可以從人的生活衝突、困境、價值、語言、知識來講,「自我」又可以分兩個層次來說。先是底下一層,是指人間世的「成心」一定是會有的,但是要遊於其上的更高層次——沒有成心,就是沒有執著之心,沒有執著地面對這個人間世,那你就不會受到傷害了。其實,他的意思就是,「聖人之用心若鏡,不將不迎,應而不藏,故能勝物而不傷」。「物」指應物,人間世就是一個物的世界,聖人以沒有成心來關照這個世界,我在這個世界跟人家互動,要像鏡子與我的觀照,像鏡

子照物一樣，不要有價值、是非等等的執著，因此我不會受到傷害，這是莊子更高層次的意義。當從更高層次看「自我」，所有生活的起伏、波濤、鬥來鬥去，從表象上看，都是白忙一場。

　　《莊子》的表達方式跟《道德經》不一樣。莊子比較接近文學的表現，他列舉人物、講故事，有一種文學上的特性。後人可以依著文學類型，改變成很多的表達方式，用詩歌、傳奇、戲劇、敘事文學、小說，通通都可以會通，它是從不同層面講解，後人研究《莊子》不可不知。

第二十八講
先秦諸子思想綱領綜整（一）

宗法的結構性缺陷

今天先綜合性的談先秦學術，後面再補上《韓非子》的簡要說明。其實這個談完，《韓非子》的重點就大概知道了。《韓非子》的重點，我主要放在「亡徵」，也就是八種衰亡的徵兆。從衰亡的徵兆來看，韓非為什麼會尚法？其實尚法跟尚禮之間，嚴重程度不同，因應的對象也有差異。先秦思想中，不管是儒家、道家也好，或者是兵家、法家、墨家……等等學說，它們共同的根源在哪裏？這個共同根源，實際上也幾乎就是清代以前最根本的問題——宗法制度。

從社會制度來講是宗法，從宗法擴大來講就是封建。要了解現代的思想，要從資本主義開始；而要了解傳統思想的根源，就要從宗法制度開始。先秦諸子都互相批評，像孟子罵楊朱、墨翟，說他們無父無君。戰國時代的儒家——荀子，有「解蔽」、「非十二子」。韓非罵不罵？也罵「儒以文亂法」、「俠以武犯禁」。莊子有沒有？有，在〈天下〉篇中批評各家思想，當然這是莊子後學，說「道術將為天下裂」，百家都是有偏一己之好。到了漢代的司馬談，也就是司馬遷的父親，他談〈論六家要旨〉，當中引用了《周易・繫辭》裏邊的話，「天下一致而百慮，殊塗而同歸」。

其實這些學說都可以會通，並不是水火不容，反而是可以水火既濟。既可會通，它們的會通處在哪裏？這就要看一致跟同歸在何處。一致同歸有兩個點，在基礎上它們是一致同歸，也就是當時整個的社

會政治制度，在高處只有儒家跟道家是可以會通的，因為其他學說沒談到這個問題。而這也就是到了養心的階段，在一致跟同歸裏，最基礎的是從宗法制度到封建制度，這種制度有一種所謂的「結構性的缺陷」。

什麼叫作「結構性的缺陷」？其實不只宗法、封建制度，乃至於到現代都一樣，這種「結構性的缺陷」是根源於人類社會，也可以說根源於人性。用現在的方式來講，人從生物性、社會性到精神性這三個層次中，生物性跟社會性之間互相需要，但是又互相矛盾，其中的原因稍後再說明。如果用先秦的話來講，尤其是儒家，就叫作禮的起源，也就是禮為什麼會產生？這個部分荀子講得非常透徹。禮的作用在哪裏？滿足人的欲望。可是孤立的一個人是不可能生存的，一定是群體，群體一定會有欲望需要滿足，要滿足一定要有規則，那就是禮。不然就爭，爭就亂，亂了以後又瓦解，瓦解了，個體也生存不了，這兩個是相呼相應的關係。所以荀子在〈禮論〉一開始就這樣講，人生而有欲，如果欲而不得，就要有所求，求如果沒有度量分際，就不能不爭，爭就亂，亂就窮。

個人欲望與社會組織

從這兩個關鍵來看，一個是個人欲望，一個是人的組織。組織裏邊，一面是個人成員，另外一面是規範。有了成員，有了規範，組織的功能就在滿足欲望。所以，不管從組織來講也好，從規範來講也好，禮本身是一個工具，是一個中性的東西。而本來是靜態的結構，如果要開始運作，就要有一個過程。在這個過程當中，會經常處於一種不穩定的狀態，為什麼？因為欲望的緣故。

以前我談道家的時候，跟大家講過，欲望最主要的特徵到了人

類，就會變成無限，因為人類有抽象能力，可以把抽象物作為欲望對象，所以欲望會變相為無限。動物不會，因為沒有抽象能力，所以牠欲望的對象，只能是有限的、個別的、具體的，而且是以生存的需要為主。

但是人在這個地方不一樣，當人在組織裏面、在禮裏面，常常蠢蠢欲動，因為欲望是無限的，只要有機會，人都會突破禮、規範的限制，而形成非常基本的潛在衝突，這就是「結構性的缺陷」。這種結構性現象是隱藏的，在條件適當的時候就會蹦出來。如果從這個地方來看，就可以知道一切社會制度，從最小的家庭，上升到社會上大大小小不等的團體。不用看古代，看現代就可以知道，民間團體、政府團體、學校、醫療體系，任何地方都一樣，都時常會面臨到這個問題。只是在其間處於一種起伏的狀態，比較好的時候，穩定性高一點，但還是有爭執；比較不好的時候，穩定性就很低，裏邊的內部衝突一堆，這是最深層的根源。用現在的學術語言來講，就是指人類社會本身就具有潛在的衝突，就具有這種結構性的缺陷。

我們可以用社會本體，可以叫作組織，也可以叫作社會。它的一個端點，最重要的是滿足欲望；但在滿足欲望的時候，因為已經進入了社會，欲望是無限並須加以限制的。不像動物世界的滿足是靠自然法則，人類世界就到了規範裏面。規範是一個名稱，如果在周代，可以說它是禮樂制度；換到現代，可以說它是資本主義社會的各種規範。從法律到一般的社會倫理，乃至於到很多人際互動的潛規則都可以。欲望跟規範是衝突的，欲望時時刻刻都要侵犯，而在這個地方會受到節制。要化解這兩者的衝突，必須要靠兩種條件：一個就是我有規範你的制裁力，讓你不敢亂來，法家走的就是這條路；另外一條路，就是靠道德，就是德行、倫理，自我約束的自制力，這是儒家走的路。這兩條路，都可以維繫初步的穩定。

　　但在欲望配合智力以後，會反過來利用禮這種規範。尤其越處在社會組織的上層時，越有能力、越有力量、越有權勢，來利用這個制裁力，也可以利用禮的倫理道德來滿足我的欲望。所以，這個時候才會延伸出《道德經》所講的「禮者，忠信之薄而亂之首」。

權力分配與嫡長子繼承制

　　在周代社會組織中的規範、制度，為什麼要叫作「禮樂」？具體地說，它是宗法、封建。為什麼會是宗法、封建？因為這是在生活經驗當中逐漸發展出來的。我們可以先看宗法最基礎的條件是什麼？農業生產。農業生產第一個碰到的問題，就是誰來生產？就是靠人。可是人的單位，從人類社會來講，這個單位最初產生的是什麼？血緣的家庭。從血緣家庭來看，最起碼它一定會跨越婚姻，在婚姻裏邊，我們選擇父系社會來說明。因為用父系來說明，這個父系裏邊就會有一個代，然後有兩代。於是我們可以說，他有親代跟子代這兩代，為了生產，都是現實逼他一步一步地往這個地方走。

　　當有了這兩代的時候，所面對的第一個問題就是人口要多，對於子代來講，人口必須多才能夠生產；但是人口綿延下去變多的時候，就會碰到一個問題，因為時代的交替，親代會老，老了之後怎麼辦？經過世代的累積之後，子代會越來越多，在人口不斷增加的情形下，會產生資源不足的問題，因為農業生產有限。因此當世代累積的時候，就必須走上土地擴張。土地一擴張的時候，不可能所有的人都聚集在同一個地方，所以就要開始走向分資，這是必然的情形。你可以設想自己是一個親代，帶領了一堆兒子、女兒，假設有十個，十個兒子各再生五個，就有五百人；這五百人，每人再各生五個，總共兩千五百個，這樣能不分嗎？如果定所在同一個土地，產量不夠，早晚會

餓死。所以一定是擴大，不管是不是需要開墾新的東西，一定都會走向分資。當碰到怎麼分資的問題時，就會產生「分配」跟「被分配」兩端，而有分配者跟被分配者。分配者一定是親代，被分配者一定是子代，當你把土地分下去後，親代還活著，第一個問題，誰來養？

當你跟著其中一個的時候，因為選擇各式各樣，為了避免不確定性，比如說這代跟老二，下一代因為老五比較熟、比較貼心，所以改跟老五；再往孫代，跟老六比較親，所以就改跟老六。這樣下去就沒規則，沒穩定性，為了要有穩定性，所以始終跟著一個代，而這個選擇就──長子，再加上父系社會的關係，所以變成「嫡長子」。於是其他的小孩，不管排行，不管嫡庶，就通通分配出去了。嫡長子就是世襲，在這種分配關係中，一定會走向一個主軸，這個主軸始終都存在著，那就是──嫡長子繼承制。

所以到後來，分配機制會形成兩個系統，一個是嫡長子，一個是諸子。顯然地，在經過好幾個世代以後，嫡長子的這個世代是不是又形成了？諸子的這個世代也多數形成了，這樣古代的名稱就出來了，那就是「大宗」與「小宗」。

大小宗特性與禮樂制度

所以可以看得出來，大宗與小宗是自然形成的。最初步時，大宗與小宗都只有血緣關係，但散居後，要維繫血緣的興旺，就必須所有的諸子分配出一個諸子，來跟嫡長子的這個世襲產生一種凝聚的關係。如果沒有凝聚的關係，就不會團結，因為會有其他外力的侵擾，比如說地震、火災、風災、雪災等各種自然災難，還有病蟲害，這些通通都是侵擾的外力。碰到這些外力來侵擾時，就必須互相支援。哪個地方受到災害，其他的小宗是不是要支援？

除了自然災難的外力外，還有另外一種外力——其他的家庭。古代各個家族都是以「姓」為代表，其他姓的家族如果來侵犯攻擊時怎麼辦？抵抗，這是很自然的。當這樣子形成的時候，家族本身就要凝聚，所以如果從理論去講，它的背後就是凝聚。但同時又要離散，為什麼？因為分配的本身就是分散。所以，馬上就可以發現當中的衝突，凝聚跟離散並存，這是衝突的、矛盾的。既衝突，又離散，要如何並存？要怎麼維持？

凝聚團結的功能，可以處在一個中間的狀態，離而不散，聚而有別，而成為離但不散，聚但有別。這樣的平衡狀態，就是儒家講中庸之道的深層原因。「中庸」是什麼？我講過「動態平衡」，這是不是需要中庸？像這樣在生活中是一個動態，但是必須維繫一個平衡，所以在這裏可以看到，這是大宗、小宗的權力分配所延伸出來的結果。要維持聚而有別、離而不散，並不是那麼容易的事。為什麼？背後是欲望，為了生存。而從人的角度來講，除了生存之外，欲望會變得無限，因為智力的緣故。所以在這樣的現象裏邊，透過春秋時代的歷史經驗，會發現這兩個毛病常常在哪裏出現？就在一個宗裏邊出現要繼承的時候，不管是大宗或是小宗，都要繼承，這時大家都想要繼承，雖然嫡長子不一定能繼承，可是其他的人是不是眼巴巴地望著你？只要有辦法、有機會，就會想搶，就會推翻掉原來的繼承。

只要看《春秋》所記載的第一件事情，魯隱公元年「鄭伯克段于鄢」，就是一個典型的例子。一直到哀公十四年，這種事情不斷的重複發生，從天子到諸侯，諸侯底下有各級公卿、大夫，有樣學樣，這是內部繼承上的因素。另外一個在哪裏？就是分出去之後，在力量變大的時候，就會跟相對的大宗離散掉，不但離散掉，甚至於回過頭來打你，這在春秋時代叫作尾大不掉。就整個周代來看，從幽王以後就是如此，後來轉移到東周。任何家庭也都是這個樣子，從最小的組織

開始，當末端大的時候，他不但不聽，甚至於回過頭來凌駕在你之上，春秋時代的動盪就是這樣。不只單一諸侯國，尤其春秋晚期之後，比如說魯國的季氏，孔子常常罵季氏，其實那是自然形成的，罵他也沒有用。為什麼？幾個世代以來的魯君自己都不務正業，大權當然就旁落到季氏身上，最後季氏得到人民的關心，所以罵也沒有用。結構性的缺陷就在這裏，它一直潛伏著，也就是人的欲望要不斷的衝破、違背規範的限制，讓自己的欲望得到極大的滿足。可是必須要有條件的配合，這個條件就是武力，只要力量強大就可以達到。假設共叔段在鄭伯勉強分配給他的地方好好做，做大了以後，會不會把他的哥哥趕下去？會啊！那就會變成共叔段克鄭伯了。

　　所以，整個背後的關鍵就在於，只要力量強大就可以滿足欲望，當拳頭夠大的時候，毫無疑問地一定會衝破這個規範，即使有倫理有沒有用？沒有用。有規範的制裁有沒有用？沒有用。在這樣的分配過程中，一開始是以「姓」來分配；而在宗法擴充到封建的時候，一定按武力大小分配。在位階上，從天子、諸侯、卿、大夫、士、庶人等等的位階；而在武力方面，除了有軍隊以外，另外還有土地。所以在分封的時候，諸侯的土地大一點，卿大夫小一點，但是都比天子少，對不對？這是生產力的分配等級，土地、軍隊的等級規模也是大小不同的。如果縮小到不是在封建裏邊，回到宗法裏是不是同樣的道理？回到以宗族為主，始終存在著老大這個世襲，所分到的土地一定最多，而且是最肥沃的，是不是？其他老二、老三、老四⋯⋯分配到的一定比老大的小，如果你太大了，最後或許不是用武力，而是用交換或買賣的方式來買過去了。因為背後有國家、政府、法律規定，所以這個問題可能不會暴露的這麼明顯；但是移到天下，要有宗法、有政治，所以社會的衝突和政治的衝突就不一樣。在宗法封建裏是混合的，是以社會結構為基礎建立起來的政治制度，這就是當中的兩個罩門、兩個關鍵點。

在這兩個關鍵點裏，為什麼會變成禮樂？因為大家都有血緣關係，所以不會經常展示出來，能不用就不用，只是定下一些規矩，備而不用。比如說，諸侯朝見天子要納貢多少等等，各大宗族也是這樣，小宗的人要去拜訪，這樣的方式就形成了同血緣中的倫理。如果回到血緣的倫理來說，當一個親代有許多小孩的時候，為了避免大家懶惰、爭吵……等等，就會延伸出父慈、子孝、兄友、弟恭等倫理。這當然是一種自然延伸的倫理，而且是長期形成的，說是風俗、倫理也好，說是家法、家規也可，基本上都是規定出來的，互動並有規則，彼此相互認同。到宗法封建也是一樣，天子會照顧諸侯，諸侯要來晉見天子；諸侯會照顧卿大夫，卿大夫要晉見諸侯。有事的時候，天子下令要兵，諸侯就要出兵；諸侯有事要調兵，卿大夫就要出兵配合。不配合怎麼辦？我有足夠的武力就把你廢掉，撤掉你的封土，來維繫它的穩定。

可是，因為血緣相同的關係，所以就用親屬倫理的方式去凝聚，其中最關鍵的活動是「祭祀」。祭祀祖廟，祭祀宗廟，所以天子有宗廟，諸侯有祖廟，小宗有禰廟，這在《禮記》裏都有記載。每個宗都有各祭的祖先，但是共同的祖先是什麼？宗廟。所以祭祀宗廟的時候，當然是一種典禮、一種儀式，也會配樂。所以就用這個儀式過程裏面的禮樂來整個往下走，形成各式各樣的制度，以及整個宗法的封建制度，底下密密麻麻的規矩，就好像我們現在最上層有憲法，底下有民法、刑法、商事法等等各式各樣的法。同樣的原理，這樣下來，禮樂制度就建立了。

欲望與制度規範的衝突

可是，它的結構性缺陷就是欲望和制度的矛盾，欲望絕對不想要

受到壓抑和限制，可是又一定要受限制，所以只要有機會，欲望就會突破這個限制。這個機會是什麼？第一個條件，力量強大，只要力量稍微強大一點就要突破。如果力量不夠強大，會不會想突破那個限制？會，只不過用的是隱密的方式。這就好比是強盜跟小偷的差別，有力量，就用強盜的方式，用搶的；沒有力量，就用小偷的方式，用偷的。這是動物生存的基本模式，人類也是如此。用偷的在古代人叫作「竊國」，為什麼？就是用偷偷摸摸的方式把國家偷過來。面對這樣的問題，人能不能說，「我不要這些了」，不行，因為你就是靠它才生存的。

從這個方式來看，人沒有選擇，幾乎只能夠這樣走這條路。就算技術從農業社會跳升到近代的工商業，就工商業需要龐大的資金來講，說它是資本主義；就高度科學技術來講，說它是科技時代。名稱雖有不同，但講的都是同一件事，只是從不同的層面去講。在這種轉變下，後面的結構雖然整個改變了，但是缺陷仍然存在。所以仍然要有一個方法去控制，甚至於消溶掉人的這種無限、佔有性強烈的欲望本性。但是這種控制，也不能壓抑到把欲望整個消減掉，因為如果沒有欲望作為動力的話，整個社會組織的活動就不能動起來，所以難就難在這裏。

這個時候就會碰到這種兩難的問題，結果這個問題被上升到看不到的地方，不管是儒家也好、道家也罷，當他們在談論修身養心的時候，同樣會碰到這個兩難。在修身養心時要你恬淡、少欲望，可是一旦恬淡少欲望、什麼事都不做的時候，社會、政府會支撐不住，不要說進步，連支撐都有問題。假設大家都像陶淵明一樣的心態，行嗎？整個社會國家都衰退了啊！所以，人處在這樣的兩難局面。但即使是兩難，也必須去彌補欲望過度所產生的缺陷，要想辦法去控制它。所以，在這裏就碰到了壓制欲望的方法：一種是外力的壓制，一種是自我的克制。

　　簡單地說，外力的壓制就是法家，自我的克制就是儒家。可是，不管是哪一種，在過程當中會不會出問題？會。自我克制是理性上說不要這樣，要合乎倫理，可是這會產生兩個問題。長期的自我壓抑和克制會造成心理的病態，尤其壓抑過度的時候會有種種反彈，這是一個問題；另外一個問題就是，當用理性的方式要求自己克制，但有沒有辦法百分百做到？沒有辦法，因為當中還包括了自己內心的掙扎。所以，「義利之辨」實際上是講什麼？簡單講，就是內心的掙扎。當碰到這個問題的時候，內心在義與利之間、欲望跟規範之間拔河，要怎麼樣才能夠做到？要做到根本不需要拔河，很自然地就從內心自然散發出來就是合乎倫理的，於是就要再上升一層，到精神的、心性的修養，這時就進到儒家特有的另外一個領域。

　　所以儒家有兩層：一層是倫理上的依循，這是理性上的遵循，顯現出外在行為的規範，可是我們說過，這種是可以偽裝的，來避開制裁或者倫理的規範。要克服這種偽裝的問題，就必須再往上一層，進入到心性修養的這個層次。當進入到心性修養的層次時，儒家有了，道家有沒有？有，但是講法不同。這樣子就可以把儒家、道家、法家等等各自相關的位置，通通劃得一清二楚。

　　其實大家可以看到，宗法很像生物的綿延。生物在孕育下一代的時候，尤其是卵生的，會生出一大堆蛋，其中可能有若干比例被吃掉了，沒辦法成長，只要看 Discovery 就可以知道。剩下的就活下來，活下來的再趕快生，要成長到一個階段再來生一大堆蛋。人類在初期農業生產的時候，就很像是這樣。小孩生多多，其中有些夭折了、長不成了，長成的有他的生產資源後，再生第三代，第三代一樣多，這樣子枝繁葉茂，基本上這是生物的生存法則。所以大宗跟小宗的結構，基本上都是 Copy，不斷的複製。

　　宗法結構的基礎在農業，在農業生產裏，要面對兩個衝突：一個

是欲望，一個是組織規範。因為欲望無限大，在發生衝突時，欲望時時刻刻要侵蝕規範，所以在這裏延伸出兩個規則：一個是強制性的制裁，一個是倫理上的自我控制。但不管是制裁也好，倫理自我控制也好，只要有機會，欲望對這兩者始終會有衝突。所以在這裏又會繼續延伸兩種情形：一個是制裁會延伸出武力的比例，一個是倫理自治會陷入欲望的理性壓抑所產生的內在張力。欲望在倫理自治裏邊，就是會產生義跟利所延伸出來的壓抑，所以在「志於道，據於德，依於仁」之後，還要「游於藝」。

　　「游於藝」是消除壓抑的一種方式，解消壓抑是屬於個人的事情，不在這個領域裏邊。從宗法到封建的整個組織，在好好壞壞的過程中，可以看得出來，當儒家在講強調君子跟小人之別的時候，大部分希望用倫理的自治，於是「君子道長，小人道消」，或「小人道長，君子道消」，這樣就造成了「禮」。這個組織，不管是天下也好，國家也好，從公卿大夫乃至於一個家族也好，通通都變成像股票一樣的起伏，從古到今，始終都是如此。這種壓抑的超越，會走到「心」。養心，有儒家的方法、有道家的方法，但是都很簡略，所以後來會補充佛教的方法，乃至於現代的基督宗教方法。

組織規範下的各家學說

　　《論語》說過：「道之以政，齊之以刑，民免而無恥；道之以德，齊之以禮，有恥且格。」「道之以政」就是一種制裁力，「齊之以刑」的結果是「民免而無恥」；但孔子接著說「道之以德，齊之以禮，有恥且格」時，有沒有說只要倫理，不要政和刑的制裁？沒有。而是說，以倫理為根本，政跟刑的制裁為輔助。這樣的方式，有沒有社會基礎在組織裏邊？有。而社會的基礎是什麼？情感。因為人都有

一種情感的關係,所以日常生活的互動並不是繃得那麼緊。這個情感可以從血緣的情感,延伸到鄉里的情感。

我跟大家講過,這就好比是濾網。第一層先過濾掉,問題就少了一大堆,殘留的問題再到第二層濾網,那就是制裁。轉化到現代的話,第一層濾網是家庭、學校,第二層濾網進入到社會,第三層濾網進入到法律,第四層濾網進入到政治。透過這樣一層一層的,可以儘量的減少問題,如果前面的濾網功能越大,後邊的問題就會減少。轉化成現代的觀念來說,如果家庭的、社會的、學校的教育約束發揮的效果越好,進入到法律程序的問題就越少;相反的,如果前面處理得不好,進入到法律程序的就越多,這樣會有兩方面的影響。第一,會感覺到整個社會的氣氛繃得很緊;第二,最重要的是財政支出,消耗社會資源,因為一旦進入到法律程序,養那些人不但不是生產力,反而是消耗品。從這個角度來看,孔子所講的也有道理。

如果從組織的規範去講,法家、儒家、道家都是在宗法封建的範圍內來講的,而《孟子》的性善、《中庸》的誠、《大學》的明明德,則是在儒家的後面。至於墨家,強調兼愛,也是自治,只是偏重點和儒家不同,不同點在於墨家矇蔽掉儒家所說倫理關係的差異性,不過儒、墨共同的地方還是很多。

不同的觀點,會影響到採取倫理、自治或者政刑的比重,乃至於進一步到組織的運作。而這個運作會影響到誰?君。因為整個組織最重要的是君,君具有主導的作用,因此所有講倫理道德的對象,都是領袖人物,都是在上者。比如說再延伸下去,墨家以外講兵的兵家,也是從這裏延伸出來,當他碰到外力的時候,就跟外力去鬥爭,其實這已經落到很下面的層次了。也就是說,君統領這個組織,碰到外力來鬥爭時,就會用兵。而名家也是在這個地方,落到君之下的施政層次。當君要具體策略時,在策略底下的就是兵,就是名,就是陰陽,

這些都比較屬於策略型的。陰陽為什麼也是？因為在這裏陰陽是用來凝聚的一個說詞，用後代的話來講，可以說是意識形態（ideology），陰陽家用一套學說來解說歷史，然後這一套歷史當中來證明政權的合法性，比如說五德終始、陰陽五行……等等這些說法。

儒、法、墨，比較在上面的層次，而儒有更上層的跟道一樣的修身層次。在修身的層次，其實嚴格來講，應該把修身跟養心區隔開來，養心是內在心性的鍛鍊，修身是要外顯的語言行為合乎禮儀。所以，修身比較偏重在他律的倫理道德，養心則比較偏重在自律的。可以說，上天賜與我們自律的道德，底下就是他律的道德，外發出來就是各式各樣的行動策略、方法、技術。

在人的知識發展中，除非有根本性的改變，例如把農業生產轉換成科技生產，社會組織也就跟著改變，宗法的成分逐漸退卻，退卻到哪裏？退卻到家庭，此時，不是血緣關係的組織越來越多。我說過組織有兩種，一種是血緣關係的組織，一種是功能性的組織，現在的功能性組織越來越多。但是功能性的組織也脫離不開這些，只是增加了進來的資格跟退出的規則而已。要進來可以，看資格，看條件；進來以後，就得照組織的規範。為什麼？因為即使是沒有血緣關係的功能性組織，也會相處在一起，共同工作，人是情感的動物，相處久了自然會有一些情感。不管是正面的相互協助，還是負面的衝突、鬥爭。所以，在這裏就可以看到各家說法的相應位置，對他們的主張也就能一目了然。

過去所看的先秦思想，多數都偏重在他律道德跟自律道德的部分，對於策略、政治等領域，通常只能濃縮成為經驗的模式，然後運用到後代。因為是古代，所以一般談的就比較少。為什麼？因為現代有很多新的作法，會受到一些思考盲點的限制，不容易找出基本模型。人類的行為有延續性、有共同性，用現在的話來講，這些都屬於

行為科學。在行為科學裏，牽扯到的問題就比較複雜，在這當中，最上端的自律部分是怎麼做到的？儒家跟道家就在這個地方來談養心的工夫。

先秦思想的共同背景：祭祀

可以比較一下，比如說孔子講仁，他說「我欲仁，斯仁至矣」！中間的過程在哪裏？不知道。孟子說人性本善，性善在另外一面的呈現，可以說反身而誠，可是中間不知道，對不對？到了《大學》，至善或者說明德，怎麼做？透過定靜安慮的過程，可以說用來彌補。在《中庸》說「誠者，天之道；誠之者，人之道」，要如何誠之？慎獨。可是慎獨要慎到什麼地步？不知道。慎獨跟定靜安慮有什麼可以相提並論的地方？沒有。從定到靜的過程，還沒有到安的時候，這中間還有哪些地方該慎獨？沒有說。老子說自然，但在自然的過程裏邊，他告訴你，要損，要法天地、法道、法自然。在這樣的過程中，要損什麼？不知道。這些跟慎獨有沒有關聯性？可不可以相通？為什麼要法天地？我怎麼樣法道？都沒講。到了莊子，就說逍遙好了。逍遙靠的是什麼？心齋。要怎麼樣做到心齋？莊子只告訴你，不要用耳朵聽、不要用心去聽。要怎麼樣能夠不用耳朵聽？怎麼樣能夠不用心聽？他們所講的養心工夫的詞彙通通都不一樣，對不對？

雖然詞彙都不一樣，但他們所講的可不可以相通？可以相通。但不管怎麼通？他們都有一個問題：細節的部分講不出來，或者說是沒講。細節的部分不是講不出來，而是沒提到。他們應該都透澈人事，可是都不講，怎麼辦？好吧！把佛教拉進來。佛教密密麻麻的說法，一個一個都跟你講了。告訴你為什麼要慎獨？因為你的意識裏有很多雜亂的東西，會產生很多邪妄的思想。要怎麼克服？當要損的時候，

要怎麼損？佛教也是用「定」，是不是像《大學》的「定」？如果把佛教作為基本的模型，或者不用佛教而用另外一套思想作為基本模型，這些通通都可以放在裏面。

現有一個關鍵的問題，就是為什麼他們能夠認識到？孔子會說仁，孟子會說性善，《大學》會說明德，《中庸》會說誠，《老子》會說自然，《莊子》會說心齋。他們每個人的時代都不一樣，彼此之間的時代還不一定相連接，可是他們都有這種共同的體認，那這是從那裏來的？難道這樣子想就想到了？他們有沒有共同的元素？比如說文化、背景……等等。這一點在思想史也好、學術史也好，都不會去談到，我認為他們共同的背景在「祭祀」。

因為祭祀在古代是非常頻繁的活動，每年都有，所有的祭祀裏邊，除了祭祖先外，還要祭天、祭地、祭山川諸神，其中最重要的是祭天，而這點應該是一種偶然的發現。因為人的意識內容除了想，就是想的結果所產生出來的情感。情感在生活之中產生。在生活之中，意識始終處於一種波動的狀態，包括孔子也是，像孔子會讚美學生，也會罵學生，這就是一種波動的心理意識狀態。唯有在祭天的時候，因為有祭祀的儀式與活動。在祭祀前，先要齋戒沐浴，這是外在的形式，要讓自己逐漸跟生活的周遭事物隔離。而在祭祀過程當中，能和陪祭的人聊天嗎？能講話嗎？在思維經驗意識裏，所認定的天就是所看到的天空的天。古代說的天就是外在的、物理性質的天，這也是荀子所說的天。

當面對這樣的天，時間一久，這些就跟天子諸侯無關了。天子諸侯只是來陪在旁邊而已，真正祭祀的是他們，這時他們的內心會有什麼變化？久了之後沒事情可想，因為只想著天，所以心境就會逐漸的平和寧靜，這是我用推想的方式，當事人可能未必如此，但也可能就是如此。這樣的內心變化，在重複多次的祭祀經驗下，久而久之，內

心會自覺跟過去有點不一樣。什麼地方不一樣？不見得說得出來，但就是不一樣。其中最大的不一樣，應該就是感覺到不容易有情緒的波蕩，過去似乎沒有這種感受。處在那個階段裏會感覺到很快樂，心境非常愉快。這類的經驗不是只有一個人，天子、諸侯也祭祀，有時候老百姓也會祭祀。在祭祀的時候，不見得是對這種天的體認，還有淺深的分別，這些都沒有典籍的紀載，因為都是個人經驗，而且也不是周王室重要的事情，所以史官未記記錄。但可想而知，這會變成聊天的材料，會成為交換的經驗。這樣子一傳下去，如果進入到思想裏，孔子也好，孟子也好，進入思想的體系裏，在當中能夠串連起來，去思考當時的禮樂問題，然後再從禮樂的問題慢慢上升，那些困難就會解決，強調既有的禮樂應該遵循，我們有忠孝、有兄友弟恭……等等這一類的東西。

殊塗而同歸

但是在發現這樣的轉變後，最終還是得依靠內心。這些所謂的外在德行，一定要發自內心，不發自內心就很容易變成虛偽。當發自內心的時候，就會發現這些從經驗中可以認知到的德行，仁也好，誠也好，原來都是可以做得到的，只是沒有講過程是什麼樣子，原因是什麼也沒講，我們也不得而知，因為沒有文獻。

他們用這樣的方式，來表達這些共通的經驗，如果從終點上來看，他們講的有什麼不一樣嗎？他們講的其實都相同。當內心在面對天的時候，那是一種純粹的愉快，這種純粹的愉快，我在講《中庸》時說過。如果純粹就內心了無一物，很多思慮來了又走，空空的，這是虛境；虛境並不是沒有東西，而是有，但不會給我干擾。這些事物不會讓我心境不安，或是讓我煩惱，或是讓我高興，不會的。從這個

部分來講，對物就叫作「無執」，從本心來講就是「虛境」。為什麼會無執？因為看來都一樣的，所以就是心齋。齋是表示味道，有味道的東西可以分辨出好壞，心齋就是沒有味道，無所謂好壞，不會變來變去，就是「誠」。

另外，對別人遭遇的不幸、不良，都有愛心、同情，外發出來就是「仁」。這些都是同樣的東西，都是內心在面對天的時候，以至於後邊整個散出來的，不管是對外跟人家的互動、言語、溝通、行為，或者看別人的事物也好，就遵守倫理道德、對比於他律道德來講，這是絕對的，所以是明德。他律的道德裏有的不明，為什麼？因為有動機，所以這是最徹底的明德。如果對比於所有外在都是人為的角度來講，最後會演變成「自然」。《道德經》講的自然，面對於外在事物，絲毫沒有執著。因為沒有執著，心境非常的自在，所以就變成了「逍遙」。因為無執，在看待所有外在事物時，全部都一樣，在內心裏沒有差別，所以就變成了「齊物」。從終點來談，是不是都一樣？

所以我常用鏡子來比喻，當陽光照在天地間，照在樹上就顯出綠色，照在花上就顯出紅色、白色、黃色……等等。當人在祭祀時，心面對著天，不管是孔子、孟子、《大學》、《中庸》、老子、莊子……等等，從終點來講，顯現出來的就是這些。如果拉到後來的佛教來講，說是佛性可不可以？可以。有情相對於一切生命的性是什麼樣子？因緣合和，只有佛性常在也可以。如果換到宋明儒者來看，相對於人的欲望之心的波蕩，他們會說這才是我們最後的歸去，是一切的法則，說這是「天理」也可以。所以，不管用什麼詞彙，基本上都是映照到人世界裏邊的種種活動，所以古人有時候以「月映萬川」來稱呼這種假象，就好像月亮照在每一條河川上，都顯現出不同的樣子，但明月就是明月，這就是本性。

如何修身養心

可是，怎麼到達呢？「我欲仁，斯仁至矣」，「反身而誠」，可是我一反身，會是什麼東西？不知道。如果要稍微講得詳細一點，當內心要開始定的時候，表示原來的心是不定的，不定表示心受到外物的干擾，這時會產生各式各樣的紛擾念頭，用佛教所說的妄想也可以。而在定的過程中，應該要注意什麼？《中庸》回答說要「慎獨」，老子則說要「損」。損什麼？當然是損掉那種不定的意識狀態。怎麼損？老子沒說，老子只說「損之又損」。莊子就跳出來說，從不要用耳朵去聽開始，也不要用心去聽，意思就是要拋棄感官知覺意識的追求。但這是怎麼樣的追逐意識的狀態？莊子也都沒有講，只告訴你不要用心聽，不要用耳朵聽，然後再進一步，不要用意識聽。所以佛教就又跳出來，比如說慧能告訴你，不要尋，也不要識，尋就是追逐，識就是再思量。慧能的「尋」跟「識」，有點類似莊子所謂的「無聽之以耳，而聽之以心」。可是這談何容易！不要尋、不要識，就可以辦到嗎？不見得。

要怎麼樣子幫助自己不要尋？也不要識？這時老子就跳出來說，不是告訴過你要「損」嗎？怎麼損？要損什麼？這個時候老子講不出來，就都沒有講。但慧能或者後來的禪宗又跳出來跟你講，什麼都不想，或者說不思不想，可是這就難了。因為腦子會控制不住地去想，就不斷的波蕩，於是只好用笨的方法，就是拿一個符號、一個聲音，唸觀世音菩薩也好，唸阿彌陀佛也好，唸聖母瑪利亞也好。孔子、孟子沒有標示神聖性的，那就想一個碧藍色的無雲天空，不要想一片烏雲，因為一片烏雲在經驗知識裏邊是不喜歡的。碧藍色的天空，會讓人覺得非常的明亮、非常的皎潔，會讓心境非常的舒坦，沒有憂鬱，而且它是無邊無際的，就好像直接面對這個天一樣。這樣不斷地想，

要想到什麼時候？沒人知道，因為每一個人不一樣。在這樣想的過程當中，也許後來就想歪了，所以《中庸》說千萬要注意慎獨，就算到了「定」，還是有可能又跳進了一種邪妄。

所以，佛教又跳出來說，講「慎獨」不夠清楚，要注意到蘊魔，色、受、想、行、識裏，每一個蘊都有十種蘊魔，會產生魔境界，意識會產生一個法，帶到虛妄的意識狀態，有五十種，《楞嚴經》中有說。這就是修身工夫詳略上的不同，最後用佛教的方式來填補的時候，一個一個就顯示出來了，這就是填空，這也才是儒家跟道家的最高境界。

養心所達到的最高境界，可以通到古今正規的宗教，邪門歪道的宗教不算。就這點來說，先秦思想到今天還適用，而且百分之九十九的人都適用，除了那個百分之一不是正道的以外。所以為什麼經學要有現代知識來填補？其他諸子，不管是法家，還是兵家，也都要有現代知識來填補，原因就在這裏。不管知識再怎麼轉變，人心永遠是如此。

第二十九講
先秦諸子思想綱領綜整（二）

欲望與規範的平衡

基本上，人最原始的東西是欲望，這個欲望天生具有社會性，必須透過社會的工具才能夠生存，但這兩者之間是有衝突的。欲望跟工具之間有衝突，必須維持在一個平衡的狀態，平衡是一種彈性的觀念。欲望的滿足必須要透過社會，但是在滿足的時候必須有一個規範，於是在這當中取得一種平衡，這平衡也可以說不完全平衡，或者取一個中間數的平衡。

之所以發生這種現象，最主要來自於人的本性——滿足，佔有之後開始滿足，因為智力的關係，可以佔有抽象物，所以人的欲望就變得無限，會侵犯到社會其他個體，因而需要規範。欲望跟規範經常處於緊繃的狀態，如果過度壓抑，就會產生精神疾病；如果完全紓解，哪麼生存基礎將會消失掉，因為沒有群體，疏離掉了。這是人的處境，人處在一個非常不穩定的狀態裏。

在整個欲望的背後，生命的狀態就是兩種活動：飲食、睡覺，也就是工作和休息。當你看到生命最原初的樣子，對於後續的活動會比較清晰，知道他在做什麼，不至於迷失掉。在先秦學術的發展過程裏，首先就會碰到由社會所產生的宗法的、封建的組織。宗法的、封建的組織，基本上是一種血緣關係，這種關係的另一個極端就是毫無血緣關係，如現在一般人的工作場所並無血緣關係。但也有一種混合的，如封建就是混合的，其中有血緣關係者，也有無血緣關係者，比

如現在的家族企業，有有血緣關係者，也有無血緣關係者，一般大都是屬於沒有血緣關係的。但人的情感會慢慢擴散，從血緣關係擴散到鄉里，現代不再講鄉里關係，取而代之的是共同學習、共同成長的關係，如同學會，校友會，那也是一種方式，但這種關係本身的黏合力不強。

於是，在這種封建跟宗法裏，基本上這兩者的規範就不一樣了，一個是法，一個是禮。從禮到法，像是一個色譜，有些是混合運用的，禮跟法延伸出來的具體表現，就是儒家禮的幾重意義，包括最開始的「禮意」、「禮制」及「禮儀」；同樣的，法也可以有「法意」、「法制」、「法儀」，這是我給的新名詞。不管是封建、宗法，都是最基礎的問題，細部上碰到個別的事項，可以具體去設定，轉到現代也是這樣。重點在制度所延伸出來的知識，比如說涉及到一些規範，有規範之後才能運作，都是人類各種不同的組織形態，根據我們要做的事物，就發展出來了。最基礎的，比如說宗族，即現在所說的倫理，上升一層就是社會的，再上升一層就是法律的，再上升一層就是政治的。所有這些東西，在內需方面依賴生產、經濟，對外維護自己就是軍事、武力。所以，《尚書・洪範》也好，或其他的典籍所談的問題也好，關於人的社會組織就是這些，一個是安內，一個是攘外。

在屬於個人的欲望方面，因為是在群體之中生存，會受到壓抑，故個人欲望一定要透過修身，還有更高層次到養心。我把身跟心分開來說，身是外顯的言行，就像是孝道、倫理，所以修身的作用是作為輔助，讓規範可以得到執行，因為透過修身，柔化了欲望佔有的衝動。但是到養心的時候，不再壓抑內心，而是消解掉衝突，那就走到個人內心的、精神的、心靈的鍛鍊，這就是養心。人所碰到的問題，就是這樣子。以先秦學術來講，之前有提到過道、學、術。如果從道、學、術的角度來看，這個部分會走向「道」，而對於人的社會規

範所延伸出來的種種知識都走向「學」，二者運用到生活就走向「術」，這就是道、學、術。

社會結構與疏離現象

所有的這些問題，從古到今都隨著社會變遷、演變而改變，無論是古人如王莽、杜甫、李白或者現代人所碰到的處境，也都在這個範圍裏。這樣大家可以知道生活中的活動，我讀書，我為何讀這些書？讀書的作用在哪裏？所有這些東西的背後都要靠符號，符號有雙層作用。我們所有的知識透過典籍，典籍需要符號，所以符號是用來支持所有的知識，這是基礎。但是我現在要從更廣義的符號來講，從數學開始，到語言文字，然後再到形象。形象可以分靜態、動態，靜態可以像美術、書法，動態如舞蹈，這些都是形象；形象以外就是音聲，音聲就是歌跟樂，這些符號通通用來支撐我們前面的這些建構，所謂人群裏邊的各種禮制底下，不管社會的、法律的、政治的，各式各樣的事物，都以符號來支撐著。比如說，中正紀念堂是一個建築，這個建築是用來支撐背後的政治符號，而政治符號是一個禮制，維繫了一個政府的延續。

可是如果始終都處在不穩定的狀態下，這個時候符號會帶來另外一個相反的方向，用現代的話來講就是疏離。傳統就是以隱士的角度去看，就是歸隱。這裏面有兩個原因：

第一個原因是人的生存處境，因為一個人的生命畢竟比歷史短太多，他常常跨越到歷史裏邊混亂衰落的時期，所以當他看到了不穩定的狀態，失掉平衡，假設比較好的平衡狀態是在五，失掉平衡到了二、三，那就是動盪不安、衰亂的世代，這種衰亂的世代，使人們失去了希望，那他就借用符號走到疏離，疏離可以有程度的分別，如大

隱於市也可以，隱居山林也可以，就跟社會保持一個距離，更精確的講就是與權力、名利的圈子保持距離，只要保持自身的生存就夠了，剩下的就像孔子所說的「吾所好」。

另外一個因素更普遍，即使是在太平盛世也一樣，因為社會結構一定是金字塔形，因為社會是採分工的，分工一定有統合者，統合者數目不能比分工者還多，只能比分工者少，於是一層一層分工上去，最後統合者數目一定會走到最少。所以，在金字塔形的人類社會裏，假設分成上中下三層，一個人在這個社會上發揮的滿意程度，就會隨著從塔底到塔頂而有不同。當整體社會的人口，比如說傳統的農業社會，百分之八十的人都是不識字的時候，他根本進不了金字塔的上面，那剩下的百分之十五到二十這樣的人在金字塔形上面，比如說傳統的士大夫，其金字塔形建立在官僚制度上，在不同的社會都是這樣子的現象。但現在的金字塔不一樣，不只是官僚政府體系，還包括民間企業，因為現在的民間企業已不僅止於農、工等基礎產業。

傳統的士大夫在金字塔形的分布，一定有上、中、下，最上的當然是王室與其周邊，往下的才是士大夫，書讀得好、進入官僚體系，可能上到頂端，也可能在下邊，但因為金字塔形的結構，絕大多數的人一定處在中間以下，能夠進入中間以上的人非常少數。所以我們常聽說「人生不如意者，十之八九」，為什麼不如意者十之八九？在什麼情況下會覺得如意？在外顯的事功上有所成就，才會覺得如意。做事情是到處碰壁或是順利？這就是如意、不如意的來源。可是十之八九是因為沒有機會，人的組織把機會限制住了，所以可以看到多數的人大都是往下的，都是散布在底下的。在上面的人也有另外的問題，那些散布在底下的自然就慢慢走向疏離，因為他覺得沒有發揮作用，他透過語言符號學到很多知識，這些知識的理想都告訴他要經世濟民，可是卻沒有機會，連孔子都沒有機會，「栖栖惶惶，如喪家之

犬」。所以，當多數人投入其中，機會卻很少，就走向疏離，一個社
會基本上是會疏離掉的。

　　疏離的原因有兩個，一個是個人感到動盪不安，或者衰亂，就離
開了，比如東漢晚期；另外一個原因，是普遍性的，不管興盛衰敗，
只是興盛的時候升遷比較公正合理，失望比較不會那麼高，但是即使
失望沒有那麼高，也很難受，所以學習符號所獲得的知識就轉到另一
個功能，向相反方向走向疏離。但當絕大多數人走向疏離，這時候的
疏離是心甘情願的嗎？就好像把一個人培養得很好，最後告訴他沒希
望了，這時候的疏離會是心甘情願的嗎？不會。但在傳統裏不會如此
說，所以就寫寫文學，或者透過繪畫、書法，來抒發內心的牢騷苦
悶。回顧傳統文學的歷史，那些作品大多是時遇之作，所以歡樂之詞
乃強，窮苦之詞易工，這是很簡單的道理，因為失意絕對比較多。失
意一多，所造成的疏離要靠什麼來平衡？最後只好靠道，用道來讓內
心能夠真正的平撫，把失意都看過去，用道家的話就叫作「無執」，
沒有執著，用莊子的話來講就是「逍遙」，這是另外一個方向。

　　所以從此可以知道，為什麼儒家跟道家的思想，在歷史上一直綿
延不絕到現在，原因是他們所關心的，都是生活當中必然碰到的。若
不讀書就算了，只要一讀書，透過符號的知識，一定就走到經世這條
路子上；就算只為自己生活在這個社會上，也一定要走到這路子上，
但是偏偏只有極少數人可以上去。當極少數人能夠上去的時候，其他
的人怎麼辦？只好養心，這是唯一的路。養心可以走向疏離，可能否
走向經世？也是可以。以道走向經世也可以，就如同《道德經》、《韓
非》所說的，孔子也說：「富而可求也，雖執鞭之士，吾亦為之。如
不可求，從吾所好。」（《論語・述而》）什麼情況之下為可求？什麼
時候不可求？不違背道德時是為可求，違背道德時則是不可求。但其
中的意義不僅止於字面上，還可以延伸解釋。什麼情況不可求？客觀

情況沒有位置，上不去了，沒有那個際遇，所以不可求，只好從吾所好，這也是另外一種解說。所以可知，道可通學，也可通於術，術就是具體的運用，隨人、隨事、隨時、隨地不同，所以沒有規則，是隨機應變的。因此在道跟學這兩者，我們大都集中在學，當學了之後，就看能否進入到金字塔再往上，如不能進入就疏離出來，在傳統社會即是如此。

修身、君道、養心

當有了大致的區分，在符號的探討裏，也可將目前所習得的知識類別置入其中。比如中文系，靠的是典籍知識，靠著典籍來了解種種事情，所以符號是文字，由文字延伸出來對於文字相關的研究，典籍文字的研究就通通在這範圍中。用在禮制上，延伸出來關於宗族的、社會的、法律的、政治的、經濟的、軍事的，孔子、孟子、荀子、韓非子都談，經書也談，只是有的沒談到細節；史書也談，多是以歷史的方式來談這個問題。

他們在談問題的時候會意見分歧，這是因為看到不同的的問題點，但都是針對時代變遷所提出的主張。比如說，孔子的時代偏重禮，因為當時封建組織裏的血緣關係仍然強；但是到戰國時代，慢慢轉移到法，因為開始啟用外人、游士，所以變成混合型的。結果，這兩者之間有沒有產生衝突？有的。禮跟法所以產生衝突，並不是禮跟法本身的衝突，而是禮跟法背後的成員，禮所規範的是宗室，而法規範的是外人。禮規範了宗室，但當擴大到法的時候，就侵犯了到宗室的權力、利益，這時就產生了衝突，兩者都是很為難的。另一方面，制度本身的健全與設計很重要，這是客觀知識的範圍，一方面制度要能推展，「徒法不足以自行」（《孟子・離婁上》），要靠人去執行。可

是所有的人，都會不斷的有欲望在作祟，會侵犯制度，而誰最有可能侵犯這個制度？國君。因為國君最有能力與權力，其他人沒有，其他人要侵犯也是偷偷摸摸的，沒有那麼大的力氣。所以先秦的大部分內容都偏向修身，需要修身的是誰？國君，所以說君道，如孔子所言「子帥以正，孰敢不正」（《論語・顏淵》），上樑不正，下樑就跟著歪了。所以杜牧「商女不知亡國恨，隔江猶唱後庭花」〈〈泊秦淮〉〉，說得很不正確，因那個歌女不過是唱歌來討生活而已，真正的國家興亡是當皇帝的事，那些當大官的事，你們把國家弄亡了，還賴到歌女身上來，所以杜牧這個說法可以當反面教材。

從這裏可以看到，修身就是外在的，合乎當時的禮儀。可是在先秦只有儒家與道家會注意到這個問題，言不由衷，不能夠誠，只是外在的修身，所有的言行都足以成為謀私的工具。所以《道德經》不斷的提出批評，「禮者，忠信之薄而亂之首」（三十八章），於是進入到養心。因此養心就有孔子的、孟子的、《大學》的、《中庸》的，《道德經》的、《莊子》的，基本上這六者會談到養心的問題。因為古代知識分科沒有那麼複雜，所以他們所規劃出來的治國、治天下的知識，轉換到今天來看，通通都是社會科學。因為技術上面基本上是農業技術，頂多是手工業技術，這是一個常數而沒有變化；但是轉到現代就不一樣了，就是一個變數，經濟背後的技術是一個變數，技術造成產業的改變，造成了經濟的改變。

生產技術的改變

近代世界跟前個時代最大的差別，就是科學技術的運用，進而造成社會結構形態的改變，不再以宗法為主。現代人所談的民主制度、民主社會，這是怎麼來的？民主社會就是因為科學、技術的應用，機

械的生產不能在農田中進行，生產的物品要運出去販賣，販賣就需要
商業，於是發展交通，形成都會，人民就往都會聚集，原來的宗族家
庭就慢慢鬆弛。游離的人進入都會後，加入經濟的因素而成為富有
者，甚至到富可敵國，就形成資本主義。追溯這種轉變的源頭在哪
裏？在技術的改變。這一點大家要了解，一方面要從歷史看，但另一
方面也要從思想探討的論題上看，不能不重視這一點。

　　所以，從現在的角度看，基本上先秦諸子絕大多數都屬於社會科
學，少數是屬於人文的，而且人文不是偏重史學，不是偏重文學，也
不算哲學，而是道學、道論。道有兩個部分：一個是辯理的道，屬於
道德哲學；一個是實踐的道，那就不是後代的哲學所能談的了。辯理
的道，是把良心之道說得清楚，就如同《道德經》的道要怎麼做？要
「損之又損，以致於無為」（〈四十八章〉），就告訴你這樣一句話，這
是辯理。但要能去實踐才是重要的，不然光只是會說，那有何用？一
點意義都沒有。

　　這樣子對先秦不同典籍，從經書到諸子，所討論的論題就看得很
清晰，乃至於在現代的知識中，也會一樣看得很清晰。雖然有些看似
過去所無，但仍然可以從過去延伸出來，逐一的去檢討看看。比如社
會學，在傳統會談；經濟學，現代的經濟當然不是傳統所能夠比擬
的；傳統有的偏向政治，政治的會談「道」，但更多的是在「術」，因
為這些「術」會影響到整個社會的互動。如果不知道「術」，常常就
會造成人群不合，不合就會瓦解。一般讀書人大都很少注意這些，以
致於應對、進退、出處之道，皆不知道，或者錯誤。一不知道，或錯
誤，結果就是輕者分離，重者就分裂了。

　　談到法律，古今當然不同，因為知識背景不一樣，但論題還是在
的，過去宗族的問題就併入今天的社會學了。現代人會談心理學，那
麼傳統的心理學跑到哪裏去了？現代的心理學，基本上是因為科學才

產生的，科學出來以後探討人的心理，而人的心理寄掛在哪裏？寄掛在社會活動裏，所以心理學是社會學跟其他科學知識匯合而延伸出來的。不談個人心理學，不談學習心理學，本來在社會學探討的就是以家庭、家族為主；但是現代以個人為主的時候，就是個人在社會之中的心理反映。這時心理學絕對碰不到養心的「道」，可是後來的人發現這樣不對，在社會的曲折裏面，這些心理沒法得到解決，所以心理學中也有一派人文主義的心理學，慢慢接觸到養心的道，但接觸不到，因為還只是辯道，只是知識，並沒有實踐，這是現代心理學的問題。現代的知識，比如金融、會計、貿易，通通都是從經濟學底下延伸出來的，可以說是附庸蔚為大國。因為過去的農業時代，經濟方面的活動不大，但是現代技術的改變，經濟方面的活動就大了，大到幾乎改變了整個社會結構，也改變了整個政治結構。所以在近代，人們的角度就轉移到這個地方來，從學理上去看，情形就是如此。

禮的符號意義

至於符號，中文系唸的版本、目錄、校勘、辨偽、文字、聲韻、訓詁等等學問，通通都在符號的範圍內，要確定符號的可靠性，然後才進一步去探討符號的個別意義，這只是符號的一端。另外、符號還可以延伸出文學、藝術，乃至於其他各式各樣的藝術表現。這些藝術表現有雙面性，一方面進入到社會的、政治的領域裏，其功用是作為修飾跟裝飾用的，更深層的來說，修飾跟裝飾是回到了欲望的需要。欲望需要什麼？欲望需要遊戲，從基本的、普通的遊戲，慢慢上升到心理的、精神的遊戲，所以要有藝術表現。可是當衰落或者沉於金字塔型內的下流時，這些符號活動就成為他逃向的處所，於是走向了疏離。這樣來看就很清楚它的功能、作用，可以抓住重點，知道他講的

不可以太過，太過就會忽略掉另外一面。如韓非尚法，尚法是可以
的，但要顧慮到現實的結構是宗法的，若將韓非的說法拉到現代來
談，現代是否一定、完全都是法律在第一線？也未必，法律未必走在
第一線。這是社會控制的四個層次，最開始是家庭倫理，然後是社會
倫理，然後法律倫理，最後才是政治倫理。社會控制有四個層次、就
是濾網。這種濾網的觀念，孔子已經說過，就是「道之以德，齊之以
禮，有恥且格」(《論語・為政》)。本來是禮的東西，結果你要用法去
規範，最後怎麼辦？法規範得到嗎？規範不到。

　　從這整個論題的關係裏，不管是先秦諸子或者是傳統學術，乃至
於到現代的知識，大致上可以知道他們在討論什麼，然後再深入比
較，就會非常清楚很多往往並不衝突，而是從不同的層面去討論，不
同層面的偏重點又有不同，所以司馬談〈論六家要旨〉用了一些詞語
就很適當，「天下一致而百慮，殊途而同歸」。一致的地方在哪裏？以
先秦來講，一致的地方就是在宗法封建制度，這是共同面對的問題，
這就是「一致」。但是在面對宗法封建的問題時，他們提出的方法又
各不相同，所以叫作「百慮」。另外一個一致的地方，就不是每一個
先秦諸子，乃至於經書所能有的了。這個一致所指的就是最上面的道
論，道論的養心不是修身，修身是外顯的禮儀行為，比如一般的倫
理，但不能夠只有概念，比如忠、孝、信、義……等等，而要外顯於
言語、行為、態度；而要顯現出來，就要透過禮儀。在禮儀中就會涉
及到場所、時間、對象等等層面，進一步限制到言語的內容，態度、
口氣，乃至於禮物、場所的佈置、擺設，就像祭祀供品的擺設有所
規定。

　　修身表現出來的禮儀，又會隨著時代而有所不同，比如現代的結
婚，要不要再採用這樣的禮儀？如《禮記・昏義》所說的，「是以昏
禮納采、問名、納吉、納徵、請期」等等這些，沒有必要了，兩個人

認識，還需要什麼媒人！現在如果還有相關於婚禮的禮儀，是屬於殘留的習俗，但已失去原本的功能。

這當中原本有客觀的禮儀在，第一個，為何要有媒人？因為婚姻在傳統農業社會是宗族婚姻，不是個人婚姻，所以《禮記·昏義》說「昏禮者，將合二姓之好，上以事宗廟，而下以繼後世也」。婚姻不是兩個人的事，而是兩個宗族、不同血緣宗族的事情，對祖先有交代，完成綿延後代的任務，所以是結兩姓之好。很多工作要先打聽好，男方若貿然跑去女方家，女方家如果不願意，那就沒面子了，這就是禮。為了避免沒面子、失禮，就需要一個中間人，這就是媒。這媒人當然事先都了解這兩家是很合適的，有很多都需要事先打聽，比如媒人去之前，「問名」的事情是不是已經都完成了？「納吉」的事情是不是已經完成？「問名」是問女孩子生母的名字，因為一夫多妻制的關係，若是女方生母的姓跟男方相同，那就是同姓，血緣就太近了，因為古代人口數不大，不像現代同姓也沒關係。「納吉」，沒有八字之前靠占筮，將對方的資料拿回來，供在祭祀祖先的祠堂，依照一定的儀式，看合不合適？後來就有合八字，看彼此相不相合？姻緣合不合？到現在也是會如此。其實並不然，因為這是人力所能為的，只要兩個人互相處得好，能夠消除自己極端的個性，或者能夠容忍、能夠忍讓。基本上還是修身，彼此之間能夠磨合，因彼此背景可能會有差異，甚至差異很大，包括個性，而背後還有家庭。這些，其實媒人都事先知道了，媒人在過去往往只是個形式而已，不然，要是不行，媒人去了不就灰頭土臉回來。在實質內容的排序，「問名」跟「納吉」應該在這之前已完成，即使在沒算八字之前，都應該已經清楚了。清楚之後，媒人才過去談。媒人也不能隨便找，是找到一個對方也相當尊重的人，可能宗族裏邊、或其他異姓的、地方上有聲望的，如果一般農家則是很熟悉的。這個都說妥了，後邊就排形式上的，媒

人都說好了，之後男方一定要正式去拜訪女方。

　　男方正式拜訪女方的時候，難道空著手去嗎？而且不是男方一個人的事，「兩姓之好」代表宗族，就好像這個團體對另一個團體的尊重。所以，是不是一定要帶著禮過去？禮就隨環境、風俗、各地的背景、家庭財力的多寡而不同。你帶著禮過去，禮尚就往來，女方也要回禮。不只現代，古代也是如此，我要聘金，那你有了聘金，就要回禮，回禮就變成叫陪嫁。唐代的時候也是這樣，為了女兒嫁過去好像不要受委屈，陪嫁就很厚重，現在像臺南，過去的風俗，現在有些地方還殘留著，那就沒什麼太大的意義，已不是結兩姓之好了。當男女雙方都已經講好了，這時候要碰面，就變成是兩個家庭、不是兩個家族的見面了。這時候大人出面的作用在哪裏？等於是跟大人報告，而大人出面的作用就是祝福，兩邊大人祝福他們。祝福他們，當然給予禮物也可以，紀念性的、實用性的。紀念性的如對戒、對錶都可以；實用性的，如給予金錢、支票也可以。這時候當然男方不便僅有兩、三人而已，總是有些親戚、朋友一起，就跟聚餐一樣，此時要說是訂婚也可以。其實原來文定是在「納吉」的時候，「納吉」就是都占筮好了，一個形式。現代就改變為別人祝福，尤其是長輩的祝福、不只是父母，叔、伯、姑、姨，也都給予一些禮物，這就是祝福，後邊才是婚禮。隨著環境不同，有的雙方不太愉快，只好各辦各的；有的距離太遠，沒有辦法一起辦。這是因為時代環境不一樣，可以彈性變通的。

權力結構的緊繃狀態

　　所以古代一致、同歸的地方在哪裏？在於宗法封建。而宗法封建產生的問題，因為它們不會談一般的、社會性的家庭或宗族，而是上

升到以諸侯國為單位的興衰問題。以諸侯國為單位的興衰問題，一下子就進入到最核心的諸侯君，諸侯君之所以會導致組織的衰敗，最核心的因素在什麼地方？

韓非有一篇〈亡徵〉，一般總認為韓非尚法，所以從法談起。其實韓非為什麼要談法？應該有更深的根源。韓非的書，本來就是在檢討為何提出這樣的想法，第一、諸侯國衰亡，為什麼衰亡？是有原因的。其原因，韓非於〈亡徵〉中列出數十條，而歸納起來就是八條。[1]

再仔細去看這八條，其中最核心的問題點都是在國君，從國君本身最原始的欲望延伸出來的性格、知識、智力，基本上都是。把韓非的這個部分拿來與《大學》相比，看有沒有一樣？一樣，只是在說法上有差別。比如說，韓非講「德行邪敗」，這是我給他立的標題，「德行邪敗」就是諸侯君自己本身品格不好，貪財、好色、脾氣不好，這些都是屬於「德行邪敗」。「德行邪敗」直接擴散出來，最嚴重的問題是什麼？就是兩個並行的「繼承危殆」跟「宮廷亂序」。因為德行不好，妻妾分野不清楚，不遵守規則，所以發生繼承的時候，常常就捨棄繼承法，因為繼承法是「立嫡以長不以賢，立子以貴不以長」（《公羊傳‧隱公元年》）。

由於本身條件的不好，權力就外移到周邊的人身上。周邊最接近的是誰？到漢代以後都是屬於外戚，諸侯君的夫人，夫人不是孤立的一個人，背後有她的黨，乃至於連結到其他諸侯國。國君本身又是權力的核心，其他的大臣跟你同樣有血緣關係者，有時候僅有親疏之別，那他是不是想要在金字塔的組織中上升？要上升的第一個辦法，就是要能夠見到國君，怎麼樣才能見到國君？就是要靠身邊的人，當他有辦法見到國君時，他也掌權了，國君所用的都是佞幸。用了佞幸

1　編者案：詳見本書附錄二十。

後，整個國事的賞罰都顛倒了。這些都是連鎖反映，就好像放鞭炮一樣，點了一個、後邊的就跟著爆起來了。於是，因「德行邪敗」而「繼承危殆」跟「宮廷亂序」，從「大臣凌君」、「用人賞罰」、「簡慢法禁」到「不恤臣民」，最後就是「無禮諸侯」。前面七項都是屬於對內，對外就是對其他諸侯國的無禮。

如果以韓非的經驗歸結起來，從春秋一直到韓非所處的戰國時代，環繞的都是這個問題。如果從儒家的角度來看，這些問題就是修身。可是在韓非的角度，他就是因為不修身，你還叫他修身。就好像叫一個已經吸毒的人不要吸毒，怎麼可能？又沒有辦法把他關起來勒戒，因為他是諸侯君。所以韓非只好靠法，問題是「徒法不足以自行」，還是要靠人，所以這個時候問題變成了兩難。這也是始終產生不穩定的因素，人類的社會結構本來就有這種不穩定因素，就好像遺傳基因，那個基因始終有可能變成負面基因，如癌細胞，平常隱匿起來，但時時刻刻都在變異當中。

最簡單的原理，比方說權力，如「天下之大，非一人之所能治」（黃宗羲〈原君〉），權力一定要分散，但集中跟分散是一個矛盾的概念。權力一定要集中才能有力，可是要執行時需要分散。既要分出去，又要集中起來，這兩者之間，要怎樣才能拿捏好？這就需要在中間保持一種平衡，就像諸侯君一樣。諸侯君要辦事，要交辦給誰？交給宗室嗎？對戰國時代的諸侯君來講，宗室有沒有幫助？有的。因為不幫忙不行，不幫忙，大家一起遭殃。可是要他幫忙，他又凌駕於國君之上，常常為自己的私利，造成國君權力下降，國政推展衰落。可是如果引用游士進來，就變成引用外人，第一個衝突就是宗室的反彈。而且引用了外人，國君一樣不放心。所以，這當中始終處在一種繃緊的狀態。只要人類社會觸及到比較高層次的權力領域時，始終是在這種狀態。

想要紓緩這種緊繃狀態，要靠很多規則，國君知道不能踰越這個規則，因為一旦踰越了規則就沒有了。因此，規則的制定就非常重要。為什麼先秦老是談這個核心的問題，關鍵就在這裏。不過，隨著時代的變遷，這些問題到後代，大部分都保留在史書裏邊。比如說三通之學，《通志》、《通典》、《通考》這一類，大部分都是典章制度，演變到現代，基本上都在社會科學的領域裏。不過，即使在社會科學領域裏，面對的不再是有血緣關係的宗室，但還是得面對權力結構。人可以沒有血緣關係，也可以靠其他方式連結，所以任何的辦公室、任何的組織裏裏，多多少少都有一些小小的鬥爭，這要看那個組織形態有沒有利可圖？有利可圖的地方比較容易鬥，沒有利可圖的地方好一點。人會鬥不只是為財、為權，還有為了名；如果只是為了好強而鬥，既沒有權，也沒有財，只有一肚子氣，什麼都沒有，那就是最蠢的。

養心知識的功用

這類的知識流衍到今天，一方面可以成為積極性的知識，可是我們講過，兩個原因會造成多數人會失意，或者不滿意。如果滿意的指數，像填問卷、評量一樣分成五等，絕大多數人都在中等以下，大概勉強滿意，或者不滿意、非常不滿意。為什麼？最基本的原因就是在組織結構。只要進入群體，進入組織，位置排法就是這個樣子，分工，統合，統合的數目一定比分工的數目少。往上不斷的堆疊上去，位置少，大家都學習，都讀書，有知識、能力了，但是位置就那麼多。所以，人彼此間為了搶那比較高的位置，在互動上自然就會出問題，人類組織的本性就是如此。

怎麼辦？三分之二的人處在勉強滿意，或者不滿意、非常不滿意

的處境底下，要怎麼辦？所有過去所學習的知識，乃至於文學、藝術這一類的符號知識，通通都要用道心、養心來轉化。如不用養心來轉化，最後反而會成為很沈重的負荷。會發牢騷、會不滿，嚴重的就會變成精神官能症，像屈原一樣，最後只好自沈。中國古代有很多人皆是如此，如蘇東坡滿不滿意？非常不滿意，他大可發揮所學習的各種知識，可是八字沒有王安石好啊！所以他非常不滿意，最後只好靠養心去平復，這是很自然的事情。這種形態，三分之二的人上不去，就是一個壓力，覺得不滿，王充也是、杜甫也是、李白也是。古代的文學家大概有百分之八十都是填勉強滿意以下，一直到非常不滿意，很少有人會填滿意的。陶淵明滿不滿意？也不滿意，但是他後來用養心的方式來紓解。養心有程度的分別，可以養到很高的境界，可以養到中等，也可以是初步的境界。大部分的文人都是養到初步的境界而已，所以他的文學作品都是內心反映出來的一些心情，就是沒辦法，可是勉強接受，找一些活動來消磨自己而已。如杜甫〈曲江〉：「江上小堂巢翡翠，苑邊高冢臥麒麟。細推物理須行樂，何用浮榮絆此身。」只能消遣一下，要不到就說人家不好，杜甫也是如此。

所以這種不一定能夠在上位的壓力，如果轉換到現代，是另外一種形態，那是最近二、三十年才有的，我年輕的時候都還不至於到如此，那就是工作的壓力。在組織裏，不管位置在上、中、下，人自己所製造出來的工作壓力太大了。位置既不滿意，壓力又大，那更不行，所以怎麼辦？現代人透過教育得到的知識，百分之九十都無關於修身，更不必說養心了。碰不到養心知識的時候，就會在工作中痛苦，這就是所謂的現代企業。到後來，都要靠自己有一定的財力，才能脫離出來，回到陶淵明式的生活，回到鄉下去，而那就走向了疏離。只不過在疏離的過程當中，用的不再像是傳統文人從藝術到宗教的方式，現代人是用生活的方式消遣，還有一部分會進入宗教的領

域。所以我們看到這樣的論題，把古今每一個人的一生放進這裏面時，可以知道那些知識的功用。我們讀這些知識，可以有兩面，就是孔子講的「用行舍藏」。能用就用，不能用就收起來，就是藏，收起來自己欣賞。所以後來讀書變成消遣，讀書就變成娛樂，變成趣味，不再是一種積極性的作用，因為沒有那樣積極性的環境。

先秦諸子思想的座標

　　這樣子在看先秦諸子的論題時，大部分就放得進去。比如荀子談「性惡」就放到辯理；論道的時候，在講道、學術，在道裏辯理、辯人性。荀子跟孟子有沒有衝突？沒有，因為雞同鴨講。當荀子講性的時候，是講人的本能；孟子講性的時候，則是講人之所以能夠克服本能、轉化本能的最高原理。孟子有沒有講荀子的性？有啊！只是孟子不用「性」這個詞彙，而是用「氣」。孟子的「氣」有兩個意義，不是「浩然之氣」的氣，而是生理上的一種血氣。荀子辯理時，以性是惡，也不是說性一定是惡、本來是惡，而是說在一個環境裏，有惡的可能性，順著環境很容易走向惡的可能。其實荀子所講的性，就是欲望，在沒有約束的條件之下，欲望是導致惡的一種可能性。有禮的約束時，性會受到控制、節制；若沒有禮的約束，就失去了管制，就放縱了。所以荀子的說法，最適合以現代的電玩為例，因遊戲中沒有禮的管制，投入在虛幻的世界久了，就容易迷失掉。

　　孟子也有很多種說法，也談到封建，怎樣維繫封建的穩定？要有層級，所以「天子一位，公一位，侯一位，伯一位，子、男同一位，凡五等也」（《孟子・萬章下》）；所擁有的土地大小也不同，是「天子之地方千里；不千里，不足以待諸侯。諸侯之地方百里；不百里，不足以守宗廟之典籍」（《孟子・告子下》）。事實雖不若孟子所說的死

板,但確實要有一個武力等級、力量等級。此處孟子所說的,在經學中也都有提到,如《周禮・夏官・司馬》:「王六軍,大國三軍,次國二軍,小國一軍。」武力等級是一路排下來的。這一類的主張,都還是環繞著封建來講的。《論語》更是如此,所討論的很多觀念,例如禮的問題,不斷鼓舞人們要遵守禮,不但是表面遵守,還要深化到內心,所以才有「仁」的出現;面對各種禮的變化,要有「義」。孔子也注意到欲望被壓抑的時候,該怎麼辦?就是「克己復禮」。壓抑時要化解掉,因為「克」就是壓抑,壓抑就是面對各式各樣的壓力。因此、孔子欣賞「志於道,據於德,依於仁,游於藝」(《論語・述而》),要「依於仁」,也是要克制,內心對自己言行意識的克制。在所有的克制裏,最重要的是要有「藝」,才能將壓力紓解掉,儒家就是這樣子講。

《道德經》的講法,一口氣就說「禮者,忠信之薄而亂之首」(〈三十八章〉),不談儒家的論題了。可是當直接談道的問題而有所體認時,看到了更透澈的一面,就是不管宗法也好,封建也好,古今政府也好,只要是人群組織,一定是一種動力的變遷,所以是形勢的「勢」。這個「勢」是從道到萬物的流動變化中,所體察出的「反」。「反」就是事物一定存在發展到巔峰再到下坡的一種形勢,不只《道德經》,後來演變成戰國時代共同的想法,「物極則反」,「一動一靜,天之道」。老子談的就是如何利用這個「勢」,因此《道德經》的主張很容易轉成「術」。因為「勢」是變遷的,要看什麼形勢的時候,我一定是在當時的處境裏邊,這個勢是什麼狀態,經過分析評估,然後採取順勢的姿態去發展。要擋,擋不住,沒有辦法擋,因為形勢已經形成了一個龐大的力量,只能等它的力量衰竭,然後就輕易解決了。由於這樣的緣故,當勢上來的時候,古代的詞彙是用「剛」,因此就用「柔」。

　　所以，《道德經》跟儒家的偏重點不同，儒家的講法是靜態的
禮，法家講的法也是靜態的法，等於是要重視這種規範。規範雖然很
重要，但《道德經》在此就不談了。老子談動態的，生活是活動的、
是動態的，在面對這些動態的事物時，我的策略是什麼？就是要掌握
形勢發展的自然趨勢，就是因其自然，這可以應用到各式各樣的領域
裏，用在政治、軍事、經濟、個人日常生活、生涯的規劃……等等都
行。為什麼？形勢的「勢」，最適當的解釋就是用歷史事件，事件是
什麼？就是心力假借物力，然後再互動的過程。古今就有用很多例
子，所以《道德經》對「術」如何去用的這個想法，很快就被兵家、
被黃老拿過去，用在軍事、政治的活動上。

　　古代是農業社會，若轉到今天，還可以用在人類的經濟活動，那
就是景氣循環，正式的名稱是經濟週期。讀經濟學，就可以知道週期
發生的原因，那是客觀的力量，沒有人逃得掉的。經濟週期就是人為
的四季，自然的四季是春夏秋冬，冬天到了，當然躲起來，吃前一年
所累積的糧食，還能想怎麼樣？什麼也動不了。就好像經濟衰弱的時
候，能怎麼樣？能保平安就不錯了，等春天來了再出來，這就是用
「勢」的觀念。因為不了解，所以對「勢」的分析就變得很重要，跟
另外一個「勢」在對抗，不能輕忽，要瓦解另外一個「勢」，要有方
法，任何事情都是這個樣子。例如議決某些要事，要先知道關鍵者是
誰，要讓關鍵者支持、贊成，就要去疏通、軟化、說服、溝通，用各
式各樣的方法都可以，這樣問題就解決了，這些溝通的技巧就是
「術」。如採取溫情，然後將客觀的需要詳細說明，這就是「術」。再
如會議上發言，是不是直言某件事很重要，一定要通過，這樣的說法
可以嗎？不妥、應該要先感謝，一個一個依照名單感謝，依次感謝完
畢，常言「伸手不打笑臉人」，這就是「術」。要有好的目標，就要有
好的方法，才能夠有人和，事情才能夠完成。

　　所以，「術」要從哪裏學？從讀歷史、讀諸子中學。不用多，讀大原則，要具體個別的事例，古今中外歷史都可以，隨手讀多少算多少，讀《史記》也可以，《漢書》、《戰國策》，或者西方的歷史也可以，近代的人物也可以，那是點點滴滴的累積，累積下來就學到處理事物跟處理人際的方法。

　　《道德經》在運用「勢」的時候，對「勢」放的比重相當的多，除了闡論道心以外，大部的內容都談如何處理好事情，不管是面對當時的封建宗法組織，或者是所有碰到的事情，要能觀察，分析那個「勢」。形勢若不好，要將「勢」轉換成為對自己有益；形勢太強，要等待。用的都是很簡單的道理，到頭來不費吹灰之力，就自動到你手上來了。這樣處理事物的方式，後來形成中國傳統的「以柔克剛」。為什麼用「以柔克剛」？因為不同的力量在交會時，如果是合聚的力量最好，若不是合聚而是對立的力量，一定要看對立的力量，如果正在盛大，要想辦法讓力量走到盡頭。人的力量跟自然界的物理力量很類似，各式各樣的物理力量，要將它發揮功能，需要將它導到何處？如同電力、水力，要將其導至一個管道，才能發揮功能，然後散布出來。人的力量也是一樣，各式各樣不同的力量，有大的，有小的，寄託在人身上，有男、女、老、少，各式的工作、職業類別，通通都不同，每一個都是很小的點，就好像河川，有涓涓細流，有小水溝，到最後匯聚起來，把力量聚集起來，就往預期的目標走去了。

　　可是到莊子就不一樣了，勢、術他都不管，莊子真的是疏離掉了。他雖然是疏離掉了，但是可以進去現實的社會裏邊，以養心到最高的素養時，可以在這個真實世界，可以有，也可以沒有，就是孔子講的「用行舍藏」，都不影響他的內心。這個在《道德經》中也有，叫作「無執」；在《莊子》叫作「逍遙」。轉到今天也一樣，作為一個高階的領導人也好，CEO 也好，也是盡量把養心的素養往上提，不

動氣、不傷身，所謂「至人之用心若鏡，不將不迎，應而不藏，故能勝物而不傷」（《莊子‧應帝王》）。事情的起伏、成敗、興衰，根本不看在眼裏，不難過，也不亢奮，就優游自在。用佛教的比喻，就如同鵝行在水面上，水不會沾溼鵝毛，這個比喻就是莊子講的「逍遙」、老子講的「無執」。這個時喉，莊子的思想就純粹在養心了，跟現實有沒有關係？有關係，可以遊在現實當中。有，就這樣；沒有，就優游自在。看山看水，這就是莊子。

　　所以，從先秦的相對論題一路往下看，後來的學者也好，文學家、史學家、哲學家也好，乃至於現代任何工作的人也好，都可以看出自己相應的位置是什麼了？可前，還是可後。以現在的環境來講，大部分都會走到道家的路子上去。每一個時代，多數人走道家，現代人更是如此。什麼原因？因為當多數人都接受教育的時候，要像傳統一樣光宗耀祖，要出人頭地，是不可能的。我不是常說，有人說國學有很多大師，我說沒有什麼大師，大師的老師一堆，大師的同學也一堆，哪來的大師。那是媒體的廣告，只是一種流行產品，過了就沒了。即使到了學者也會搞不懂，常以上了某些節目而沾沾自喜，最根本的還是在大學裏。這就是「何用浮榮絆此生」，是漂浮的榮。

第三十講
先秦諸子思想綱領綜整（三）

道、學、術

　　在欲望之後，會有養心跟修身的問題。這兩個有所分別，修身是外顯的言行，養心是在內心的。在社會的規範裏，如果依先秦的方式來講，是宗法延伸到封建的組織，在宗法裏去談禮的話，就會包括禮意、禮制、禮儀。禮儀包括一般的禮容、禮物等等。禮制有很多，像《尚書・洪範》的「九疇」、「八政」就是，延伸過來就像是後代的《通志》、《通考》、《通典》這類的內容；再延伸過來到現代，就是國家的各個部會，從最高層次的政府到社會的各個層級。如果從知識的角度來看，所有禮制環繞不同的事物，有宗族的、一般社會的、法律的、政治的、經濟的，傳統上這些通通屬於經世。

　　同樣的，由封建出來的也是一樣。因為封建已經涉及不同血緣關係的人，所以會慢慢傾向於法。這個領域的內容，如社會組織、宗法、封建、禮意、禮制、禮儀……等等，就是我們所講的「學」；修身、養心，就是所謂的「道」；「道」跟「學」再運用出來，就是「術」。「術」會隨著各種不同的情況，時間、地點、個人遭遇的不同而隨之變化。所有的這些東西，全部都是知識，都會通過各式各樣的符號，所以符號有積極的作用。符號會成為知識的載體，然後人們再從知識來處理、解決他所碰到的問題。但是，所有的符號，從數學到語文、到造型，可以有平面的，也可以有立體的，包括肢體動作，通通都是符號。但這會受到社會金字塔形結構的影響，使得大多數的人

無法進入到金字塔上層，都是在底層，無法得志，因此就走向疏離。傳統叫作「隱」，如果用現代的辭彙，也可以從價值判斷上來說，就叫「邊緣化」，疏離可以有程度上的差別。

欲望與規範的衝突

所以，人最根本的問題在哪裏？在生命處在一個矛盾衝突的處境裏。因為生命就是欲望，欲望要滿足，但是孤立不能滿足，所以需要一個社會、一個組織。從最原生的家庭組織，一直慢慢擴大，所以組織或社會成為個人欲望的工具。但對於這個工具，欲望的本性又不斷地想要佔有，而且到了人有了理性的階段、有抽象能力的階段，就變成是無限的佔有。這時人會摧毀掉自己的工具，因為跟別人聚合在一起，會摧毀掉別人，從欲望盲目的本性來講，要把所有人都納入，從佔有一直到控制，在只有肉體的時候，只佔有，而且有限度；但從肉體擴充出來而有智力的時候，就是控制。其實這時的欲望，如果用宗教的方式來表達，欲望就是魔鬼，因為什麼東西都要納入。納入了以後要做什麼？也不知道，就是滿足那樣的無底洞，把所有的東西都丟進去。

但是另外一方面的問題是，如果只有單面吞噬的欲望，會變成自我毀滅，因為所有對象都被吞噬了，再也沒有任何對象，沒有對象就無以生存，從邏輯推論是如此。永遠都需要有個對象，然後才能夠存在，當所有對象通通被吞滅了之後，存在的意義就消失了。從生命肉體的本性不斷上升上來，看古今的人物，特別是處在權力中的人物，為什麼掌握最高權力的人，生命的最後會是非常的枯萎？因為再也沒有對手了。沒有了對手，對權力的欲望就再也沒有發揮的餘地，只好萎縮掉了。這是很簡單的道理，背後對人的生命卻有很深刻的涵義。

　　因此，可以看得到主人跟奴隸之間的關係，主人永遠都需要有個奴隸，沒有奴隸就不成其為主人了。為了遏止這種情況的發生，在人的理性中，就要設置一個規範，不管是傳統的禮、法，或者是風俗習慣，基本上就是禁制，一種禁止的規則，禁止欲望在某些部分擴張。因為規範這樣的隔離，才使得人和他的工具能夠並存；如果沒有規範作為隔離，個人跟社會是不能夠並存的。但是，這種隔離是處在一種不穩定的狀態中。以更早的部落社會的傳統宗法組織來講，這個規範一定要發生作用，從宗法擴大到封建，就變成具體歷史上的問題，而不是一般普遍性講人類自己所面臨的問題。在古代特定的組織中，也是一樣會面臨到最普遍的欲望跟社會之間的矛盾跟衝突，呈現在周代社會的宗法，一樣會有不穩定，封建也是一樣會有不穩定。

　　但是在不穩定的狀態當中，強調的是一種規範，禮的規範。禮的規範特性跟法不一樣，禮的強制力比較弱一點、柔和一點，法的強制力就剛強一點，這是兩者的基本區別。強制力的剛跟柔，其實是依對人身體的傷害程度來區分的。在法，對身體的傷害程度是強的；在禮，對身體沒有傷害，大部分都是停留在協商、折衷的階段。所以古代人講「刑不上大夫，禮不下庶人」，這種禮散布在生活當中的各個領域裏，就成為不同的禮制。一個宗族、一個諸侯君有很多事務，政治的、法律的、經濟的……等等，轉移到現代，就成為社會科學所探討的各式各樣對象。

　　但即使樹立了規範，規範仍然會經常受到欲望的威脅，因為欲望的本身就是盲目的、就是衝動的，所以會不斷衝擊規範，只要規範沒辦法加以處置，欲望就會想衝破。在這個地方，人們是用兩種力量來維護規範，第一種力量就是強制力，規範本身的強制力，就是懲罰。第二種力量是靠人的自制，自我克制的能力。這種自我克制的能力，是透過社會化的過程，用比較專門的詞彙就是「教育」，從家庭到社

會，一層一層擴散出來。透過這樣的教育過程，讓人知道一些規範，平常講倫理的、法治的，通通都是屬於這一類。

初步是使用這兩種力量，培養人的自我克制力量，不能自我克制時，就用強制的力量，所以這是兩道濾網。《論語》說：「道之以政，齊之以刑，民免而無恥；道之以德，齊之以禮，有恥且格。」（〈為政〉）孔子並不是要廢掉政或刑，而是把政跟刑放在第二位，把禮跟德放在第一位。這個道理是非常的符合人類組織的特性，即使不是宗法的社會，就算換到現代的組織也是一樣。第一，先看交情，人相處就是要交情，有了交情以後就是各種法規，規定都是有的，都在那個地方，但是要推展時，這時候就要看人的一種情意。但這兩者都還有一個最大的困難，就是沒有辦法徹底的遏止欲望，因為人靠自制力，但還是常陷在衝突裏。就像《論語》所講的「克己復禮」，我約束自己，但是能不能約束得住？就算約束得住，會產生一個後遺症，因為欲望本身被壓抑，長期的、甚至高度的被壓抑後，欲望本身會轉換，產生一種病變，就變成心理的疾病。這種心理的疾病，古代沒有名稱，但是有一套辦法，就是孔子講的「游於藝」，用一些遊戲的活動，來紓解被壓抑的心理，但是如果沒有被壓抑住呢？就常常會找機會來規避規範，這是輕微的；嚴重的，根本侵犯、毀棄這個規範。

在這個社會的組織中，人們知道，最容易、最有力、最能夠毀棄這個規範的是誰？就是最高位置的人。所以可以看到，在先秦不只是儒家、道家、法家，各家都強調君道、君德，因為他有力量，最有可能違反規範，他一違反，其他人就跟著違反起來了，所以為什麼孔子會說「子帥以正，孰敢不正」（《論語・為政》）？英國的史學家（John Emerich Edward Dalberg-Acton）說「絕對的權力，使人絕對的腐化」（Power tends to corrupt, and absolute power corrupts absolutely.），背後都是同樣的道理。因此，當人們用自制力和強制力，也就是自我理性

的自制力和規範的強制力，仍然沒辦法非常完美、完全的使個人欲望和社會衝突處於非常平衡、穩定的狀態時，最後只好走到轉變人們的欲望，就把人進行改造。

　　因為在前面，基本上都還沒有去改造人，只是用社會的種種規範，去對人的欲望加以約束。就好像對一個很壞的小孩，既威逼，也利誘，暫時讓他乖一些，可是這個小孩——就是這個欲望，始終還是那麼壞，因為他就是那個樣子，生命的存在就是那個樣子。現在轉換成另一個方式，就是要把欲望轉變一個樣子，因為欲望總是自利的、自私的，所以當要轉變欲望時，實際上就是把欲望消融掉。依儒家的方式，就是將私變成公，其實公對人性的欲望是矛盾的。一個人的欲望是為自己，他怎麼可能損失自己來提供給別人，所以這是矛盾的，但儒家就是要做這樣的工作。這樣的工作，先秦諸子都有共同提到，就是「養心」。讓人意識內的欲望現象能夠逐漸消除掉，當消除掉以後，這個生命就是一種純粹的沒有欲望的生命、無慾的心靈。這個有點類似過濾很髒的水，過濾到成為不含任何雜質的水；對於這個生命來講，過濾掉的那些雜質就是欲望，剩下的就是純粹的水，沒有雜質的水。這樣過濾的過程，就是平常儒家、道家所講的養心的過程，只是他們用的名稱通通都不一樣，比如說孔子講仁，孟子講性善，《中庸》講誠，《大學》講明德，《道德經》講虛靜之心，或者用道、自然，莊子就講心齋，用比況的方式說神人，佛教就是講佛性，天主教就講人的博愛精神。他們所講的，通通都是在講純粹的心靈。等於是各種牌子的純水，每一個公司都出一種純水，製造純水的過程都一樣，但給予的名稱不同，這就是所謂的「養心」。

修身與養心

從前面所謂的禮，制定各種規範，這是一般所探討的學問，我們讀的絕大多數都是這個領域，比如儒家的教育內容——禮樂射御書數，通通都是。從儒家跳到現代來講，去讀社會學、法學、政治、經濟……等等也都是；再往下會延伸出來，軍事的、外交的，再往下會因為計算上的需要，數學的發展，變成會計、統計，甚至有些事務延伸於特定領域，比如說金融，但以前叫作銀行系、或者銀行保險系，現在都叫金融貿易系。雖然不斷的改變，但基本的方向都是如此，隨著環境現象不同，研究焦點會隨著變化。古代沒有技術型的知識，到近代以來，就是一種科學，所有的科學是來支撐上面一層的經濟，經濟這層再影響到上面一層的各式各樣組織。光就這個部分來看，人的社會組織和規範，基本上是以技術為基礎，什麼樣的技術就形成什麼樣的經濟活動，特定的經濟活動就形成特定的社會形態，而我們就是生活在這樣的模型裏。

前面所講的社會規範，換一個角度來看，基本上是如此。形成這樣的社會形態，很多規範在這樣的過程中都需要改變。當在農業階段的時候，經濟模式只有鋤頭，只有簡單的工具，只有農業的模式，或者是遊牧的、打獵的模式。在社會形態上，遊牧跟農業是不一樣的，它們的限制在哪裏？農業的基礎在土地，社會就跟著限制在土地，當然會安土重遷，在土地上的這一群人，要維護他們的土地，凝聚模式是如此。如果改換了，不是在土地，而是在工廠，那即是進入工業跟商業的複合，就需要輸送，需要交通，於是需要建築交通的聚集點，人的聚集不在廣大的農地，而是在都會作為一個節點。隨著輸送的便捷，人就又離散了，像遊牧民族一樣，東跑西跑。所以，是根據這樣不斷一層一層上去而影響，但是不管是哪一種影響，一般我們所學的

知識範圍，都是這當中的一端。這時，你在其中的位置和功能，就好像一個大機械的螺絲釘一樣，在某個地方發揮著功能。在這當中，仍然會不斷的衝擊規範，一個社會的規範會受到各式各樣的衝擊，許許多多的人，由上到下，不是迴避，就是侵犯，如《莊子・胠篋》中所言：「彼竊鉤者誅，竊國者為諸侯。」反正都是小偷，皇帝、總統跟一個普通竊賊，沒有什麼差別，因為都是一樣在偷東西。小偷能偷的是什麼？小偷是避規範；而在上位者，皇帝、總統則是利用規範，或者是違反規範。從這個地方來看，莊子的講法是正確的，但是在整個社會的運作裏，一旦如此、就處於不穩定的狀態，就是一團混亂。因此、雖然這些知識不斷的掙扎，從技術的知識，上升到所有的經世知識、社會科學的知識，不斷的掙扎，想要維繫。但是也不斷的遭受攻擊，就個別的人來講，人們就是要把規範推倒。因此，要想在任何組織裏做到十全十美，那是不可能的，能夠做到七成的好，就已經相當不錯了。

　　但是在先秦裏，有提出這樣養心的過程。修身是遵守倫理的規範，是在組織的禮法裏面，因為修身要外顯到行為。人們在修身的過程中，遵守規範，有些是假的遵守，有些則是利用，「人而不仁，如禮何？人而不仁，如樂何」（《論語・八佾》）？仁在哪裏？在內心，孔子是這樣的講法。《道德經》卻是另一個講法，「禮者，忠信之薄而亂之首」（〈三十八章〉），為什麼？因為利用禮。所以從這個地方，才會一路走到養心，養心是進入到純粹無慾的一種精神、一種心靈。怎麼發現的？孔子為什麼會發現仁？孟子為什麼會發現性善？《大學》為什麼會想到明德？《中庸》為什麼想到誠？老子為什麼會想到虛靜之心？莊子為什麼會想到心齋？他們之所以會想到，並不是空想而來，而是實際做到的。在那個環境下，人是怎麼樣發現的？同樣的問題，也可以去問釋迦摩尼佛怎麼發現佛性的？他不是孤零零的一個

人，在那個環境裏，剛開始也是跟很多仙人去學，那些仙人有著各式各樣的方法，那些仙人更早相信的是婆羅門裏的太陽神。也可以問耶穌怎麼發現上帝的？在耶穌口中所講出的「God」是什麼？是從他心裏流露出來的，他怎麼樣會想得到？在不同的文化裏，不管宗教或者學術，面對這樣純然無慾的心靈狀態，人原來沒有，所以是怎樣才會出現？

祭祀與養心

這種出現，如果就先秦來看，應該是由祭祀的文化裏出現的，這要從《禮記・祭義》去看。古代的祭祀活動很多，有祭天、祭地、祭祖、祭山川鬼神、就像現在初一、十五要拜拜一樣的道理，只是我們流於形式、擺上祭祀的東西而已。

真正的祭祀，人要齋戒沐浴，然後靜坐，古代的祭祀往往只到這個地方。雖然已經不錯了，但莊子還嫌，說這個不是心齋，光是祭祀、拜拜不是，真正的齋戒是要到內心的齋戒，就是內心沒有任何雜念。把一個人放在祭祀的場合，在外面，他祭天、祭地，坐在那個地方都不能動，因為儀式規定如此，不能動，這時他會想著什麼？就在那樣漫長的過程裏，人的意識裏逐漸會呈現慢慢沈澱、慢慢平靜，不再是各式各樣流亂的內心狀態，逐漸呈現非常平和、寧靜的狀態。尤其是在祭天、祭地，因為面對天地，天地有什麼東西？天地什麼都沒有，天地就是那樣，日出、日落，有天空、有雲、有山川大地，就是這樣子。當人在面對這樣的處境時，所有的欲望都沒有了，這就是我跟你們講過的，《道德經》損的時候，用什麼去損？一定要用非欲望對象，只要用了欲望對象，就會引出來更加混亂。

在沒有宗教之前，就只有兩個非欲望對象，就是天地、自然，有

了宗教之後，就是信仰的神聖者。所以，當人還沒有養心的時候，對於最高的、純粹的精神，只能夠相信，所以這就是信仰。不相信，就做不到，沒有信仰作為前提的時候，因為還沒有到養心的最高層次，所以一定要相信純粹的精神、心靈是有的。這時自己鍛鍊，循著已經發現的人所提供的方法去鍛鍊，所以「大學之道，在明明德，在親民，在止於至善」。在我還沒有「明德」之前，當然就要相信有那個「明德」，至於那個「明德」是什麼？我也說不上來，只是覺得說，那個明德一定不是我現在的意識、我現在心理的狀態。那麼，我現在的心理狀態是什麼？就是欲望所帶來的各式各樣活動。如果採現象學式的描述，就是一個簡單的過程，人的生命不斷在這個過程裏循環。欲望一定要有個對象，有這些對象的時候，就會對這些對象做價值判斷，要這個而不要那個，為什麼？因為這個比較好、比較貴、比較有用，各式各樣的判斷。接著你要付出行動去要，要的時候會不會受到阻礙？可能會，也可能很順利，一要就有。像上帝一樣，說光來，光就來。尋找、要的過程中，有各式各樣不同的狀況，有時候會有阻礙，別人也要，就會跟你產生衝突；或者別人看你要，故意整你，他也不要，就只是喜歡整人；或者你要的時候，沒有人阻礙你，因為其他各式各樣的因素。結果在這樣的過程裏，接近結束的時候，你發現要不到，或者也許要到了，欲望才會在此停下了。在這個過程裏產生了各種各樣的情緒、情感，只要隨便拿一件事情放在這裏分析，小從個人到菜市場，大到總統決定要不要開徵證所稅，過程是不是都一樣？通通都一樣，只是內涵不同而已。這就是人的意識流動的狀態，生命不斷的循環。

　　所以養心的第一件事，就是看清楚欲望。一般人不會這樣子離開自己，像是靈魂脫體一樣去看，而容易陷在各種活動、流動中，因為這是一個慣性，過去以來長期這樣，就成為生命的慣性，生命就是如

此的轉動，現在要終止這個慣性。慣性，傳統叫作習性，佛教叫作業習、就是業力的習氣，業並不是神祕的，業就是「karma」，就是造作、就是活動，不止是肉體外顯的活動，包括意識的活動皆是。心裏想的是業，做出來的是業，說出來的話也是業。基本上就是說，動作會帶來一種慣性，一個動作會有一個結果，就是業報；一個動作會有一個生起，所以可以用唯識去講「業」，就是人的八識活動，現在要終止他。像孔子、孟子都沒有去談，只說要「反身而誠」，《孟子・盡心上》說：「萬物皆備於我矣，反身而誠，樂莫大焉。強恕而行，求仁莫近焉。」但孟子也沒有講如何「反身而誠」，也沒有弟子提問，就沒有這個記錄，頂多提到「反身而誠」的時候，脾氣很不好，怎麼辦？就「持其志，無暴其氣」（《孟子・公孫丑上》）。還不能誠，就要你堅定，請問要怎樣「持志」？氣仍然在，血氣包括欲望、種種的情緒，通通都在，這就叫「氣」，就是生命力。怎樣建立我的「志」呢？孟子又不說了。大部分先秦的知識，都很少談這個問題，這個過程只有《大學》、《中庸》、老子、莊子會去談，孔子、孟子、荀子不太談。

這樣的養心過程，一般來說可以分為兩個階段。初步的階段是對治生、對治欲望，比如說《道德經》用損的方式，去遏止那種流亂的意識，這是一個階段。這個階段稍微能夠有所成，內心就會平和，《大學》就叫作「靜」。那麼到了第二個階段，通常可以分成各式不同的現象，但是儒家不講，道家也不講，他只講一個，就是說你碰到那些現象的時候，怎麼辦？像《中庸》會提，因為在過程當中，你會因為平靜，覺得跟過去不一樣，就很喜悅、高興，就很容易沈溺在這裏面，認為自己已經有所得，得到一個心靈提升的境界，甚至於認為說已得道、悟道了。這樣的過程在《中庸》會提，在《老子》、《莊子》會提，可是都語焉不詳，基本上分這兩個階段。尤其是在第二個

階段，有了一點點成就，在養心達到某一個成就之後，很容易停頓在這個地方，他告訴你還要突破，不能停留在這個地方。所以在《道德經》裏邊除了損，還有提到「人法地，地法天，天法道，道法自然（〈二十五章〉）；《中庸》也是換一個方式講，在過程當中，人有所得，在世俗的德性倫理有一些成就，但是矜持在這個地方。在這樣的養心過程裏，到達最後才會達到境界。境界，就是孔子講的仁；孟子講的善；《中庸》講的誠，是「喜怒哀樂之未發」的中，而「發而皆中節」外顯到行為就是和；《大學》講的明德，能夠安，安以後就能夠慮，慮就是有智慧的思維，不是普通的智力，因為能夠到安這個地步，這個安就相當於《中庸》的中，是同一個等級的，已經到了究竟。這個安從裏邊的空無一物來講，無所執著來講，可以說就像《道德經》的虛靜，就像莊子講的心齋，通通都一樣。這是養心的境地，是一條往上學道的過程。

　　古今以來，在這個學道德的過程中，能做到的不多，只是散布在其中不同等級的境界裏；而在我們所讀的知識裏，很多都是表現在中間階段的境界。如陶淵明有沒有到底？沒有。王弼有沒有到底？王弼很差，連初階都到不了，雖然他講得天花亂墜，但講是一回事，工夫又是一回事。蘇東坡有沒有到底？也沒有，雖然他後來有不斷的上升。世間的學問、文人等等這些，在這條路上能到底的不多，都是輾轉其中，都在這個過程裏。

先秦諸子思想的核心

　　當能夠到達這個境地的時候，先秦講「聖」，用在經世就變成「聖王」，可是聖一定能夠成王嗎？不一定。因為成王是要有另外的條件，雖然先秦期望這個王能夠是聖王，但不過只是期望。所以，韓

非就認為這種期望是空想，為什麼？在現實的制度、社會中，在歷史的發展裏，能夠當王的人往往不是聖，這就變成另外的問題。轉到現代，會發現剛才所提到的，為什麼要疏離？人為什麼會隱遁、隱居？或者，用一到九表示疏離的程度，疏離並不是完全退出、離開這個社會，而是跟社會各式各樣的活動有接觸，但保持一段距離。絕大多數的人都必須如此，可以說至少有三分之二，或者更多的人必定如此。為什麼？因為沒有那麼多的位置。社會的組織結構，沒有那麼多的位置去經世，當范仲淹說「先天下之憂而憂，後天下之樂而樂」的時候，如果他後來沒有上到那樣的官位，也就只好回去了。

這樣回頭去看先秦諸子，一個一個數下來，會發現他們都在這裏面，他們也都跑到疏離的範圍。拿孔子來看，孔子不斷強調禮，同時發現這些倫理很重要，可是他也看出這當中有毛病，毛病在哪裏？在人的內心。所以孔子講：「人而不仁，如禮何？人而不仁，如樂何？」（《論語・八佾》）說「吾道一以貫之」（《論語・述而》），其實孔子的一生都在這裏。為什麼孔子要講「志於道，據於德，依於仁，游於藝」？因為「道」有兩個方向可以走，一個方向是走到經世，就是「據於德，依於仁」。「據於德，依於仁」是什麼？就是外發，外發於公心，處於經世的部分；具體的講，就是所有社會組織結構當中的在上位者，古代就是天子、諸侯王。而另外一個方向，當不能夠成為諸侯王，因為那是世襲的，沒機會，怎麼辦？只好「游於藝」了。所以到最後，孔子跟弟子在聊天的時候，說「吾與點也」，為什麼？因為「莫春者，春服既成；冠者五六人，童子六七人，浴乎沂，風乎舞雩，詠而歸」（《論語・先進》），就是閒閒沒事，才會在傍晚去看祭神的活動，就好像現在跑去臺北市東區看各式各樣的活動，然後再悠哉悠哉的踩著夕陽回家，沒事做，但是心情很愉快、很放鬆，那是「游於藝」的方式。孔子會講這種話的時候，等於是深有所會。

　　孔子的想法跨了三個領域，大部分都講社會的問題、經世的問題，極少數講養心。即使講養心，也不講太奧祕，像「無聽之以耳，而聽之以心」（《莊子》）的話，孔子不講；不講「損之又損」，也不講要法天、法地，就只說「非禮勿視，非禮勿聽，非禮勿言，非禮勿動」（《論語・顏淵》），這是最切近日常生活的話，但孔子都沒有再進一步說解。如果像子路這樣的弟子去追問，說雖然要非禮必動，可是當下如果拚命動的時候，該怎麼辦？我知道那是非禮，那我還是動了心，還是一直想做，怎麼辦？這部分孔子就沒有再講了。要做到這一點，就得走進養心，而且是長期的養心，長期鍛鍊自己的心志。就好像布染黑了、髒了，要在水裏把布漂白，就要一天到晚的沖，沒事就沖，污漬才會慢慢的淡，到最後消除掉，方法就是這樣。

　　轉到《道德經》，也是這樣講的，但跟儒家不一樣。儒家強調規範，是靜態的，老子講的是動態的。老子可以承認一定要有規則，可是在活動的過程當中是動態的，所有的內容一定放在生活裏作為框架；但是生活會隨著時間不斷的往前流動，當在流動或互動時，這些事情就會產生轉變，那就成為形勢的「勢」。所以老子在看所有的形勢時，發現到最後都是「物極則反」，就是「反者，道之動」。更深入一層去講，從力的角度去看，勢也是一種力，用勢就是用力；但「力」可以說是單一的，「勢」則是匯聚許多的力量。這些力量，有的可以相輔助，有的則是相逆反的、衝突的。各式各樣的力聚合起來，然後往前推。

　　其實這種說法，有沒有更早於老子的本源？有，在《周易》。因為在老子之前，《周易》就已經存在了。《周易》有陰陽的觀念，但到剛柔的觀念，就稍微晚期了。雖然春秋時代也常常占筮，這時已經懵懵懂懂有一些各式各樣的力匯聚的觀念。尤其是陰陽，那是兩種不同力的形態，處的位置怎麼分布？放在人事裏看，處在高位、低位，能

不能相應和？初爻跟四爻相對應，但兩個都是陽，所以不能在一起，為什麼？因為它們的特質是一樣的，不能互補，兩個在一起一定吵架。所以兩個主見太強的人一結婚，就會天天吵，總是要有一個人讓，讓的那個人不是代表弱，只是用另外一種方式，就好像牛很有力氣，但只要一條繩子栓住牛鼻子就好了，不用跟牛打架。可以變化，可以剛，但不同時候可以柔，這個時候可以陰，另外的時候可以陽。陰陽是變化的，要看對應的是什麼事情，有些事情是陰主導，有些則偏陽主導。

《道德經》看的是動態的部分，儒家則是強調靜態的部分。靜態的就是規則、規範，道家是談流動、動態的變化。《道德經》知道禮或是所有的社會規範一定在，但他也指出這當中的虛偽。當老子指出當中虛偽的地方時，該怎麼辦？所謂「禮者，忠信之薄而亂之首」（三十八章），這時就要回到「道」，回到養心。「道」如果流衍下來而成為一種社會現象的時候，換上來的就是「勢」，跟儒家由道流衍下來所形成的「禮」的規範不同。所以，「道」的外發，可以在內心，也可以在外的制度。

可是莊子不一樣，莊子一下子就跑進了「疏離」。如果比起孔子、老子，莊子稍微窄了一點，因為他只從「道」去看養心，要超越現實的部分；但他沒有談到，道心也可以進入現實當中。所以莊子是取其中一端，就是離開；但要離開也不容易，所以他談「心齋」、談「齊物」、談「逍遙」，談各式各樣的人物來作為比況，這是莊子的途徑。

如果轉到儒家，基本上是循著孔子的方向來走。如果轉到法家，像韓非這樣的人，怎麼辦？他就在規範裏強調「法」，因為社會處境的變化，進入到封建的政治組織，諸侯王要引用外人、非血緣關係的人；可是法家強調法的同時，也知道要重「勢」，所以吸收了老子所重的「勢」。但老子所講的「勢」，到了韓非就不一樣了。韓非講君的

權位，不是看事情的流動，以及各方力量匯集之後會產生什麼結果。一般常說韓非重法、重術、重勢，其實韓非所重的「術」，反而比較像《道德經》對「勢」的運用。這種形勢的運用，演變到兵家，就是戰略。這就是《道德經》所看到的，會被引用到政治、軍事這兩個方面的原因。因為這兩個方面，關係到當時在帝國組織裏所有的人，他們的存亡關鍵，所以特別重視這一點。

再流衍下來，尤其是《道德經》重勢的觀念，在實際的應用上，每一個環境底下都不一樣。所以，老子只講一個最高的原理，落下來的時候，應用在政治的、軍事的都是如此；再落下來，應用在個人方面，也要判斷情勢，比如史傳裏的很多人物，不管是漢高祖也好、項羽也好，乃至於清朝的人、現代的人，都一樣。因為中文系都開了《史記》，大家比較熟悉，其實《史記》好好的多看幾遍，尤其是裏面的人物，在「術」的應用上就非常清楚了。這種「術」的運用，其實就是對於形勢的一種判斷。直到今天，每天都還是碰到這個問題，比如說各種稅、油、電，都是對於「勢」的判斷，在這些事情要通過的時候，要看支持的力量會有哪些？反對的力量會有哪些？然後分析好那些反對的力量，再想要用什麼方法來削弱或消弭掉這些反對的力量。如果不這樣子去想，用現在的話來說，就是操作不夠細膩，反對的力量當然湧上來，這就是「勢」。什麼是事件？就是我與人的心力在假借物力而互動的過程。心力就是想要什麼，物力就是各種複雜的力量，就好像水流，各方的水都聚集成漩渦，很難分的，後面要往哪裏走，要看哪一個方向來的水流力量最強，個人也是如此。

所以，這種形勢的分析，在處理現實事物時是非常重要的，對個人的前景也是一樣的。有知識、有學位，這是一種力量；但是這個力量能不能發揮作用，就另當別論了，要看有沒有足夠的力，環境的力。當任何個體的「力」不夠時，就要借別的力量，坐在上面，才能

乘勢而起；不坐在上面，力量太微弱，就動不了。這一類的說法，就變成《道德經》以下所發展出來的範圍。

至於其他的名家、陰陽家，已經是次要的。名家不過是在符號上打轉，那是細節的部分；陰陽家勉強可以跟《道德經》的「勢」有點關聯，講主運，講陰陽變化，算是《道德經》講「勢」時的末端運用。

大抵上，先秦諸子都可以在這當中找到相對應的位置，經過這樣的比較，就可以知道，為什麼從古以來，儒家跟道家向來都是最重要的思想主流，因為他們接觸到人的生命當中最基本的三個問題。第一個，活在現實裏；第二個，要從現實裏跳上去到精神的層次；第三個，在現實裏我進不去，只好退出，走到隱遁。

這三個基本的問題，都會歸結到養心與修身。了解了以後，就可以知道最根源的地方在養心、修身，可行可藏，先秦最精粹的思想就在這個地方。以前王靜芝老師上這堂課，後來交給我，跟我說先秦思想就講「道」吧！那麼多知識，到最後就是很簡單的東西，就是——「道」。

附錄十六
《荀子‧脩身》的現代解讀

壹　引言

　　就《荀子》一書來看，〈脩身〉一篇承〈勸學〉論學習目的而加詳。〈勸學〉論學習目的說：「學惡乎始？惡乎終？曰：其數則始乎誦經，終乎讀禮；其義則始乎為士，終乎為聖人。」又說：「*君子之學也*，入乎耳，著乎心，布乎四體，形乎動靜。端而言，蝡而動，一可以為法則。**小人之學也**，入乎耳，出乎口；口耳之間，則四寸耳，曷足以美七尺之軀哉！**古之學者為己，今之學者為人**。君子之學也，以美其身；小人之學也，以為禽犢。」〈脩身〉篇則詳其德目。

　　《荀子‧脩身》各段論題不相連屬，必須依理重組。今先列〈脩身〉全文，而後據重組的論題，依次解說。

貳　《荀子‧脩身》

　　說明：序號表非段落次第。

---

1 見善，修然（整飭貌）必以自存也；見不善，愀然（憂懼貌）必以自省也。善在身，介然（堅固貌）必以自好也；不善在身，菑然（菑借為淄，沾污貌）必以自惡也。故非我而當者，吾師也；是我而當者，吾友也；諂諛我者，吾賊也。故君子隆（尊盛）師而親友，以致（極）惡其賊。好善無厭，受諫而能誡，雖欲無進，得乎哉！小人反是：致亂而惡人之非己也；致不肖而欲人之賢己也；心如虎狼，行如禽獸，而又惡人之賊己也。諂諛者親，諫爭者疏，修正為笑，至忠為賊，雖欲無滅亡，得乎哉！詩

（詩小雅小旻第二章）曰：「潝潝（相合）訿訿（相詆），亦孔之哀。謀之其臧，則具是違；謀之不臧，則具是依。」此之謂也。

2 扁（徧）善之度，以治氣養生，則後彭祖；以修身自名（外傳「名」作「強」），則配堯禹。宜於時（與下句「處」互文，意同。）通，利以處窮，禮信是也。凡用血氣、志意、知慮，由禮則治通，不由禮則勃（即悖）亂提（提、急，一聲之轉，提僈即急慢）僈；食飲、衣服、居處、動靜，由禮則和節，不由禮則觸陷生疾；容貌、態度、進退、趨行，由禮則雅，不由禮則夷固（夷倨）、僻違、庸眾而野。故人無禮則不生（生與下句成互文），事無禮則不成，國家無禮則不寧。詩曰：「禮儀卒度，笑語卒獲。」此之謂也。

3.1 以善先人者謂之教，以善和人者謂之順；以不善先人者謂之諂，以不善和人者謂之諛。

3.2 是是非非謂之知，非是是非謂之愚。

3.3 傷良曰讒，害良曰賊。

3.4 是謂是，非謂非，曰直。

3.5 竊貨曰盜。

3.6 匿行曰詐。

3.7 易言曰誕。

3.8 趣舍無定謂之無常。

3.9 保利弃義謂之至賊。

3.10 多聞曰博，少聞曰淺。多見曰閑，少見曰陋。

3.11 難進曰偍（急）。

3.12 易忘曰漏。

3.13 少而理曰治，多而亂曰秏。

4.1 治氣養心之術：血氣剛強，則柔之以調和；

4.2 知慮漸深（漸，潛。漸深即城府深沉），則一之以易良；

4.3 勇膽猛戾（忿惡），則輔之以道順（即導順，謂依循道理）；

4.4 齊給便利（齊，疾。齊給便利謂捷速），則節之以動止；

4.5 狹隘褊小，則廓之以廣大；

4.6 卑溼（意志卑下）重遲（性情迂緩）貪利，則抗之以高志；

4.7 庸眾駑散（駑，駑劣卑下；散，不自檢束），則劫（奪）之以師友；

4.8 怠慢僄弃（僄弃，自輕其身，自棄其身），則炤（照）之以禍災；

4.9 愚款端愨，則合之以禮樂，通之以思索。

凡治氣養心之術，莫徑由禮，莫要得師，莫神一好。夫是之謂治氣養心之術也。

5 志意修則驕富貴，道義重則輕王公；內省而外物輕矣。傳曰：「君子役物，小人役於物。」此之謂矣。身勞而心安，為之；利少而義多，為之；事亂君而通（通，通達得位），不如事窮君而順焉（順，得行其道）。故良農不為水旱不耕，良賈不為折閱（折，損；閱，減）不市，士君子不為貧窮怠乎道。

6 體恭敬而心忠信，術（由，循）禮義而情愛人；橫行天下，雖困四夷，人莫不貴。勞苦之事則爭先，饒樂之事則能讓，端愨誠信，拘守而詳；橫行天下，雖困四夷，人莫不任。體倨固（倨，傲；固，剛愎）而心執詐（王引之校，以執為【勢－力】。謂用勢為詐），術順墨（順，假借為慎，指慎到；墨，指墨翟）而精（精，情）雜汙；橫行天下，雖達四方，人莫不賤。勞苦之事則偷儒轉脫（偷，謂苟避於事；儒，謂弱畏事；轉脫，宛轉求免），饒樂之事則佞兌而不曲（佞，謂口才銳利。兌，同銳），辟違而不愨（辟、違，皆謂邪。），程役而不錄（錄，檢束）。橫行天下，雖達四方，人莫不棄。

7 行而供冀（供，即恭；冀當為翼，即敬），非漬淖（泥）也；行而俯項，非擊戾（抵觸）也；偶視（兩人對視）而先俯，非恐懼也。然夫士欲獨修其身，不以得罪於比俗之人也。

8.1 夫驥一日而千里，駑馬十駕（一日一駕車，十駕即十日），則亦及之矣。將以窮無窮，逐無極與？其折骨絕筋，終身不可以相及也。將有所止之，則千里雖遠，亦或遲、或速、或先、或後，胡為乎其不可以相及也！

8.2 不識步道者，將以窮無窮，逐無極與？意（即抑）亦有所止之與？夫「堅白」、「同異「有厚無厚」之察，非不察也，然而君子不辯，止之也。倚魁（奇鬼，謂狂怪高踏之行）之行，非不難也，然而君子不行，止之也。

8.3 故學曰遲（曰，虛詞，遲，待）。彼止而待我，我行而就之，則亦或遲、或速、或先、或後，胡為乎其不可以同至也！故蹞步（半步）而不休，跛鱉千里；累土而不輟，丘山崇成。厭（塞）其源，開其瀆（水竇），江河可竭。一進一退，一左一右，六驥不致。彼人之才性之相縣也，豈若跛鱉之與六驥足哉！然而跛鱉致之，六驥不致，是無他故焉，或為之，或不為爾！道雖邇，不行不至；事雖小，不為不成。其為人也多暇日者，其出入不遠矣。

9 好法而行，士也；篤志而體（履），君子也；齊（智慮敏捷）明而不竭，聖人也。人無法，則伥伥然（無所適貌）；有法而無志其義，則渠渠然（無守之貌）；依乎法，而又深其類，然後溫溫然（潤澤貌）。

10 禮者所以正身也，師者所以正禮也。無禮何以正身？無師吾安知禮之為是也？禮然而然，則是情安禮也；師云而云，則是知若師也。情安禮，知若師，則是聖人也。故非禮，是無法；非師，是無師也。不是師法，而好自用，譬之是猶以盲辨色，以聾辨聲也，舍亂妄無為也。故學也者，禮法也。夫師，以身為正儀而貴自安者也。詩（詩大雅皇矣第七章）云：「不識不知，順帝之則。」此之謂也。

11.1 端愨（誠謹）順弟（遜悌），則可謂善少者矣；加好學遜敏焉，則有鈞無上（或曰此五字為衍文），可以為君子者矣。
11.2 偷儒憚事，無廉恥而嗜乎飲食，則可謂惡少者矣；加惕（蕩）悍而不順，險賊而不弟焉，則可謂不詳（祥）少者矣，雖陷刑戮可也。
11.3 老老而壯者歸焉，不窮窮而通者積焉，行乎冥冥而施乎無報，而賢不肖一焉。人有此三行，雖有大過，天其不遂乎！

12.1 君子之求利也略（略，疏略；不重視），其遠害也早，其避辱也懼，其行道理也勇。
12.2 君子貧窮而志廣，富貴而體恭，安燕（安息，安逸）而血氣不惰，勞勧（倦）而容貌不枯（枯，即楛，楛僈，苟且），怒不過奪，喜不過予。君子貧窮而志廣，隆仁也；富貴而體恭，殺埶也；安燕而血氣不惰，柬理也（柬，同檢，理，謂禮）；勞勧而容貌不枯，好交（交，當作文，即禮）也；怒不過奪，喜不過予，是法勝私也。書（尚書洪範）曰：「無有作好，遵王之道。無有作惡，遵王之路。」此言君子之能以公義勝私欲也。

參　《荀子‧脩身》解說

說明：《荀子‧脩身》各段論題不相連屬，今依論理重組各段，分為：

一、通論：小人和君子的分別

二、脩身的依據

三、脩身有成的條件

四、脩身的內涵

    A　言行分辨

    B　個性、意志、和智能的陶養

    C　面對無意義衝突的態度

    D　尊嚴和利益的抉擇

    E　待人之道

    F　處事之道

一　通論：小人和君子的分別

1 見善，修然（整飭貌）必以自存也；見不善，愀然（憂懼貌）必以自省也。善在身，介然（堅固貌）必以自好也；不善在身，菑然（菑借為淬，沾污貌）必以自惡也。故非我而當者，吾師也；是我而當者，吾友也；諂諛我者，吾賊也。故君子隆（尊盛）師而親友，以致（極）惡其賊。好善無厭，受諫而能誡，雖欲無進，得乎哉！小人反是：致亂而惡人之非己也；致不肖而欲人之賢己也；心如虎狼，行如禽獸，而又惡人之賊己也。諂諛者親，諫爭者疏，修正為笑，至忠為賊，雖欲無滅亡，得乎哉！詩（詩小雅小旻第二章）曰：「噏噏（相合）呰呰（相詆），亦孔之哀。謀之其臧，則具是違；謀之不臧，則具是依。」此之謂也。

　　君子和小人的分別何在？在於面對自己的善言善行和惡言惡行之時，態度不同，而態度源自品德。

1.1 見善，修然必以自存也；見不善，愀然必以自省也。

「善」、「不善」泛指人的言行，言行呈現出知識和品德二個層面，品德分外顯的言行和內心的動機。「見善」、「見不善」意謂見別人言行有善或不善。「見善」的後續反應是珍惜自己同樣的善言善行，「見不善」則深深警惕，反省是否也有同樣的言行。這也是孔子所說「見賢思齊，見不賢而內自省」的意思。

現代解讀：

在學校時功課優秀，是善；畢業後，工作能力強而有效率，是善；在學校，和同學相處融洽，是善；在職場，和同事、長官、顧客相處融洽，是善。

可是，有些人見了別人功課優秀，工作表現良好，人緣也好，卻幾乎是本能一般的反應冷淡，或嗤之以鼻，甚至批評這個人的其他言行不是，總之，心裏不以為然之外，甚至還很生氣。這就是嫉妒。

愛嫉妒的人可能能力不如人，也可能能力很強，但是共同的心理是好勝心太強，尤其在學校的功課經常名列前茅、讀名校，工作能力不錯，事業順手，升遷也快，賺錢又多的人，因為習慣了比別人強，一見到有人表現不錯，就幾乎本能的升起好勝心，接著就出現各種嫉妒的言行。

嫉妒的結果是：同樣有嫉妒想法的人會聚在一起，聊起天來，盡說別人的壞話，或者取笑，或者一副不屑的樣子。但是這一小撮嫉妒的人，如果和別人在一起，又會彼此嫉妒，彼此背地裏說壞話。就像一塊布，經常泡在黑色的水裏，這塊布就越來越黑。

在心情上，老是嫉妒的人，始終在心頭堵著一股氣，無法散發出來，心裏又悶又怒又怨，對人對事對物，一直都沒有讚美、欣賞。心地越來越狹窄、刻薄。於是一些比較正派的同學、朋友、同事，慢慢的和他疏離，找各種理由和他疏離。於是這愛嫉妒的人越來越孤立、寂寞，只能找同樣愛嫉妒的人，可是心裏也不舒坦，每次聚會之後，心裏並不高興，因為這些人同樣心地狹窄。

所以從嫉妒、心地狹窄、到孤獨，寂寞，到猜疑，到無趣的聚會是這種人的生活型態。久而久之，常不快樂，最後很可能因為細胞病變，而轉成癌症。

1.2 善在身，介然必以自好也；不善在身，菑然必以自惡也。

「在身」指察覺自己有善或有不善。察覺自己有善的後續反應是努力保持這些優點，察覺自己不善的後續反應是感到慚愧、懺悔而立即改過。這是正確而適當的態度。

現代解讀：

可是有些人卻沒有如此正確而適當的態度。這種人大致上就是前段所說的，愛嫉妒的人。這種人在名列前茅、讀名校，事業順手，升遷也快，賺錢又多的時候，當然會努力保持這些優勢，不過也很得意、驕傲、傲慢、瞧不起人。這完全是好勝心作祟的緣故。

這樣的人一旦有缺點，不論知識上的或品行上的，不會覺得慚愧而改過，他們的第一個反應經常是找各種理由為自己辯解、硬拗。一旦辯解、硬拗不成，別人又不斷追究，就會惱羞成怒。這種人所以會如此，原因還是一樣，好勝心作祟，不能承認自己有任何缺點。

由此可見，好勝心是一個人上進的動力，沒有好勝心，很可能只流於平庸。但是這股上進的動力，只保證提升能力，並不保證成功，尤其缺乏品格修養時，好勝心反而成為失敗的保證。所謂品格修養，就是對己、對人都謙虛，能夠尊重別人，不論這人的身分、地位、財富、知識的高低，都能夠尊重他們，欣賞他們，甚至在適當的時候、場合，讚美他們。這個時候，結合了謙虛、尊重素養的「好勝心」，就不叫「好勝心」。因為「好勝心」是個負面的評價語。這個時候的「好勝心」就變成「積極進取」、「自強不息」。

1.3 故非我而當者，吾師也；是我而當者，吾友也；諂諛我者，吾賊也。故君子隆師而親友，以致惡其賊。好善無厭，受諫而能誡，雖欲無進，得乎哉！

批評我而評批得很恰當的人，就是我的老師；肯定我、讚美我而肯定、讚美得很恰當的人，就是我的朋友；只會奉承、諂媚我的人，就是要陷害我的人，是個賊人。

「非我而當」意謂正確的糾正我的缺點，「是我而當」指正確的讚美我的優點。「非我而當」可以是吾師，也可以是吾友，「是我而當」也可以是吾師，也可以是吾友。因文章運用排句技巧的緣故，所以拆開來，使誦讀好聽，其

語意本是「故非我而當、是我而當者，吾師友也」。反之，不論我的言行如何，只會諂諛我，討好我，則其心必有所圖，而不管我是否犯錯，這對我只有百害而無一利，所以是吾賊。

現代解讀：

在理智上，絕大多數人都知道誰是我的師友，對我有幫助，誰是我的賊人，誰對有害。可是在個性、情緒、情感上卻很掙扎。因為每個人都喜歡聽讚美、鼓舞的話，沒有人喜歡譴責、貶抑的話。尤其那些名列前茅、讀名校，事業順手，升遷也快，賺錢又多，好勝心、嫉妒心又強的人，實在不能忍受任何人的糾正，即使父母、師長的糾正也不能忍受，頂多不頂嘴而已。

所以一方面能夠分辨別人對我的讚美或批評是真或假，一方面又能克服個性、情緒、情感上的好惡，才能成為君子，成為有品德的人。於是能夠尊敬師長，親近朋友，聽了難聽的話，即使很生氣、很討厭，也能克制情緒，提醒自己一定要改過。倘若如此，知識毫無進步、品德毫無提升，那是不可能的。

那麼，如何才能對師友的批評、勸勉虛心接受，真誠反省？這需要培養寬容的心地，而寬容的心地需要情欲恬淡。恬淡是脩身最根本的工夫，其他的品德都從恬淡中自然滋生出來。

1.4 小人反是：致亂而惡人之非己也；致不肖而欲人之賢己也；心如虎狼，行如禽獸，而又惡人之賊己也。諂諛者親，諫爭者疏，修正為笑，至忠為賊，雖欲無滅亡，得乎哉！

1.5 詩曰：「嗡嗡呰呰，亦孔之哀。謀之其臧，則具是違；謀之不臧，則具是依。」此之謂也。

現代解讀：

小人不是天生就壞，而是不能克服人性天生喜歡聽好話的個性、情緒、情感。心裏明知勸諫的話對自己有幫助，就是討厭，不喜歡聽，甚至恨這樣的人，雖然心裏知道不該恨他。尤其當小人有地位、有權力，又聰明時，更沒有人會譴責他、批評他，因為只會被他取笑，認為這些批評的話沒有水準；只會對他討厭而疏遠，見都不見；甚至被他誤解，認為要謀取他的地位、權

力。最後，圍繞在他身邊的盡是一群諂諛的人。是很得意、很囂張，可是滅亡的日子也不遠。可是這樣知識優、能力強、有權力、有地位的人難道不曉得身邊這些人是在討好自己，諂媚自己嗎？當然知道，他也會瞧不起這些身邊的人，也會覺得沒有人可以對談而深感寂寞，可是他的好勝心太強，嫉妒心太重，他輸不起，所以真正的正人君子不會靠近他。這樣知識優、能力強、有權力、有地位的人深陷在人性中深沉的不安裏。這是怎麼回事？這樣的人希望有對手，如此便可以激起他的旺盛的企圖心、爭鬥心，說到底，就是激起他強烈的欲望，而強烈的欲望使人亢奮。但是他又期望對手一定要不如他，這樣他的好勝心就能滿足，強烈的欲望最後得以實現，亢奮的欲望不會被澆熄。就像一盆火，渴望被撩撥得更旺，卻不可以熄滅。這就是人性中深沉的不安。這種不安常見於「英雄」的人格類型。

二　脩身的依據

2 扁（徧）善之度，以治氣養生，則後彭祖；以脩身自名（外傳「名」作「強」），則配堯禹。宜於時（與下句「處」互文，意同。）通，利以處窮，**禮信**是也。凡用血氣、志意、知慮，由禮則治通，不由禮則勃（即悖）亂提（提、怠，一聲之轉，提僈即怠慢）僈；食飲，衣服、居處、動靜，由禮則和節，不由禮則觸陷生疾；容貌、態度、進退、趨行，由禮則雅，不由禮則夷固（夷倨）、僻違、庸眾而野。故人無禮則不生（生與下句成互文），事無禮則不成，國家無禮則不寧。詩曰：「禮儀卒度，笑語卒獲。」此之謂也。

2.1 扁善之度——以治氣養生，則後彭祖；以脩身自名，則配堯禹。宜於時通，利以處窮，禮信是也。

2.2 凡用血氣、志意、知慮，由禮則治通，不由禮則勃亂提僈；

2.3 食飲，衣服、居處、動靜，由禮則和節，不由禮則觸陷生疾；

2.4 容貌、態度、進退、趨行，由禮則雅，不由禮則夷固、僻違、庸眾而野。

2.5 故人無禮則不生，事無禮則不成，國家無禮則不寧。詩曰：「禮儀卒度，笑語卒獲。」此之謂也。

2.1 生活上的各個層面，不論生理的、心理的、言行的、政治的等等，都有

其規範。荀子稱這些規範為「扁善之度」，即普遍的客觀法則。例如，依循生養的規範，自然長壽，踵武彭祖。依循修身的規範，品德自然高卓，足以和堯、禹差肩。每個人的一生，難免有興衰起伏，有時通達，有時困窮，唯有普遍的客觀法則才能使人在通達或困窮時安定而自在。而普遍的客觀法則就是「禮」。禮既然是規範、法則，則可以預期，具有穩定性。可預期而具有穩定性就是「信」，從而使人有安全感。

2.2 人必須依循普遍法則的禮，荀子用另一種方式表達：「凡用血氣、志意、知慮，由禮則治通，不由禮則勃亂提僈。」血氣偏指身體，志意偏指個性，知慮則觀念、思想。三者都有其客觀規範，依循則通利，反之，則混亂而不合情理、事理或道理，終至廢弛。

2.3 荀子又從自身和人我互動二方面談脩身的客觀規範。在自身方面，涉及生活規律和健康，個人可以獨自進行，如飲食、衣服、居處、動靜，也就是衣、食、住、作息的良好生活習慣。依循生活規範，則健康狀態良好；反之，則時常罹患疾病。

2.4 至於人我互動方面，個人心理外顯於「容貌、態度、進退、趨行」，這些都有禮儀可循，即所謂待人處事之道。依循則「雅」，即適當而正確，反之，則蠻橫、粗鄙、無禮。

2.5 普遍的客觀法則存在於人際互動、事務推展、乃至經邦治國。違悖各領域的客觀法則，則人際衝突滋生，事務推展窒礙，國家大政也難以安寧。唯有依循客觀法則，才能人人歡樂，如詩經所說：「禮儀卒度，笑語卒獲。」

10 禮者所以正身也，師者所以正禮也。無禮何以正身？無師吾安知禮之為是也？禮然而然，則是情安禮也；師云而云，則是知若師也。情安禮，知若師，則是聖人也。故非禮，是無法也；非師，是無師也。不是師法，而好自用，譬之是猶以盲辨色，以聾辨聲也，舍亂妄無為也。故學也者，禮法也。夫師，以身為正儀而貴自安者也。詩（詩大雅皇矣第七章）云：「不識不知，順帝之則。」此之謂也。

現代解讀：

荀子提到脩身的普遍客觀法則時，以自身的健康和人際互動禮儀為例。這二端對現代人依然切要。

在個人身體健康方面，現代人拜科技之賜，糧食和醫療都相對充裕，遠非傳

統農業社會所能比擬，因此，平均壽命也在這半世紀以來不斷延長。雖然如此，龐大的醫療支出也反映了今人的身、心健康有待加強。但是在加強身、心健康時，卻遭遇相難的處境。因為身、心健康需要一些時間和寬綽的心境，而今人因高度競爭的產業生態之故，工作的時間和壓力壓縮了維護健康的時間和寬綽的心境。這兩難處境的化解將隨各人的情況差異而不同，無法一概而論。

至於人際互動方面，荀子所說的從師習禮有其時代背景，時至現代，必須調整。

周代的「師」原是官職，屬於武職。春秋末期，諸侯被滅者多，其公卿大夫等貴多淪落，而以知識謀生，於是民間得以學習知識，「師」就衍生出新的意義，成為品德、知識的傳授者。到戰時代，有《周禮》一書，構想了理想的政治制度，其中有「師氏」，其職務為教授諸侯國的貴遊子弟，教授的內容則以「禮」為主，從禮意、禮制、禮儀、禮容、禮物等都是教學的範圍。概括言之，「師氏」傳授生活各層面的倫理、儀式。這些倫理、儀式有些是長期生活中約定俗成的，有些則有明文規定。從師學禮的目標就是在應對進退的行止上合於社會規範，以利人際互動。

如果取其精神，人際互動的規範包括了約定俗成的不成文規則和成文的規定，這些禮隨著社會多元化，而不僅止於從師習得。除了一般通行於各領域的規範是透過學校教師傳授之外，各領域、各組織有其特殊的生態，必須透過「入鄉問路，入境隨俗」的方式來了解，如此，始能符合荀子所說「禮信」的精神。

不論從教師或特定組織、團體文化所學習的互動規範，都歸本於「禮信」。人際互動所以需要「禮信」，原因在於提供安全感。「禮」是規範，具有可預期的性質，可預期的就是「信」，而生活中的各種事務可以預期則使人有安全感。人際互動只有在安全無虞的情況之下才能真實、真誠。真實、真誠，在消極方面，減少了懷疑、猜測、預防、憂慮等等所消耗的心力、勞力；在積極方面，則促進合作的效能和愉快，從而免除陷於負面情緒的心理困境。雖然外顯的「容貌、態度、進退、趨行」等禮儀、規範可以偽裝，而淪為人們所厭惡的假道學，但是人際互動不能不透過外顯的禮儀言行來表現。至於避免偽裝，只能從更深層的道德、良知去涵養，而不能因噎廢食。

三　脩身有成的條件

8.1夫驥一日而千里，駑馬十駕（一日一駕車，十駕即十日），則亦及之矣。
　　將以窮無窮，逐無極與？其折骨絕筋，終身不可以相及也。將有所止之，
　　則千里雖遠，亦或遲、或速、或先、或後，胡為乎其不可以相及也！
8.2不識步道者，將以窮無窮，逐無極與？意（即抑）亦有所止之與？夫
　　「堅白」、「同異「有厚無厚」之察，非不察也，然而君子不辯，止之
　　也。倚魁（奇嵬，謂狂怪高蹈之行）之行，非不難也，然而君子不行，
　　止之也。
8.3故學曰遲（曰，虛詞，遲，待）。彼止而待我，我行而就之，則亦或遲、
　　或速、或先、或後，胡為乎其不可以同至也！故蹞步（半步）而不休，
　　跛鼈千里；累土而不輟，丘山崇成。厭（塞）其源，開其瀆（水竇），江
　　河可竭。一進一退，一左一右，六驥不致。彼人之才性之相縣也，豈若
　　跛鼈之與六驥足哉！然而跛鼈致之，六驥不致，是無他故焉，或為之，
　　或不為爾！道雖邇，不行不至；事雖小，不為不成。其為人也多暇日
　　者，其出入不遠矣。

9 好法而行，士也；篤志而體（履），君子也；齊（智慮敏捷）明而不竭，
　聖人也。人無法，則倀倀然（無所適貌）；有法而無志其義，則渠渠然
　（無守之貌）；依乎法，而又深其類，然後溫溫然（潤澤貌）。

法則（法）、行動（道雖邇，不行不至；事雖小，不為不成）、**耐力**（有法而
無志其義，則渠渠然）、**宏觀**（依乎法，而又深其類，然後溫溫然）。

四　脩身的內涵

A　言行分辨

見聞	3.10 多聞曰博，少聞曰淺。多見曰閑，少見曰陋。
是非	3.2 是是非非謂之知，非是是非謂之愚。
	3.4 是謂是，非謂非，曰直。
言語	3.7 易言曰誕。

人際	3.1以善先人者謂之教，以善和人者謂之順；以不善先人者謂之諂，以不善和人者謂之諛。
處事	3.13少而理曰治，多而亂曰耗。
	3.11難進曰偍（怠）。
	3.12易忘曰漏。
	3.8趣舍無定謂之無常。
善惡	3.3傷良曰讒，害良曰賊。
	3.5竊貨曰盜。
	3.6匿行曰詐。
	3.9保利棄義謂之至賊。

B 個性、意志、和智能的陶養

衝動	4.1治氣養心之術：血氣剛強，則柔之以調和；
陰沉	4.2知慮漸深（漸，潛。漸深即城府深沉），則一之以易良；
無理	4.3勇膽猛戾（忿惡），則輔之以道順（即導順，謂依循道理）；
口德	4.4齊給便利（齊，疾。齊給便利謂捷速），則節之以動止；
氣量	4.5狹隘褊小，則廓之以廣大；
志向	4.6卑溼（意志卑下）重遲（性情迂緩）貪利，則抗之以高志；
意志	4.7庸眾駑散（駑，駑劣卑下；散，不自檢束），則劫（奪）之以師友；
動力	4.8怠慢僄弃（僄弃，自輕其身，自棄其身），則炤（照）之以禍災；
	11.2偷儒憚事，無廉恥而嗜乎飲食，則可謂惡少者矣；加惕（蕩）悍而不順，險賊而不弟焉，則可謂不詳（祥）少者矣，雖陷刑戮可也。
智力	4.9愚款端愨，則合之以禮樂，通之以思索。凡治氣養心之術，莫

	徑由禮，莫要得師，莫神一好。夫是之謂治氣養心之術也。
	11.1端愨（誠謹）順弟（遜悌），則可謂善少者矣；加好學遜敏焉，則有鈞無上（或曰此五字為衍文），可以為君子者矣。

C 面對無意義衝突的態度

	7行而供冀（供，即恭；冀當為翼，即敬），非漬淖（泥）也；行而俯項，非擊戾（抵觸）也；偶視（兩人對視）而先俯，非恐懼也。然夫士欲獨修其身，不以得罪於比俗之人也。

D 尊嚴和利益的抉擇

進退出處	5 志意修則驕富貴，道義重則輕王公；內省而外物輕矣。傳曰：「君子役物，小人役於物。」此之謂矣。身勞而心安，為之；利少而義多，為之；事亂君而通（通，通達得位），不如事窮君而順焉（順，得行其道）。故良農不為水旱不耕，良賈不為折閱（折，損；閱，減）不市，士君子不為貧窮怠乎道。
	12.2君子貧窮而志廣，富貴而體恭，安燕（安息，安逸）而血氣不惰，勞勧（倦）而容貌不枯（枯，即楛，楛僈，苟且），怒不過奪，喜不過予。君子貧窮而志廣，隆仁也；富貴而體恭，殺埶也；安燕而血氣不惰，柬理也（柬，同檢，理，謂禮）；勞勧而容貌不枯，好交（交，當作文，即禮）也；怒不過奪，喜不過予，是法勝私也。書（《尚書・洪範》）曰：「無有作好，遵王之道。無有作惡，遵王之路。」此言君子之能以公義勝私欲也。

E 待人之道

	11.3老老而壯者歸焉，不窮窮而通者積焉，行乎冥冥而施乎無報，而賢不肖一焉。人有此三行，雖有大過，天其不遂乎！

F 處事之道

6 體恭敬而心忠信，術（由，循）禮義而情愛人；橫行天下，雖困四夷，人
莫不貴。勞苦之事則爭先，饒樂之事則能讓，端慤誠信，拘守而詳；橫行
天下，雖困四夷，人莫不任。體倨固（倨，傲；固，剛愎）而心執詐（王
引之校，以執為【勢－力】。謂用勢為詐），術順墨（順，假借為慎，指慎
到；墨，指墨翟）而精（精，情）雜汙；橫行天下，雖達四方，人莫不
賤。勞苦之事則偷儒轉脫（偷，謂苟避於事；儒，謂弱畏事；轉脫，宛轉
求免），饒樂之事則佞兌而不曲（佞，謂口才銳利。兌，同銳），辟違而不
慤（辟、違，皆謂邪。），程役而不錄（錄，檢束）。橫行天下，雖達四
方，人莫不弃。

12.1 君子之求利也略（略，疏略；不重視），其遠害也早，其避辱也懼，其
行道理也勇。

附錄十七
《荀子・王制》解析

解析步驟

1 逐段閱讀，標示序號。例如：1，2，3，3.1，3.2，3.3 等等。

2 所用版本的分段在語意上可能數段結合為完整的意義，須留意。

3 每一段可以設一提問，觀其旨意是否與提問相應。若相應，則提問適當，若不相應，則修改提問。

4 各段旨趣既明，然後重組其論題。

5 論題次第既明，然後闡明其大義，與當代思想比論。

一　總論：自然、社會、禮義

9.8（自然資源與人類的關係是什麼？「天之所覆，地之所載，莫不盡其美，致其用，上以飾賢良，下以養百姓而安樂之。夫是之謂大神」）北海則有走馬吠犬焉，然而中國得而畜使之。南海則有羽翮、齒革、曾青、丹干焉，然而中國得而財之。東海則有紫紶、魚鹽焉，然而中國得而衣食之。西海則有皮革、文旄焉，然而中國得而用之。故澤人足乎木，山人足乎魚，農夫不斲削、不陶冶而足械用，工賈不耕田而足菽粟。故虎豹為猛矣，然君子剝而用之。故**天之所覆，地之所載，莫不盡其美，致其用，上以飾賢良，下以養百姓而安樂之**。夫是之謂**大神**。詩曰：「天作高山，大王荒之；彼作矣，文王康之。」此之謂也。	自然資源與人類的關係是什麼？
9.10.1（人類何以優於其他萬物？群。何以能群？分別。如何分別？禮義。）水火有氣而無生，草木有生而無知，禽獸有知而無義，人有氣、有生、有知，亦且有義，故最	**義分而群**

為天下貴也。力不若牛,走不若馬,而牛馬為用,何也?曰:**人能群,彼不能群也。人何以能群?曰:分。分何以能行?曰:義。**故義以分則和,和則一,一則多力,多力則彊,彊則勝物;故宮室可得而居也。故序四時,裁萬物,兼利天下,無它故焉,得之分義也。	
9.10.2(如果人類不能群,後果如何?)故**人生不能無群**,群而無分則爭,爭則亂,亂則離,離則弱,弱則不能勝物;故宮室不可得而居也,不可少頃舍禮義之謂也。能以事親謂之孝,能以事兄謂之弟,能以事上謂之順,能以使下謂之君。	**群**
9.10.3(君主最根本的功能是什麼?)**君者**,善群也。群道當,則萬物皆得其宜,六畜皆得其長,群生皆得其命。故養長時,則六畜育;殺生時,則草木殖;政令時,則百姓一,賢良服。	**群**
9.11.1(君主之最善者是聖王,聖王如何對待人類賴以生存的自然資源?)**聖王之制**也:草木榮華滋碩之時,則斧斤不入山林,不夭其生,不絕其長也。黿鼉魚鱉鰍鱣孕別之時,罔罟毒藥不入澤,不夭其生,不絕其長也。春耕、夏耘、秋收、冬藏,四者不失時,故五穀不絕,而百姓有餘食也。汙池淵沼川澤,謹其時禁,故魚鱉優多,而百姓有餘用也。斬伐養長不失其時,故山林不童,而百姓有餘材也。	**聖王**
9.11.2(聖王何以能夠如是善處自然資源?)**聖王之用**也:上察於天,下錯於地,塞備天地之間,加施萬物之上,微而明,短而長,狹而廣,神明博大以至約。故曰:一與一是為人者,謂之聖人。	**聖王**
9.12(禮義分群之最重要者莫如職官,聖王如何制訂職官?)**序官**:宰爵知賓客、祭祀、饗食犧牲之牢數。司徒知百宗、城郭、立器之數。司馬知師旅、甲兵、乘白之數。脩憲命,審詩商,禁淫聲,以時順脩,使夷俗邪音不敢亂雅,大師之事也。脩隄梁,通溝澮,行水潦,安水臧,以	**官制**

時決塞，歲雖凶敗水旱，使民有所耘艾，司空之事也。相高下，視肥墝，序五種，省農功，謹蓄藏，以時順脩，使農夫樸力而寡能，治田之事也。脩火憲，養山林藪澤草木、魚鱉、百索，以時禁發，使國家足用，而財物不屈，虞師之事也。順州里，定廛宅，養六畜，閒樹藝，勸教化，趨孝弟，以時順修，使百姓順命，安樂處鄉，鄉師之事也。論百工，審時事，辨功苦，尚完利，便備用，使雕琢文采不敢專造於家，工師之事也。相陰陽，占祲兆，鑽龜陳卦，主攘擇五卜，知其吉凶妖祥，傴巫跛擊之事也。脩採清，易道路，謹盜賊，平室律，以時順修，使賓旅安而貨財通，治市之事也。抃急禁悍，防淫除邪，戮之以五刑，使暴悍以變，姦邪不作，司寇之事也。本政教，正法則，兼聽而時稽之，度其功勞，論其慶賞，以時慎脩，使百吏免盡，而眾庶不偷，冢宰之事也。論禮樂，正身行，廣教化，美風俗，兼覆而調一之，辟公之事也。全道德，致隆高，綦文理，一天下，振毫末，使天下莫不順比從服，天王之事也。故政事亂，則冢宰之罪也；國家失俗，則辟公之過也；天下不一，諸侯俗反，則天王非其人也。

9.9（在這個世界，天地、禮義、和君子各有何功能？「天地者，生之始也；禮義者，治之始也；君子者，禮義之始也」。如何結合？以類行雜，以一行萬。始則終，終則始，若環之無端也。）**以類行雜，以一行萬。始則終，終則始，若環之無端也**，舍是而天下以衰矣。**天地者，生之始也；禮義者，治之始也；君子者，禮義之始也**；為之，貫之，積重之，致好之者，君子之始也。故天地生君子，君子理天地；君子者，天地之參也，萬物之摠也，民之父母也。無君子，則天地不理，禮義無統，上無君師，下無父子，夫**是之謂至亂**。君臣、父子、兄弟、夫婦，始則終，終則始，與天地同理，與萬世同久，夫**是之謂大本**。故喪祭、朝聘、師旅一也；貴賤、殺生、與奪一也；君君、臣臣、父父、子子、兄兄、弟弟一也；農農、士士、工工、商商一也。

二 為政之道

1 社會階層依禮義而分

9.4分均則不偏,埶齊則不壹,眾齊則不使。有天有地,而上下有差;明王始立,而處國有制。夫兩貴之不能相事,兩賤之不能相使,是天數也。埶位齊,而欲惡同,物不能澹則必爭;爭則必亂,亂則窮矣。先王惡其亂也,故**制禮義以分之,使有貧富貴賤之等**,足以相兼臨者,是**養天下之本**也。【**以上制禮義以分貧富貴賤**】書曰:「維齊非齊。」此之謂也。	養天下之本:區分社會階層

2 雖然社會貧富貴賤階層,但是貧賤只是相對而言,必須有所措施,使貧賤者得以安其生活。要而言之,即是愛民。

如何愛民?曰:興孝弟,收孤寡,補貧窮。如何興孝弟,收孤寡,補貧窮?曰:選賢良,舉篤敬。如何選賢良,舉篤敬?曰:隆禮敬士,尚賢使能,而唯才是用,不論出身。何者?天下之大,非一人所能獨治,故須賢能為輔。

9.5馬駭輿,則君子不安輿;庶人駭政,則君子不安位。馬駭輿,則莫若靜之;庶人駭政,則莫若惠之。**選賢良,舉篤敬,興孝弟,收孤寡,補貧窮。如是,則庶人安政矣**。庶人安政,然後君子安位。傳曰:「君者、舟也,庶人者、水也;水則載舟,水則覆舟。」此之謂也。故君人者,欲安、則莫若**平政愛民**矣;欲榮、則莫若**隆禮敬士**矣;欲立功名、則莫若**尚賢使能**矣。是人君之大節也。三節者當,則其餘莫不當矣。三節者不當,則其餘雖曲當,猶將無益也。孔子曰:「大節是也,小節是也,上君也;大節是也,小節一出焉,一入焉,中君也;大節非也,小節雖是也,吾無觀其餘矣。」【**如何愛民?曰:興孝弟,收孤寡,補貧窮。如何興孝弟,收孤寡,補貧窮?曰:選賢良,舉篤敬。如何選賢**	庶人安政之道。

良，舉篤敬？曰：**隆禮敬士，尚賢使能，而唯才是用，不論出身。何者？天下之大，非一人所能獨治，故須賢能為輔。】**	
9.1請問**為政**？曰：賢能不待次而舉，罷不能不待須而廢，元惡不待教而誅，中庸不待政而化。分未定也，則有昭繆。（二句與上下不接，恐有脫訛或錯簡，置之可也。）雖王公士大夫之子孫也，不能屬於禮義，則歸之庶人。雖庶人之子孫也，積文學，正身行，能屬於禮義，則歸之卿相士大夫。**【以上唯才是用，不論出身。】**故姦言，姦說，姦事，姦能，遁逃反側之民，職而教之，須而待之，勉之以慶賞，懲之以刑罰。安職則畜，不安職則棄。五疾，（五疾謂瘖、聾、跛躄、斷者、侏儒）上收而養之，材而事之，官施而衣食之，兼覆無遺。才行反時者死無赦。**【以上教民，疾者亦不棄，反者無赦】**夫是之謂天德，是**王者之政**也。	**王者之政：唯才是用，教民而使安其職。**

3 一切愛民之道，須透過賢能。然而君主如何能夠聽聞賢能之言。

9.2**聽政**之大分：以善至者待之以禮，以不善至者待之以刑。兩者分別，則賢不肖不雜，是非不亂。賢不肖不雜，則英傑至，是非不亂，則國家治。**【以上聽言的重要】**若是，名聲日聞，天下願，令行禁止，**王者之事**畢矣。	**王者之事：聽言的重要**
9.3凡聽：威嚴猛厲，而不好假道人，則下畏恐而不親，周閉而不竭。若是，則大事殆乎弛，小事殆乎遂。和解調通，好假道人，而無所凝止之，則姦言並至，嘗試之說鋒起。若是，則聽大事煩，是又傷之也。故法而不議，則法之所不至者必廢。職而不通，則職之所不及者必隊。故法而議，職而通，無隱謀，無遺善，而百事無過，非君子莫能。故**公平者，聽之衡也；中和者，聽之繩也**。其有法者以法行，無法者以類舉，聽之盡也。偏黨而不經，聽之辟也。**【以上如何聽言】**故有良法而亂者，有之矣，有君子而亂者，自古及今，未嘗聞也。傳曰：「治生乎君子，亂生乎小人。」此之謂也。	**王者之事：如何聽言**

三 自古及今，王、霸、安存、危殆、滅亡之國所在多有，其間有何差別？

3.11 王、霸、安存、危殆、滅亡之國的分別

A 荀子原文

9.61成侯、嗣公**聚斂計數之君**也，未及取民也。子產**取民者**也，未及**為政**也。管仲為政者也，未及**修禮**。故**修禮者王，為政者彊，取民者安，聚斂者亡**。故王者富民，霸者富士，僅存之國富大夫，亡國富筐篋，實府庫。筐篋已富，府庫已實，而百姓貧：夫是之謂上溢而下漏。入不可以守，出不可以戰，則傾覆滅亡可立而待也。故我聚之以亡，敵得之以彊。聚斂者，召寇、肥敵、亡國、危身之道也，故明君不蹈也。【四者之別以其富者多寡】	王霸分別
9.62**王奪之人，霸奪之與，彊奪之地**。奪之人者臣諸侯，奪之與者友諸侯，奪之地者敵諸侯。臣諸侯者王，友諸侯者霸，敵諸侯者危。【**王霸彊之別：臣、友、敵**】	王霸彊之別：臣、友、敵
9.13.2..2故古之人，有以一國取天下者，非往行之也，脩政其所，天下莫不願，如是而可以誅暴禁悍矣。故周公南征而北國怨，曰：「何獨不來也！」東征而西國怨，曰：「何獨後我也！」孰能有與是鬥者與？**安以其國為是者王**。殷之日，安以靜兵息民，慈愛百姓，辟田野，實倉廩，便備用，安謹募選閱材伎之士，然後漸賞慶以先之，嚴刑罰以防之，擇士之知事者，使相率貫也，是以厭然畜積修飾，而物用之足也。**兵革器械者**，彼將日日暴露毀折之中原；我將脩飾之，拊循之，掩蓋之於府庫。**貨財粟米者**，彼將日日棲遲薛越之中野，我今將畜積并聚之於倉廩。**材伎股肱健勇爪牙之士**，彼將日日挫頓竭之於仇敵，我今將來致之，并閱之，砥礪之於朝廷。如是，則彼日積敝，我日積完；彼日積貧，我日積富；彼日積勞，我日積佚。**君臣上下之間者**，彼將屬屬焉日日相離疾也，我將頓頓焉	

日日相親愛也，以是待其敝。**安以其國為是者霸**。立身則從傭俗，事行則遵傭故，進退貴賤則舉傭士，之所以接下之人百姓者則庸寬惠，**如是者則安存**。立身則輕楛，事行則蠲疑，進退貴賤則舉佞倪，之所以接下之人百姓者則好取侵奪，**如是者危殆**。立身則憍暴，事行則傾覆，進退貴賤則舉幽險詐故，之所以接下之人百姓者，則好用其死力矣，而慢其功勞，好用其籍斂矣，而忘其本務，**如是者滅亡**。**此五等者**，不可不善擇也，王、霸、安存、危殆、滅亡之具也。善擇者制人，不善擇者人制之。善擇之者王，不善擇之者亡。夫王者之與亡者，制人之與人制之也，是其為相縣也亦遠矣。

B　列表

王	霸／彊	安／安存	危殆	亡／滅亡
故**修禮者王**（9.61）	**為政者彊**（9.61）	**取民者安**（9.61）		**聚斂者亡**（9.61）
王者富民（9.61）	霸者富士（9.61）		僅存之國富大夫（9.61）	亡國富筐篋，實府庫（9.61）
	管仲為政者也，未及**修禮**也（9.61）	子產**取民**者也，未及**為政**也（9.61）		成侯、嗣公**聚斂計數之君**也，未及取民也（9.61）
王奪之人……奪之人者臣諸侯……臣諸侯者王（9.62）	**霸奪之與**……奪之與者友諸侯……友諸侯者霸（9.62）	**彊奪之地**……奪之地者敵諸侯……敵諸侯者危（9.62）		
故古之人，有以一國取天下者，非往行之	殷之日，安以靜兵息民，慈愛百姓，辟田	立身則從傭俗，事行則遵傭故，進退貴	立身則輕楛，事行則蠲疑，進退貴賤則舉	立身則憍暴，事行則傾覆，進退貴賤則舉

王	霸／彊	安／安存	危殆	亡／滅亡
故修禮者王（9.61）	為政者彊（9.61）	取民者安（9.61）		聚斂者亡（9.61）
也，脩政其所，天下莫不願，如是而可以誅暴禁悍矣。故周公南征而北國怨，曰：「何獨不來也！」東征而西國怨，曰：「何獨後我也！」孰能有與是鬥者與？**安以其國為是者王**。（9.13.2.2）	野，實倉廩，便備用，安謹募選閱材伎之士，然後漸賞慶以先之，嚴刑罰以防之，擇士之知事者，使相率貫也，是以厭然畜積修飾，而物用之足也。**兵革器械者**，彼將日日暴露毀折之中原；我將脩飾之，拊循之，掩蓋之於府庫。**貨財粟米者**，彼將日日棲遲薛越之中野，我今將畜積并聚之於倉廩。**材伎股肱健勇爪牙之士**，彼將日日挫頓竭之於仇敵，我今將來致之，并	賤則舉傭士，之所以接下之人百姓者則庸寬惠，**如是者則安存**。（9.13.2.2）	佞悅，之所以接下之人百姓者則好取侵奪，**如是者危殆**。（9.13.2.2）	幽險詐故，之所以接下之人百姓者，則好用其死力矣，而慢其功勞，好用其籍斂矣，而忘其本務，**如是者滅亡**。（9.13.2.2）

王	霸／彊	安／安存	危殆	亡／滅亡
故修禮者王 （9.61）	為政者彊 （9.61）	取民者安 （9.61）		聚斂者亡 （9.61）
	閱之，砥礪之於朝廷。如是，則彼日積敝，我日積完；彼日積貧，我日積富；彼日積勞，我日積佚。**君臣上下之間者**，彼將厲厲焉日日相離疾也，我將頓頓焉日日相親愛也，以是待其敝。**安以其國為是者霸**。 （9.13.2.2）			

3.2、用彊所以危亡之理及其守勝之道如何

用彊者：人之城守，人之出戰，而我以力勝之也，則傷人之民必甚矣；傷人之民甚，則人之民必惡我甚矣；人之民惡我甚，則日欲與我鬥。人之城守，人之出戰，而我以力勝之，則傷吾民必甚矣；傷吾民甚，則吾民之惡我必甚矣；吾民之惡我甚，則日不欲為我鬥。人之民日欲與我鬥，吾民日不欲為我鬥，是彊者之所以反弱也。地來而民去，累多而功少，雖守者益，所以守者損，是以大者之所以反削也。諸侯莫不懷交接怨，而不忘其敵，伺彊大之間，承彊大之敝，此彊大之殆時也。（9.63）**【用彊所以危亡之理】**

知彊大者不務彊也，慮以王命，全其力，凝其德。力全則諸侯不能弱也，德凝則諸侯不能削也，天下無王霸主，則常勝矣：是知彊道者也。（9.64）【用**彊而守勝之道**】

3.3、霸者之道如何

彼**霸者**則不然：辟田野，實倉廩，便備用，案謹募選閱材伎之士，然後漸慶賞以先之，嚴刑罰以糾之。存亡繼絕，衛弱禁暴，而無兼并之心，則**諸侯親之矣**。修友敵之道，以敬接諸侯，則**諸侯說之矣**。所以親之者，以不并也；并之見，則諸侯疏矣。所以說之者，以友敵也；臣之見，則諸侯離矣。故明其不并之行，信其友敵之道，天下無王霸主，則常勝矣。是知霸道者也。（9.65）【**霸者之道，諸侯親悅**】

3.4、王者之道如何

9.7 閔王毀於五國，桓公劫於魯莊，無它故焉，**非其道而慮之以王也**。（9.66）

彼王者不然：仁眇天下，義眇天下，威眇天下。仁眇天下，故天下莫不親也；義眇天下，故天下莫不貴也；威眇天下，故天下莫敢敵也。以不敵之威，輔服人之道，故不戰而勝，不攻而得，甲兵不勞而天下服，是知王道者也。**知此三具者，欲王而王，欲霸而霸，欲彊而彊矣。**【仁、義、威而後王】

9.71 **王者之人：**飾動以禮義，聽斷以類，明振毫末，舉措應變而不窮，夫是之謂有原。是王者之人也。

9.72 **王者之制：**道不過三代，法不二後王；道過三代謂之蕩，法二後王謂之不雅。衣服有制，宮室有度，人徒有數，喪祭械用皆有等宜。聲、則非雅聲者舉廢，色、則凡非舊文者舉息，械用，則凡非舊器者舉毀，夫是之謂復古，是王者之制也。

9.73 **王者之論：**無德不貴，無能不官，無功不賞，無罪不罰。朝無幸位，民無幸生。尚賢使能，而等位不遺；析愿禁悍，而刑罰不過。百姓曉然皆知夫為善於家，而取賞於朝也；為不善於幽，而蒙刑於顯也。夫是之謂定論。是王者之論也。

> 9.74 **王者之法**：等賦、政事、財萬物，所以養萬民也。田野什一，關市幾而不征，山林澤梁，以時禁發而不稅。相地而衰政。理道之遠近而致貢。通流財物粟米，無有滯留，使相歸移也，四海之內若一家。故近者不隱其能，遠者不疾其勞，無幽閒隱僻之國，莫不趨使而安樂之。夫是之為人師。是王者之法也。

四　要而言之，功名之所就，存亡安危之所墮，必將於愉殷赤心之所

> 具具而王，具具而霸，具具而存，具具而亡。用萬乘之國者，威彊之所以立也，名聲之所以美也，敵人之所以屈也，國之所以安危臧否也，制與（舉）在此，亡乎人。（謂安危在己不在人）**王、霸、安存、危殆、滅亡**，制與在我，亡乎人。夫威彊未足以殆鄰敵也，名聲未足以縣天下也，則是國未能獨立也，豈渠（詎）得免夫累乎？天下脅於暴國，而黨（或）為吾所不欲於是者，日與桀同事同行，無害為堯。是非功名之所就也，非存亡安危之所墮（隨之誤）也。**功名之所就，存亡安危之所墮，必將於愉殷赤心之所**。誠以其國為王者之所亦王，以其國為危殆滅亡之所亦危殆滅亡。殷之日，案（乃）以中立，無有所偏，而為縱橫之事，偃然案兵無動，以觀夫暴國之相卒（捽，音，交相牴觸）也。案（乃）平政教，審節奏，砥礪百姓，為是之日，而兵剸**天下勁**矣。案（乃）然（衍文）修仁義，伉隆高，正法則，選賢良，養百姓，為是之日，而名聲剸**天下之美**矣。權者重之，兵者勁之，名聲者美之。夫堯舜者一天下也，不能加毫末於是矣。（9.13.1）【**功名之所就，存亡安危之所墮，必將於愉殷赤心之所**】

五　若不幸而與暴國相接，為之奈何

> **權謀傾覆之人退**，則賢良知聖之士案自進矣。**刑政平，百姓和，國俗節**，則兵勁城固，敵國案（安，語助詞）自詘矣。**務本事，積財物，而勿忘棲遲薛越也**，（梁啟雄釋引王懋竑曰：「棲遲薛越，似是分散遺棄之意。」久保愛注：「薛越，讀為『屑越』，狼戾也。」）是使群臣百姓皆以制度行，則財物積，國家案自富矣。□三者□體此而天下服，□暴國之君案自不能用其兵矣□。何

則？彼無與至也。彼其所與至者，必其民也。其民之親我，歡若父母，好我
芳如芝蘭，反顧其上則若灼黥，若仇讎；彼人之情性也雖桀跖，豈有肯為其
所惡，賊其所好者哉！彼以奪矣。(9.13.2.1)【若與暴國相接，為之奈何】

附錄十八
波士頓學者論儒家的主要論題

說明：〈波士頓學者論儒家〉共七篇，主要論題有：

論題 1： 儒學在現代面臨的挑戰及其對於現代文明的意義？

論題 2： 儒家與其他文化的關係，特別是與人類各大宗教問題？

論題 3： 如何復興儒學？

論題 4： 波士頓儒家人物的特徵

論題 5： 「儒家」這個術語能不能定義？

論題 6： 學術界長期以為宋明理學的興起是由於回應了佛教的挑戰，可是為什麼在隋唐時期人們沒有起來回答這個挑戰？

論題 7： 論語異解。

論題 8： 儒學與現代世界

論題 8 可以併入論題 1、論題 2，而論題 1、論題 2、論題 5 又可以併入論題 3。表列如下：

論題6：學術界長期以為宋明理學的興起是由於回應了佛教的挑戰，可是為什麼在隋唐時期人們沒有起來回答這個挑戰？		
論題7：論語異解。		
論題4：波士頓儒家人物的特徵		
論題8：儒學與現代世界		
論題1：儒學在現代面臨的挑戰及其對於現	論題2：儒家與其他文化的關係，特別是與	論題5：「儒家」這個術語能不能定義？

代文明的意義？	人類各大宗教問題？	
論題3：如何復興儒學？		
儒學的意義？ 儒學在歷史上的地位？ 儒學在現代仍然具有價值的理由？ 在現代情境中，如何復興儒學至今仍然具有的價值？		

其中，史學與哲學背景對儒家的了解分歧，其實在孔子的思想上並不分歧。從經世的角度來了解，並不分歧，從知識學說的角度來了解容易導致分歧。日後再詳為說明。

波士頓學者論儒家（1）杜維明論儒學的跨文化發展

論題1：儒學在現代面臨的挑戰及其對於現代文明的意義？

【說明】

儒學在現代面臨的挑戰及其對於現代文明的意義。其中講到民主政治、市場經濟、市民社會、個人尊嚴等現代意識形態內容是否能代表一切，啟蒙價值特別是世俗化、工具理性的不足之處，講到東亞文明的興起及亞洲價值等。

論題2：儒家與其他文化的關係，特別是與人類各大宗教問題？

【說明】

A 如何看待儒學在其他文化中的發展？

有些宗教只與一種文化結合在一起，有些宗教卻有更大的跨文化特徵。與這些宗教相比，儒家處在中間型態。就歷史而言，儒家在東亞不同國家中也採取了不同的形式儒家在美國或其他歐洲國家發展，將會採取與中國有所不同的文化形式；而且更重要的，不能說只有中國的儒學才能代表儒學的惟一正宗。

B 如何看待儒家與其他宗教的關係？

儒家與其他宗教關係的多元主義立場。宗教內部對於宗教之外的學說常常主要有三種態度，一種態度是「排外主義」（exclusionism），另一種態度是「接納主義」（inclusionism），第三種態度，即「多元主義」（pluralism）態度。「多元主義」態度，不能等同於「相對主義」。

儒家與其他宗教，包括與佛教、基督教、伊斯蘭教均可以相互融合，以儒家與基督教的融合為例：在中國歷史上的利瑪竇。以儒家與佛教的融合為例：在臺灣，從太虛法師到人間法師。儒家與伊斯蘭教的融合為例：在中國自十七世紀時起就曾出現過「回儒」。

不贊同把儒家當成服務於民族主義的工具。

波士頓學者論儒家（2）——杜維明論儒學復興的幾件事

論題 3：如何復興儒學？

【說明】

A 二十世紀以來中國歷史上所掀起激烈的反傳統浪潮是杜先生心中最感到心痛和不能釋然的事情。

他似乎很重視文化母體，認為學術不能離開它賴以生長的母體來理解。

杜先生顯然對於儒學二十世紀以來的嚴重衰落深感憂心。儒家在今天既失去了賴以保存、發展和傳播自身的完整的制度體系（書院、儒家教育系統等等），也未能象基督教那樣有一大批燦若群星的思想家，代有傳人、人才不竭。

B 儒學的復興較為重要的事情：

一是儒家要恢復其制度化的生活。建立起自己的制度化組織，包括書院體系的恢復，另一個最艱巨的工作就是理論建設。杜先生的觀點似乎是從重建道統做起。杜先生有一本書名字就叫作《道、學與政》。

一批傑出的西方漢學家們對儒家思想的精神實質建立了深刻的理解。史華茲在《中國古代的思想世界》的論點、Herbert Fingarette 對儒家的「禮」的研究、格瑞漢對「性」這一範疇的研究、陳榮捷先生對「仁」的研究，杜維明先生對「仁」與「禮」的關係，以及他關於「信賴社群」的思想、狄百瑞對新儒家的研究。

杜維明先生有一次講到，對一個民族的文化研究得最好的人，有時未必是長期生活這個文化中的人。

C 方朝暉的看法：儒學的復興必須從回歸經學開始。

儒學在中國大陸復興的基本條件是要出現一批又一批新的儒家學者。

衡量儒家的四個標準：一是讀經，二是對儒家核心價值的認同，三是修身，

四是他要有自己的文化理想。

僅有這些固然仍不足以導致儒學的復興。現在的問題是，二十世紀以來全面引進西方學科體系之後，儒學原有的經學傳統早已中斷。沒有經學傳統，中國學術特別是儒家學術的意義基礎被連根拔起，反省一下如下幾件事，一是對二十世紀引進西方學科體系這段歷史的反省。

儒家是不是宗教尚無定論，但是它有強烈的宗教性卻無可置疑。這些學科固然有其存在的合理性，但是難道真的應當用它們來「代替」中國原有的經學傳統嗎？

另一個最值得我們反省的事情就是「中國哲學史」這一學科在現代中國的建立，所產生的負面作用遠大於正面作用。特別注重儒學中抽象思辨的部分，從而導致後人丟棄了經學中修煉踐履的部分，哲學工作者常常重視四書而忽視「五經」；在中國哲學史的研究中，他們更注重宋明理學而忽視清代的訓詁考據，因為據說後者不屬於哲學學科。在現代學科體系所帶來的知識化浪潮中丟掉了中國古代學術固有的傳統，造成了自身的生命意義和現代中國學術意義基礎的雙重迷失。

中國哲學界，人們都喜歡談中國哲學的特點，似乎中國哲學的合法性建立在能否建立一門「中國特色的哲學」來。這些冠冕堂皇的觀點背後，隱藏著中國哲學工作者心靈的空虛，這一用「中國哲學史」來代替「經學」的「惡果」，有著雙重的含義：丟棄了幾千年傳承不息的參與經學意義世界的方式（包括獨特的讀經方式和修身傳統等等）。中國哲學史這一學科的話語世界又未能給他們提供一個有著無窮無盡意義的精神王國。

儒學理論的重建，必須糾正幾個誤區。第一個誤區是把儒學的理論重建當作某種類似於工程設計那樣的東西。儒學的理論重建，即杜維明所說與理論神學相對應的那部分「道統」工作，不應該被作為一項客觀任務或外在目標來追求，

第二個誤區是把儒學的理論重建當作服務於民族主義理想的手段。二十世紀以來中國學者，包括許多熱衷於中國文化的人，在國學研究方面犯過很多錯誤，一個很大的錯誤就是急於與西學分庭抗禮的功利思想。經學與西學本屬性質不同的兩類學術，他們可以在某些方面融合，但本質上還是應該走兩條不同的道路，不存在要比較高下的問題。

回到一個起點，這個起點就是回歸經學傳統。回到經學傳統，不等於拋棄心

性之學，也不等於不吸收歷代儒學發展中所取得的輝煌成就。回到經學傳統，不等於固步自封，不吸收人類其他文明、其他宗教，以及現代西方學術的優秀成果。

波士頓學者論儒家（3）——R. Neville, J. Berthrong，P.M. John 和 M. Ing

論題 4：波士頓儒家人物的特徵

【說明】

A 《波士頓儒家》（*Boston Confucianism*），是波士頓大學的 Robert C. Neville 教授寫的。

「波士頓儒家」也可分成兩派：以查理斯河為界，北面以哈佛大學的杜維明為代表，是接近於孟子心性儒學的一派；南面波士頓大學的幾位儒家學者，則都出人意料地更重視荀子一系的禮學，與杜維明有側重點的不同。Neville 稱，波士頓儒家的領軍人物是杜維明先生。

根據 Neville 的說法，「波士頓儒家」這一稱呼的意義至少有如下幾方面：首先，儒家的傳播和發展不受地域限制。其次，儒學為了能夠成為一門「世界哲學」，必須在實踐中接受文化的多樣性與多元性的挑戰，其三，儒家必須表現出與現代科學的親和性，其四，必須認識到儒家關於「禮」的思想可以極大地有益於當代西方哲學的發展。

波士頓大學的 John Berthrong 對此積極呼應，在夏威夷大學主辦的《中國哲學期刊》上發表一篇〈從荀子到波士頓儒家〉的長篇論文。《東西方哲學》雜誌二〇〇三年也發表了一篇評論《波士頓儒家》的書評。

Neville 心目中的儒家，已經高度的「基督化」。

B　John H. Berthrong

John H. Berthrong 重視儒教、佛教、道教與基督教的對話，Berthrong 自稱自己是一位 Confucian Christian，即一位儒家基督徒。

儒家與基督教的融合問題，他跟我說，必須認識到基督教中有幾種不同的流派，一種流派屬於保守主義，除了基督教之外，什麼宗教都不承認，這一流派是他所堅決反對的；另一種流派則屬於自由主義。

基督教與儒家的融合，有一些先天的有利條件。

Berthrong 還跟我講到了「多元現代性」的問題，說現在有的西方學者也認

識到了現代性並不是只有西方一種模式。

C P. M. John

P. M. John 是一位印度裔學者，他說，其實「上帝」這個概念可以作不同的理解，你可以把它理解為一種具有創造性的過程或活動，你甚至可以把它理解為中國文化所說的「道」或「天理」。

我曾專門跟 Mike 討論儒家與基督教結合的途徑，以及在這一結合過程中，一個基督徒能否以平等的心態對待儒家，就是共識，即，所謂宗教多元主義以及對其他宗教的開放態度，並不是指無原則地接受別的宗教思想，而是指對於自己未知的東西在主觀上保持謹慎、謙虛，在思想上隨時準備接受有說服力的新價值。

波士頓學者論儒家（4）變換時空看儒家——Peter K. Bol

D Peter K. Bol

是丹麥人（如果我沒有記錯的話），中文名字叫包弼德，他與一般的歷史學者非常不同，側重思想史，特別是宋明理學，並把宋明理學（英文中稱「新儒家」，neo-Confucianism）與社會—文化史相結合。

論題 5：「儒家」這個術語能不能定義？

【說明】

包弼德認為，「儒家」（Confucianism，中文也可譯為「儒學」）這個術語嚴格說來是不能定義的，因為它並無確切含義，或者說它的確切含義完全因人、因時代而異。

可不可以說所謂的儒家，就是有一些共同尊奉的經典，有一套共同認可的核心價值，或者有一套共同遵循的禮儀規範或修煉方式？它的答案是沒有。

儒家共同尊奉的經典是「五經」，那麼也可以說宋明理學家真正看重的是「四書」而非「五經」。

其次，如果說所有的儒家都擁有一套共同認可的核心價值，比如仁、義、禮、智、信、孝之類，也成問題。宋明理學家的核心概念是「理」、「氣」、「人欲」、「太極」等等。

儒家有一套共同遵循的禮儀系統，也成問題。

他有一次問杜維明先生「蘇東坡算不算是儒家」，杜先生顯然難以回答。

論題6：學術界長期以為宋明理學的興起是由於回應了佛教的挑戰，可是為什麼在隋唐時期人們沒有起來回答這個挑戰？

【說明】

導致新儒家興起的重要因素之一是北宋初年確立的科舉制度。

包弼德從社會文化視野出發，反對把宋明理學的興起解釋為對佛教的回應的觀點。

從比較的角度來看宋明新儒家。他說，北宋時期，中國思想界佔主導地位的思想並不是後來稱之為「宋明理學」的東西，有王安石的思想，還有司馬光的思想，還有歐陽修、蘇東坡、黃庭堅的思想。

包弼德先生用大量精力去研究中國宋明以來的地方史，發掘出了許多令人難以置信的材料，也得出了許多極為重要的結論。宋明以來，與新儒家興起的重要歷史事實相伴隨的一個重要現象是，地方社會的自治。這種社會自治或者說地方自治是否可以與現代性相銜接呢？或者說是否具有現代性呢？這個問題，包弼德告訴我，二戰之前日本不少學者認為，宋代以來中國社會發生的巨大轉型，可以直接導致現代性。包弼德說日本學者提的是一個錯誤的問題。

波士頓學者論儒家（5）、（6）《論語》、希臘哲學與現代文明——David R. Schiller

David R. Schiller

David R. Schiller 是一個道道地地的美國人。還會讀希臘文、認識拉丁文。十多年前，David 讀到，美國著名詩人龐德（Ezra Pound, 1885-1972）在其片段《詩經》譯注中，稱一個人如果沒有讀過孔子，就不能說他真正受到過教育。於是他開始閱讀英人里雅各的《論語》譯本，David 自稱自己是一個「儒家」（Confucian），他是通過研究《論語》這本書而成為儒家的。

他大量、反覆閱讀的各種英譯本，也是建立譯者對中國古代各種《論語》注解本有所研究的基礎上。他現在最大的理想之一就是創辦一所儒學書院。

他力求自己的譯本在形式上具有如下特點：一是將各個人物、故事的相關背景資料吸納到《論語》文本中，同時用斜體將正文中的這些背景資料標注出來。二是語言生動優美。

論題 7：論語異解。

【說明】

A「攻乎異端，斯害也已」一句，所謂「異端」不是像朱熹那樣理解為異端邪說。「異」可指「特別」，「端」可指「埠」，認為「異端」相當於「末端」，指不重要的部分。因而「攻乎異端」當是「捨本逐末」之義。

B「克己復禮」中的「克己」一詞，迄今為止無論在中國還是在西方漢學界，一般都將「克」釋為「克服」、「克制」，他認為「克」應當訓為英語中的 enabling（能夠，使能夠……）。

C 對《論語》及孔子思想建立了一套自己的闡釋觀。他不僅要把《論語》中的每一句話、每一個章節完全消化掉，而且還要聯繫《論語》其他章句，從而建立起對孔子思想之有機的整體認識。

David 認為「學而時習之」的「習」，就如一隻初生的小鳥不會飛，可以想像牠剛開始學飛翔時何等辛苦，一舉一動都要傷筋動骨；但是一旦牠學會了，可以在高空自由飛翔、自如盤旋，不但不必為自己的任何動作而費心，而且從中體驗到無窮的生命之「樂」。「學習」二字不能像在現代漢語中那樣翻譯成 study，而必須譯成 learning and practice。

宋儒強調「存天理、滅人欲」，他認為孔子絕不會向人提出「滅」這樣灼人的要求。

「義」。人在不斷變化的生活情境中面對具體事件作為決斷的能力，這種能力建立在人的道德感受方式上。這種特殊的「道德感受和應變能力」就體現在「義」字上。

「色難」一段如何理解，David 說，這段話的含義絕不止於此。因為要知道，人們對父母沒有和顏悅色，都是有一定原因的。孔子的目的不是單純地在強調和顏悅色對於孝敬父母如何的重要，而是為了指出，一個人對父母不孝是因為他沒有建立起良好的道德感受能力和應變能力，這使得他在孝敬父母時不能感到快樂，所以自然地會「色難」。

論題 8：儒學與現代世界

【說明】

David 認為，現在西方文明內部有一種內在的分裂或緊張，即精神價值傳統與科學技術之間的分裂與張力。

他之所以對儒學產生前所未有的濃烈興趣，主要原因正在於他從儒學之中讀

到了一種嶄新的精神，即一方面強調人的現世精神生活價值，另一方面又不像基督教那樣把人的精神價值生活引向一條沒有理性基礎的純粹信仰道路。今天的中國人，如果不吸收西方資本主義建設過程中無數痛苦的教訓，只是一味地模仿西方走過的路，是十分不可取的。

基督教對西方資本主義文明的發展有沒有貢獻呢？當然有。但是，即使強調新教倫理與資本主義精神之關聯的韋伯，也分明意識到資本主義內在邏輯的可怕性，後者恰恰不是基督教所能控制的。

儒家的核心價值之一「義」，可以說是針對「利」提出來的。「義」雖不排斥「利」，但卻承擔著必須矯正「利」的使命。儒學的這一價值從開始就給資本主義注入了一劑有根本意義的清醒劑，如果它能成為資本主義倫理，還會出現韋伯心中所不能排解的、對資本主義的深深困惑嗎？因此他說，「資本主義」這隻虎，需要由儒學來馴服它。」

儒學的另一個根本精神是在人世間建立一個和諧的生存共同體，這個共同體雖然有制度，但主要是靠禮、仁、義、信、忠、知等一系列價值來維持的。

他一直認為儒學的基本價值本質上是「民主的」，他說他曾在一篇論文中將民主政治的一系列價值需要與儒學中的價值相對比，得出二者完全一致的結論來。他說，儒學中缺少的惟一一樣現代民主政治因素，大概就是「投票制度」（voting）了。

它還有比一般的民主理論要高明的東西。這個東西就是儒家主張一個社會的基礎在於教育。

David 還認為，儒家的精神實質與現代人權概念也是一致的，即二者都致力於保護個人的尊嚴，只不過保護個人尊嚴的方式和角度有所不同。

David 認為小布希的一系列行為可以從儒學的立場來批判。「遠人不服，則修文德以來之。」

David 說，《論語》、《孟子》中的許多思想，足以證明儒家對於如何處理國際關係，早已提供了極好的方案，其核心大致不外是：以善養人、讓人心服，才是永恆的正義，才能建永久之福祉，開萬世之太平。

波士頓學者論儒家（7）Philip J. Ivanhoe

論題4：波士頓儒家人物的特徵──Philip J. Ivanhoe
【說明】

A 南樂山（Robert C. Neville）在《波士頓儒家》一書中將英語世界裏研究中國哲學的學者分成三類：第一類是解釋型學者，即致力於翻譯和解釋經典文本（陳榮捷是典型，還有 William Theodore de Bary）；第三類是「規範型」學者，他們以儒家或道家學術為其主要資源，針對當代哲學中的問題進行創造性的探索，並建立了一套自身的話語。他認為 Roger T. Ames 和 David Hall，成中英以及 Wu Kuangming 最為典型；第二類是在中學與西學之間「架橋型」的學者。這類學者介於上述第一類和第三類之間，他們的主要特點是對中、西方哲學思想或觀念進行比較研究，尤其對中國哲學中的一些思想比較欣賞，認為它們對西方哲學或當代哲學研究頗有裨益。他主要舉出 Herbert Fingarette, David S. Nivison, Antonio Cua, Philip J. Ivanhoe，Lee H. Yearley，Chang Chungyan 為例。

而 Ivanhoe 屬於他所說的第二類學者。

B Ivanhoe 會中文、日文、韓文及德文，尤其精通古漢語及現代漢語，翻譯過《道德經》（全譯）、《墨子》（選譯）、《章學誠論文及書信》。他的主要研究領域是儒家哲學，特別是儒家倫理學，對《老子》、《莊子》亦有比較深入的研究。

有兩本書最值得一提，一是《儒家傳統中的倫理學：孟子及王陽明的思想》（ *Ethics in the Confucian Tradition: The Thought of Mengzi and Wang Yangming* ），該書據他說原是他的博士論文，1990 年初版，2002 年修訂再版。這本書的主要思想是比較孟子與王陽明的異同。另一本書是他的《儒家道德修養》（ *Confucian Moral Self Cultivation* ）一書，該書 1993 年初版，2000 年修訂並擴充後再版。這本書選取孔子、孟子、荀子、朱熹、王陽明及戴震六個人為代表。

C Ivanhoe 說他之所以對儒學感興趣，是因為他認為儒學中有大量對於思考當代哲學問題大有裨益的東西。其中一個最重要的方面就是儒學注重哲學與生活的聯繫。

Ivanhoe 所理解的「修身」（self-cultivation）與宋明新儒家過分注重「內聖」功夫的修身概念有所不同。在《儒家道德修養》一書中，Ivanhoe 從儒家的修身思想出發，提出兩個有關現代人該如何修身的問題：一是音樂，二是穿著。

論題 3：如何復興儒學？

【說明】

儒家學說史上流傳著這樣一個「神話」，即儒家千百年相傳的真諦——「道統」

二十世紀以來，宋明理學（即新儒家）無疑仍在儒學研究中佔統治地位，很少有人公開質疑其「道統」的局限性。這裏面有一個很重要的背景，就是新儒學與「哲學」這一西方學科標籤結合之後，似乎使人們認識到，只有宋明新儒家學說才最深刻、最抽象、最思辨，即最具「哲學」特徵。

在「中國哲學史」這一新型學科取代了中國古代的「經學傳統」之後，而儒學傳統被日益狹隘化、片面化。由於宋明新儒家追求個人修身過程所獲得的神奇體驗、崇高境界、聖賢人格，導致現代新儒家學者難以真正從具體的社會文化處境出發來研究儒學的現代價值，而容易陶醉在一種自認為西方人達不到的「境界論」中，並從狹隘的境界論出發來解釋現代社會問題；

現代中國哲學史研究者，多數畢竟不能像古代儒者那樣做深刻的靜坐、反省和修身的工夫，結果是他們的精神世界裏只剩下一些抽象、空洞的概念，他深深認識到，儒學之所以在歷史上是一種極有生命力的學說，正是因為它豐富多彩，內容廣博，並且能夠不斷隨著時代的變化而更新、發展。現代新儒家學者或者中國哲學研究者，常常重視孟子而忽視荀子，重視程朱陸王而忽視戴震、章學誠、顏元等一批清代思想家，這是非常不應該的。

在《儒家傳統中的倫理學》一書中，Ivanhoe 詳細分析了孟子與王陽明的思想，「這在道德哲學方面導致了一個戲劇性的變化，即從原來的以人性論為基礎的道德哲學過渡到以無所不包的形而上學理論為基礎的道德哲學。在這一轉型中，新儒家……描述事物的方式給人們塑造了這樣一種印象，彷彿儒家有一些佛家和道家從未有過的自身的根本傳統。在我看來，這種說法從歷史事實上看是錯誤的，從哲學上看也不能這樣假定。」

從西方語言學上的經驗論與語言學上的先天論（language empiricists, language innatists）出發，來分析荀子強調人性後天可塑的觀點是多麼重要。文章重點反對了兩種觀點，一種觀點認為荀子的人性論為專制開了方便之門；另一種觀點則認為孟子與荀子的人性論可以互補，二者無本質區別，只是側重點不同而已。Ivanhoe 認為這兩種觀點都是錯誤的。

在其「荀子的人性及道德觀」，Ivanhoe 認為，荀子的人性論並不假定人有先天的道德意識。從道德上看，人心、人性猶如臙塊，具有高度的可塑性；易

言之,人的道德意識乃是環境發展的產物。這種觀點其實非常重要。如果脫離這種社會現實來談論先天的道德意識,其實是沒有意義的。

荀子的人性論導致對社會制度設計等環境因素的高度重視,體現為重禮、重教育、重經典的闡釋、重聖賢的示範效應等。

Ivanhoe 對「儒家哲學」這樣一種研究方式的「侷限性」有異常清醒的認識。他個人認為儒家傳統中的宗教成分比其中的哲學成份要濃厚得多。

英語世界裏從「哲學」角度研究儒學的人,其實在西方,很多學者並不是、或者主要並不是、或者不僅僅從哲學角度來研究儒學。

需要著重指出的是,對於那些研究儒學的人來說,無論他是從哲學、史學還是宗教學的角度出發,是否可以稱之為「儒家」是一個重要的分別。我之所以對這個問題很關心,在很大程度上是因為我自己多年來當代中國哲學界在儒學研究方面所出現的問題的批判思考。目前中國學術界研究儒學的學者大體上是以哲學工作者和史學工作者為主。事實上有一些相互瞧不起的味道。很少有人追問過「儒家傳統是否足以被這些學科所涵蓋?」「儒家傳統是否可以為儒家哲學所代替?」這樣的問題。拙作《「中學」與「西學」——重新解讀現代中國學術史》(河北大學出版社 2002 年版)一書中所一再聲明的那樣,現代中國學術的最大悲劇之一就是中國古代學術傳統被哲學、史學、文學等一系列現代學科所分解,個人的意見是,未來中國的大學必須在哲學、史學、文學等學科群之外恢復「獨立的國學傳統」,具體地說可稱之為「經學傳統」。

附錄十九
《莊子·人間世》釋義

一 顏回與心齋

人間世充滿了機巧。機巧是嗜欲和知識、價值的複合物。以機巧行於人間世似乎是理性的、合理的、明智的方法，因為它往往獲得所欲。但是機巧所以得售，那是因為另一方不夠明智，或自己嗜欲太深而失其明智。如果雙方或多方都明智，而且能節其嗜欲，則機巧將輪轉不息，直到智窮力絀為止。顏回救衛就是鋪衍了機巧的曲折。

顏回秉持孔子「治國去之，亂國就之」的襟懷往救衛國之民

由於衛君不恤其民，不能慎重政事，而草率的任使其民，以致其民之命如水澤邊的草芥，既無足輕重，又不可勝數的一一死亡，其民已經陷於絕境，無路可去。顏回聽過孔子之教，孔子之教是：治平之國，無所施其襟抱，應亟亟離開；動亂之國，則能發揮救死之功，須亟亟前往。猶如醫門之前，必多病患，君子應以政治的醫者自任。顏回既聽過，也思慮過孔子之教，因此要前往衛國，希望衛國之民得以復蘇，猶如醫門患者得以痊癒。

但是衛君春秋鼎盛，性格專斷，既不能慎重國事，又不自知缺陷。孔子既知顏回將往救衛，不禁笑其淺薄，只知「治國去之，亂國就之」的原則，而不知其中曲折，恐不免慘遭刑戮。於是孔子為顏回道出這段曲折。

顏回所不明的曲折是：衛君殘暴，往救衛國正是暴顯其惡

　　治國之道，不要紛雜。何故？庶民自有其風俗、習慣，依其風俗、習慣而形成穩定的社會生活和經濟生活，國君自然有寬裕的貢賦。因此，垂拱而治，海內乂安。若政令紛雜，則庶民多公事，多公事，則擾亂其日常作息，日常作息既亂而又不能不理，公事擾人又不能不顧，於是憂煩備至。憂煩備至，則社會動盪，國家遂至衰微而無法挽救。衛君輕用其民，正是雜擾其政，正是亂國。亂國雖然應該前往拯救，可是顏回將用什麼方法？顏回自己必須先了然於胸，才能使衛君胸中廓然。前往拯救衛國之民，就是暴露衛君的亂政，顏回自己都不能了然於胸，那有工夫暴露衛君的亂政！

顏回救衛的想法誠然是美德，是智巧，可是美德和智巧也可能成為鬥爭的工具

　　誠然，拯救亂國是美德，拯救亂國顯出智巧，可是顏回可知道美德為什麼沉淪，智巧為什麼蠭出？美德是因為虛名而沉淪，智巧是因為爭利而蠭出。虛名是傾軋的目標，智巧是鬥爭的工具，二者都是凶器，都不是充分實現拯救衛國的好方法。

再者，美德純厚而未獲信賴，將受猜疑、嫉恨，而陷於危境

　　顏回的美德誠然純厚，誠信確實可靠，可是還不能與衛君聲氣相通；顏回確實不爭名聲，可是還不能見知於衛君而獲信賴。卻以仁義的道德標準在殘暴的衛君面前申說不已，因此，衛君必定尊嚴受損而厭惡顏回的美德。像顏回這樣的人就叫作「菑人」。傷害別人，別人必定反過來傷害，而今顏回恐怕要遭人傷害。再者，如果衛君是個好賢而厭惡不肖的人，衛國必定賢人滿朝，顏回去了又能有什麼特殊言

行？只能默然不言，只要有所規勸，衛君一定會以威勢震懾，逞其捷辯。而顏回將雙眼眩惑，氣色餒弱，自我辯解，臉色顯得窘促，內心屈服順從。這是以火救火，以水救水。這叫作「益多。」循著「以火救火，以水救水」這個開端，將陷於無窮無盡。顏回的諫言儘管忠厚，恐怕因不得信賴而遭刑戮，死於衛君之前。

名利是招禍之道，連聖人都難以克服名利的誘惑

以過去桀殺關龍逢，紂殺王子比干來看，這都是修身而愛養國君之民，居於臣位而奪其君之功。違逆其君之心，遂遭嫉恨，這全是為了修身而遭排擠。這是好名的下場。以前，堯攻叢枝、胥敖，禹攻有扈，這三個小國遂至空虛而絕滅，其君身遭刑戮。溯其原因，三小國不斷用兵，不斷追求利益有以致之。這都是為了聲名與實利而遭禍。聲名和實利的誘惑，連聖人都難以克服，更何況是顏回！

然而顏回追隨孔子有年，應該不至於全然不知其中曲折，必定有所準備，因此孔子要他說說看。顏回說：「既然衛君嫉恨人臣奪功，那麼我恭敬而謙虛（針對美德純厚而未獲信賴），竭力而忠心（針對關龍逢、比干），成嗎？」

孔子以為不可！衛君是個剛暴盛氣、喜怒無常的人，一般人不能違逆他。一旦違逆，便壓制別人的一切言行感受，只求自己心裏痛快。這叫作「日漸之德不成」，意謂緩慢的、漸進的修養其德，都無法完成，更何況至德！衛君將執拗而不改，而你恭敬謙虛、竭力忠心，不過是表面和順，心裏卻不敢批評，這怎麼行！

自己無所期盼，無所顧慮，對人則行不特立，言不己出，如是則禍端不萌

既然恭敬謙虛、竭力忠誠，也不足以柔服衛君，那麼，顏回內直

而外曲，成而上比，如此是否可以柔服衛君？所謂內直，是內心坦然而無所曲折，猶如與天為徒。與天為徒是法天。法天則人我平等，於是天子與我平等，都是天之所子。既然平等，則無所求。既無所求，會在內心期盼自己的言語受人讚美嗎？會在內心顧慮自己的言語受人非毀嗎？如此無所期盼，無所顧慮，就是一般人所說的童子。這就叫作「與天為徒」。外曲的意思是效法他人。拱手長跪是人臣之禮，別人都如此行禮，我不敢不如此行禮。與人相同就不會受到批評，這叫作「與人為徒。」至於「成而上比」，則是與古為徒，就是效法古人。古人之言雖然明為教導，其實是告誡。對衛君的告誡之言，這是古已有之，而不是顏回的私見。如此，雖然率直而不為人所忌，這叫作與古為徒。倘若如此，是否可以柔服衛君？

未必。思慮如何不萌禍端時，這思慮本身正潛藏著憂患，而不能坦然，而仍然殘存我執，這叫作師心

顏回雖然想出不萌禍端的方法，但是孔子仍然以為不可。何故？為了不萌禍端而多方思慮，這多方思慮本身正潛藏著憂患。若無憂患，何必多方思慮？因此多方思慮不能說是與天為徒，不能說是純如童子，它已是禍端。多方思慮既然不能說是與天為徒，則與人為徒和與古為徒也都潛藏著憂患。若無憂患，何必思慮與人為徒、與古為徒？正因如此，孔子以為顏回「太多政」，意即：為了救衛國之政而往說衛君，卻為了保身而思慮太多。雖然如此，顏回與天為徒、與人為徒、與古為徒的思理是正確的，此即「法」，只是求之於思理之粗而不及無心之微，此即「不諜」（俞樾引《經典釋文》：「諜，便僻。」謂深入精微。）。法而不諜在內心雖然猶不能坦然，在言行則能不招禍咎。也止於不招禍咎而已，談不上感化衛君。不能坦然就是自我之執仍然殘存，仍然處於師心的境地。

心齋

　　顏回至此智窮力絀，於是請問孔子方法。孔子要顏回先齋戒，然後才告訴他，孔子說：如果懷著動機做事，那會容易嗎？夏日天空之下，一覽無遺，做起事來，應是無比容易，可是懷著動機而認為事情易辦，即使在夏日天空之下也是不容易的。

　　顏回一聽齋戒，想到家貧而數月未飲酒，未吃葷，應算齋戒了。

　　孔子知道顏回誤會，於是為他分辨祭祀齋戒和心齋的不同。心齋是專心一志。如何專心一志？人們要專心一志時，心中總是充塞感官知覺所感的事物，於是心志隨之尋逐。以聽覺來說，以耳聽聲，注意所聽到的聲音，聲變則心隨之而變，於是不能專心一志。因此聽到聲音，須任它響起響滅。是什麼任它響起響滅？是心。所以說「無聽之以耳，而聽之以心」。可是任心而使響起響滅時，著意在心，恐失其任，如是反而心焦而愈益紛雜，不能因任響起響滅，於是勿以心因任所聞之聲響起響滅。如何才能不以心因任所聞之聲響起響滅？任其心起心滅而不著意於心之所思。所以說：「無聽之以心，而聽之以氣」。若以耳聽，則尋逐音聲；若以心聽，則尋逐心象；至於氣，無聲無象，無由尋逐，既然無由尋逐，則猶如空虛。心中空虛不是心無一物，而是任物去來，所以以氣為喻而說：「氣也者，虛而待物者也。」虛含萬物，從另一方面說，則是萬物集於虛。無心於物，則即物為道，於是可說「唯道集虛」。齋喻純素，無心於物，則如純素，故稱心齋。

　　顏回一聽，有所領悟：當他還沒能心齋時，還有個我，能心齋時，不曾有個我。顏回以此請問孔子，這是否就是虛？

　　孔子認為顏回的領悟完全正確。顏回到衛國能無所拘忌，就像進入樊籠而能悠遊自在，不為聲名而心動。衛君能聽，則說；不能聽，

則默。有門則出入有定，有毒則自保有地，有定有地，則拘於其中而不能遊，因此顏回若無門無毒，每至一境，安於其處，猶如不得不如是，無絲毫勉強，這就妙入心齋了。

孔子又進一步發揮心齋妙義。大凡言行都有動機、有目的，而不免困於動機、目的之中。若言行而無動機，無目的，則其心悠然。猶如行路，必有足跡，既有足跡，則著意足跡，而不得自在。為了自在、為了沒有足跡而不行路，這容易。若行路而不著意足跡，而能自在，這才難。人事活動總有機巧，而易於詐偽；天道運行則朗然明白，難以詐偽。人的言行一如飛鳥，飛鳥必須鼓翼才能飛翔，可是鼓翼則著意在翼而不得自在，人多不能無心，因此很少聽說不著意於鼓翼而能飛者。人們總以理智認知事物，可是這樣的認知不免受欲望牽引，而困於理智，因此很少聽說有人不以理智認知事物而超然物外。試看那空虛，房間因空虛而產生純白之光，猶如人心因空虛而清明，如是則吉祥常住。倘若不住吉祥，則心神外逐，這叫作「坐馳」。如果讓耳目內斂，排除心智的外求，即使鬼神都要來此居留，以獲安寧，更何況是一般人。這心齋涵攝了萬物的變化，它是堯、舜治道的根本，也是伏戲、几蘧言行的歸依，更何況一般人，能不依止於此？

二　葉公子高

葉公子高將出使齊國，心事重重，於是向孔子請教說：「楚王派遣我出使齊國，期望很高。齊國對我的接待會很鄭重，卻不急於成事。匹夫尚且難以言詞改變其心意，何況是諸侯！所以我非常擔憂。您常告訴我：『大凡事情，不論大小，很少不因成功而懌喜的。所以事情如果不成，必定要受懲罰而有人道之患；事情如果成功，必定要勞精傷神而有陰陽之患。不論成或不成，而能不受人道之患和陰陽之

患的，只有有德之人才能辦到。」如今我的飲食粗陋不佳，烹調也無暇顧及清涼。我早晨接到楚君的命令，而晚上就得喝冰，我恐怕臟腑已經發熱了。我還沒有接觸到事情，就身體不適而有陰陽之患，事情如果不能有成，必定要受懲罰而有人道之患。這是兩重憂患，為人臣下所無法承擔，希望您能指引我。」

仲尼說：「天下有二件事情得警惕，一是命，二是義。子女愛敬父母，這是命，無法從心中抹掉的。臣事君，這是義，無往而不遭遇國君，在天地之間，無法逃避。這就叫作大戒。所以侍奉父母，不刻意挑選場合都能安然；敬事國君，也不刻意挑選事情而能安然；對待自己內心，不因眼前的事情而有哀樂之變，知道此三者都是無可奈何，好像面對命運一樣的安然，這是最圓滿的德性了。為人臣子，本來就有一些不得不做的事，忙著做這些事情而忘了自己都來不及，哪有工夫好生而惡死！你可以走吧。」

我再把所聽到的告訴你。大凡關係親近必定以信賴相交，關係疏遠必定要以言語表示忠實。言語一定要透過傳達。傳達雙方都欣喜或雙方者憤怒的言語，那是天下最難辦到的事。要使雙方都欣喜，必定多溢美之辭；要使雙方都憤怒，必定多溢惡之辭。凡是誇張的話就是虛妄，虛妄則引起懷疑，引起懷疑則傳話的人要遭殃。所以法言說：「傳達實情，莫傳達誇張之言，那麼傳話的人就可以全身。」

再者，以巧智角力的人，開始充滿希望而興奮，最後卻常因失望而憤怒，憤怒至極，又多生詭巧。循禮而飲酒的人，開始理智清明而井然有序，最後常因失去控制而脫序，脫序至極則流於縱樂。大凡處事亦然，開始尚無衝突而能誠信，最後卻因嫌隙而鄙惡；開始每因誠信而簡約，最後則因二心而裂痕擴大。

言語會造成風波，循著風波之言而付諸行動，則損喪實利。風波很容易掀動，損喪實利則容易危及其身。所以忿怒沒有什麼來由，主

要是詭巧偏私之言造成的。野獸臨死狂吼，氣息憤鬱，於是狼戾之心交生。壓迫過度，必定以憤怒之心反應，而不知其緣故。如果不知其緣故，誰知道其後果！所以法言說：「不要改變所秉承的命令，不要為了成事而勉強勸說，這兩者都是過度增飾。」改變所秉承的命令和勉強勸說都會危害整件情。事情圓滿成功得花些工夫，齟齬、衝突而求成事，要悔改都來不及，能不謹慎嗎！再者，順承事物的變化而心境悠遊，循著事情不得不然的發展而養心，這是最高的境地了，何必為齊國的反應苦心施慮？不過箇中的困難也在此。

三　顏闔與蘧伯玉

1　衛靈公太子蒯聵的性情有如天殺。何謂天殺？天殺指自然界萬物生滅有天為之主宰，此處偏就萬物之滅而言。萬物之滅於人為凶，則天有凶德，以喻蒯聵二性情凶暴如烈風雷霆之摧折萬物。

顏闔將傅蒯聵，喻人之入於世間，世間凶險一如蒯聵之凶暴。若以无方傅之，則蒯聵亂妄依舊，其國危殆。亂妄則其言行不可測，如烈風雷霆摧折萬物之不可測。世間亦然，若无方、無規範，則爭亂無窮，《荀子・禮論》言之已詳。若有方以傅之，蒯聵性本暴亂，不受羈勒，必怒而摧殺顏闔，於是危顏闔之身。猶如烈風雷霆之發作，人豈能止？世間亦然。人本縱其欲，無力以抗規範之時，懷怒而待，及其有力，性情暴亂者棄規範如蔽屣，雄猜者玩規範於股掌之間。蒯聵並不愚頑，有其智力，然而其智力又非聖人之智，其智為欲望所驅使，因此明於察人，闇於自省，能知他人之過，以伺機求利，不知自己之過，非不知，不利於己，所以掩之。世間亦然。世間眾人為求生，其智足以知他人之過，伺機謀利而求生，但是昧於省察自己之過，不是不知己過，而是於己不利，所以百般掩飾。

顏闔所要輔佐的蒯瞶本性如此,而顏闔所用的方法是以規範約束之,然而他知道無效,若不用規範約束又不可,於是陷於兩難,無可奈何而求助於蘧伯玉。這個寓言比喻人處世間亦陷於兩難,而兩難的緣故,端在世間的本性就是如此。世間的本性若仔細分析,即《道德經》所說「禮者,忠信之薄而亂之首」。無禮,固然亂,有禮,也是亂,只是亂的形態不同。無禮的亂,將陷於滅絕;有禮的亂則喚起求治的動機。由動機而尋求解決的方法,自不能再從禮入手,否則是火上加油,以哲學言之,是無窮後退。因此有莊子之說,蘧伯玉之言即莊子之說。

2 蘧伯玉所說「正女(汝)身」顯然與顏闔以有方為正者不同。顏闔也有正身的方法,即「有方」,「有方」即禮。蘧伯玉的正身是「形莫若就,心莫若和」。但是蘧伯玉的正身方法不易拿捏,稍一不慎,立陷危機。因此,蘧伯玉提醒「戒之,慎之」,所要戒慎的是流於偏頗。然而是什麼流於偏頗?如何流於偏頗?

顏闔正身所要戒慎的是心和與形就。形顯於外,是為言行。言行隨順蒯瞶即「形莫若就」,猶人的言行隨順世間意見。言行要能隨順蒯瞶,隨順世間意見,必須「心莫若和」。心和而發於外,自然隨順蒯瞶,隨順世間意見。由此以觀,心和則形就,正身之道僅一而已,為何蘧伯玉說「之二者(形就與心和)有患」?蘧伯玉所謂二者,其實僅指心和,只因莊子行文駢意,因此心和與形就對舉。

然而何謂心和?心不和則情緒、情感聯翩而生,情緒、情感生於欲望,故知心和即無欲而喜怒不生。無欲在心則不逆蒯瞶,與物無違,若違逆則是意見有所出入。因此,正身之道即「就不欲入,和不欲出」。其實是心無所違逆,則言行隨之無所違逆。既然如此,心和何以有遺患?心和並不容易,知道應該心和是一回事,未至圓滿之時,正因知道應該心和而強抑,而使言行隨順,然而不知不覺潛藏怨

怒。此怨怒生於違逆，生於所出入。孔子所謂「克己復禮」也是有此
遺患。而蘧伯玉說「形就而入」、「心和而出」就是指心和而強抑，使
言行隨順，卻不知不覺有所違逆而潛藏怨怒。如此將顛滅崩蹶。

附錄二十
韓非子衰亡論分析模式──亡徵八類

一　分析模式

　　《史記》敘述韓非著書的原因說：「非見韓之削弱，數以書諫韓王，韓王不能用。於是韓非疾治國不務脩明其法制，執勢以禦其臣下，富國彊兵而以求人任賢，反舉浮淫之蠹而加之於功實之上。以為儒者用文亂法，而俠者以武犯禁。寬則寵名譽之人，急則用介冑之士。今者所養非所用，所用非所養。悲廉直不容於邪枉之臣，觀往者得失之變，故作孤憤、五蠹、內外儲、說林、說難十餘萬言。」誠然，韓非著書的目的是分析戰國時代國家危亡的現象、原因，其餘的論題，如：法哲學與權力論、衰亡論、尚法論、主道論、溝通論、老子解，都由此衍生。韓非論國家危亡的現象、原因有若干類別。這些類別可以作為理解韓非思想的分析模式。

　　分析模式是分類之事，就其韓非思想的分類而言，有二種：一是以人為經、以事為緯；二是以事為經、以人為緯。韓非所論之事比較分散，而論人則比較集中，因此，可以採取以人為經、以事為緯的分析模式。其中，〈亡徵〉（5.15）一篇備列四十七項國家衰亡的徵兆，約可分為八類，（詳附錄。）可以作為韓非分析國家危亡的綱領。八類亡徵以人為經時，略可分為君、臣、民、外國。其中，臣又可以分為近臣、大臣、能臣。近臣包括宗室、妻族、和內侍，能臣指可用輔國之士，大臣則可能是近臣，也可能是能臣。

其實，韓非論君主之道時，都是針對臣、民、外國可能造成的危害而鍼砭，因此，韓非之書是環繞「主道」或「君道」而論其得失，臣、民、外國可以視為「主道」或「君道」的倒影，二者是一體兩面。

二　〈亡徵〉條次（說明：本目為研究過程的資料，可略。）

韓非〈亡徵〉一文條敘可亡徵兆，其文如下：

1	凡人主之**國小而家大**，權輕而**臣重**者，可亡也。（5.15 **亡徵**）
2	簡【慢也。】法禁而務謀慮，荒封內而恃交援者，可亡也。（5.15 **亡徵**）
3	群臣為學，門子【陳奇猷：疑門弟子、門下客。】好辯，商賈外積，小民右仗者【右，上也。右仗，謂仰賴】，可亡也。（5.15 **亡徵**）
4	好宮室臺榭陂池，事車服器玩好【陳奇猷：「器」上當有「奇」字，「好」下當有「尚」字】，罷露百姓【王先慎：「露」當作「潞」，羸也。】，煎靡貨財者【「煎靡」即五蠹篇之「弗」（弗通沸）靡，謂奢侈浪費。】，可亡也。（5.15 **亡徵**）
5	用時日，事鬼神，信卜筮，而好祭祀者，可亡也。（5.15 **亡徵**）
6	聽以爵不待參驗，【聽臣下之言，不待參驗形名，即以爵祿予人。】用一人為門戶者，可亡也。（5.15 **亡徵**）
7	官職可以重求，爵祿可以貨得者，可亡也。（5.15 **亡徵**）
8	緩心而無成，柔茹而寡斷，好惡無決，而無所定立者，可亡也。（5.15 **亡徵**）
9	饕貪而無饜，近利而好得者，可亡也。（5.15 **亡徵**）
10	喜淫而不周於法【陳奇猷：淫，謂淫賞。】，好辯說而不求其用，濫於文麗而不顧其功者，可亡也。（5.15 **亡徵**）
11	淺薄而易見，漏泄而無藏，不能周密，而通群臣之語者，可亡也。（5.15 **亡徵**）

12	很剛而不和，愎諫而好勝，不顧社稷而輕為自信者，可亡也。（5.15 **亡徵**）
13	恃交援而簡近鄰，怙強大之救【「怙」，賴也。】，而侮所迫之國者，可亡也。（5.15 **亡徵**）
14	羈旅僑士，重帑在外，上閒謀計，下與民事者，可亡也。（5.15 **亡徵**）
15	**民信其相**，下不能其上，主愛信之而弗能廢者，可亡也。（5.15 **亡徵**）
16	境內之傑不事，而求封外之士，不以功伐課試，而好以名問舉錯【「問」即「聞」】，羈旅起貴以陵故常者，可亡也。（5.15 **亡徵**）
17	輕其適正，庶子稱衡【「稱衡」即提衡、抗衡。】，**太子未定而主即世者**【「即世」，去世。】，可亡也。（5.15 **亡徵**）
18	大心而無悔，國亂而自多，不料境內之資而易其鄰敵者，可亡也。（5.15 **亡徵**）
19	國小而不處卑，力少而不畏強，無禮而侮大鄰，貪愎而拙交者，可亡也。（5.15 **亡徵**）
20	太子已置，而**娶於強敵以為后妻**，則太子危，如是，則群臣易慮，群臣易慮者，可亡也。（5.15 **亡徵**）
21	怯懾而弱守，蚤見而心柔懦，知有謂可【「有」當讀為「又」。】，斷而弗敢行者，可亡也。（5.15 **亡徵**）
22	出君在外而國更置，**質太子未反而君易子**，如是則國攜，國攜者，可亡也。（5.15 **亡徵**）
23	**挫辱大臣而狎其身，刑戮小民而逆其使**【「民」當作「人」。】，懷怒思恥而專習則賊生【「習」，狎近也。】，賊生者，可亡也。（5.15 **亡徵**）
24	大臣兩重，父兄眾強，內黨外援以爭事勢者，可亡也。（5.15 **亡徵**）
25	**婢姜之言聽**，愛玩之智用【「愛玩」，弄臣。】，外內悲惋而數行不法者【「惋」，怨。】，可亡也。（5.15 **亡徵**）
26	簡侮**大臣**，無禮父兄，勞苦**百姓**，殺戮不辜者，可亡也。（5.15 **亡徵**）
27	好以智矯法，時以行集公【顧廣圻：「行」，今欓作「私」。「集」，襍也。】，法禁變易，號令數下者，可亡也。（5.15 **亡徵**）

28	無地固【謂無地形之固。】，城郭惡，無畜積，財物寡，無守戰之備而輕攻伐者，可亡也。（5.15 **亡徵**）
29	種類不壽，主數即世，**嬰兒為君**，大臣專制，樹羈旅以為黨，數割地以待交者【陶鴻慶：「待」為「持」之誤。】，可亡也。（5.15 **亡徵**）
30	**太子尊顯**，徒屬眾強，多大國之交，而**威勢蚤具**者，可亡也。（5.15 **亡徵**）
31	變褊而心急【俞樾：「變」當讀為（辨−力＋心），急也。】，輕疾而易動發，心悁忿而不訾前後者【「訾」，思也。】，可亡也。（5.15 **亡徵**）
32	主多怒而好用兵，簡本教而輕戰攻者，可亡也。（5.15 **亡徵**）
33	貴臣相妒，大臣隆盛，外藉敵國，內困百姓，以攻怨讎，而人主弗誅者，可亡也。（5.15 **亡徵**）
34	君不肖而**側室**賢，太子輕而**庶子伉**【「伉」，強也。】，官吏弱而人民桀，如此則國躁，國躁者，可亡也。（5.15 **亡徵**）
35	藏怒而弗發，懸罪而弗誅，使群臣陰憎而愈憂懼，而久未可知者，可亡也。（5.15 **亡徵**）
36	出軍命將太重，邊地任守太尊，專制擅命，徑為而無所請者，可亡也。（5.15 **亡徵**）
37	后妻淫亂，主母畜穢【章太炎：「畜」借為「縮」。縮，亂也。】，**外內混通，男女無別**，是謂兩主，兩主者，可亡也。（5.15 **亡徵**）
38	后妻賤而**婢妾貴**，太子卑而**庶子尊**，相室輕而典謁重【相室，宰相。典謁，謂典者與謁者。】，如此則內外乖，內外乖者，可亡也。（5.15 **亡徵**）
39	大臣甚貴，偏黨眾強，壅塞主斷而重擅國者【陶鴻慶：「重」當在「國」字下。】，可亡也。（5.15 **亡徵**）
40	私門之官用，馬府之世【陳奇猷：「馬府」，掌典冊之官。「世」下當有「紬」字。謂：馬府所掌世族名冊之人紬而不用。】，鄉曲之善舉，官職之勞廢，貴私行而賤公功者，可亡也。（5.15 **亡徵**）
41	公家虛而大臣實，正戶貧而寄寓富，耕戰之士困，末作之民利者，可亡

	也。（5.15 **亡徵**）
42	見大利而不趨，聞禍端而不備，淺薄於爭守之事，而務以仁義自飾者，可亡也。（5.15 **亡徵**）
43	不為人主之孝，而慕匹夫之孝，不顧社稷之利，而聽主母之令，**女子用國，刑餘用事**者，可亡也。（5.15 **亡徵**）
44	辭辯而不法，心智而無術，主多能而不以法度從事者，可亡也。（5.15 **亡徵**）
45	親臣進而故人退【陳奇猷：「親」即「新」。】，不肖用事而賢良伏，無功貴而勞苦賤，如是則下怨，下怨者，可亡也。（5.15 **亡徵**）
46	**父兄大臣**祿秩過功，章服侵等，宮室供養太侈，而人主弗禁，則臣心無窮，臣心無窮者，可亡也。
47	**公壻公孫**與民同門，暴傲其鄰者，可亡也。（5.15 **亡徵**）

亡徵者，非曰必亡，言其可亡也。夫兩堯不能相王，兩桀不能相亡，亡王之機，必其治亂、其強弱相踦者也。木之折也必通蠹，牆之壞也必通隙【高亨：「通」當作「道」。道，由也。】。然木雖蠹，無疾風不折；牆雖隙，無大雨不壞。**萬乘之主，有能服術行法以為亡徵之君風雨者，其兼天下不難矣。**

三　亡徵八類

從〈亡徵〉四十七條中，依其性質可以分為八類：
A　德行邪敗。11 條。
B　繼承危殆。5 條。
C　宮廷亂序。7 條。
D　大臣凌君。8 條。
E　用人賞罰。7 條
F　簡慢法禁。3 條。

G　不恤臣民。2 條。

H　無禮諸侯。4 條。

茲重組表列如下：

A 德行邪敗

8	緩心而無成，柔茹而寡斷，好惡無決，而無所定立者，可亡也。（5.15 **亡徵**）
21	怯懾而弱守，蚤見而心柔懦，知有謂可【「有」當讀為「又」。】，斷而弗敢行者，可亡也。（5.15 **亡徵**）
35	藏怒而弗發，懸罪而弗誅，使群臣陰憎而愈憂懼，而久未可知者，可亡也。（5.15 **亡徵**）
12	很剛而不和，愎諫而好勝，不顧社稷而輕為自信者，可亡也。（5.15 **亡徵**）
18	大心而無悔，國亂而自多，不料境內之資而易其鄰敵者，可亡也。（5.15 **亡徵**）
31	變褊而心急【俞樾：「變」當讀為（辨－力＋心），急也。】，輕疾而易動發，心惛忿而不訾前後者【「訾」，思也。】，可亡也。（5.15 **亡徵**）
11	淺薄而易見，漏泄而無藏，不能周密，而通群臣之語者，可亡也。（5.15 **亡徵**）
42	見大利而不趨，聞禍端而不備，淺薄於爭守之事，而務以仁義自飾者，可亡也。（5.15 **亡徵**）
9	饕貪而無饜，近利而好得者，可亡也。（5.15 **亡徵**）
4	好宮室臺榭陂池，事車服器玩好【陳奇猷：「器」上當有「奇」字，「好」下當有「尚」字】，罷露百姓【王先慎：「露」當作「潞」，羸也。】，煎靡貨財者【「煎靡」即五蠹篇之「弗」（弗通沸）靡，謂奢侈浪費。】，可亡也。（5.15 **亡徵**）
5	用時日，事鬼神，信卜筮，而好祭祀者，可亡也。（5.15 **亡徵**）

B 繼承危殆

17	輕其適正，庶子稱衡【「稱衡」即提衡、抗衡。】，**太子未定**而主即世者【「即世」，去世。】，可亡也。（5.15 **亡徵**）
20	太子已置，而**娶於強敵以為后妻**，則太子危，如是，則群臣易慮，群臣易慮者，可亡也。（5.15 **亡徵**）
22	出君在外而國更置，**質太子**未反而君易子，如是則國攜，國攜者，可亡也，（5.15 **亡徵**）
29	種類不壽，主數即世，**嬰兒為君**，大臣專制，樹羈旅以為黨，數割地以待交者【陶鴻慶：「待」為「持」之誤。】，可亡也。（5.15 **亡徵**）
30	**太子尊顯**，徒屬眾強，多大國之交，而**威勢蚤具**者，可亡也。（5.15 **亡徵**）

C 宮廷亂序

37	后妻淫亂，主母畜穢【章太炎：「畜」借為「縮」。縮，亂也。】，**外內混通，男女無別**，是謂兩主，兩主者，可亡也。（5.15 **亡徵**）
38	后妻賤而**婢妾貴**，太子卑而**庶子尊**，相室輕而典謁重【相室，宰相。典謁，謂典者與謁者。】，如此則內外乖，內外乖者，可亡也。（5.15 **亡徵**）
34	君不肖而**側室賢**，太子輕而**庶子伉**【「伉」，強也。】，官吏弱而人民桀，如此則國躁，國躁者，可亡也。
43	不為人主之孝，而慕匹夫之孝，不顧社稷之利，而聽主母之令，**女子用國，刑餘用事**者，可亡也。（5.15 **亡徵**）
46	**父兄大臣**祿秩過功，章服侵等，宮室供養太侈，而人主弗禁，則臣心無窮，臣心無窮者，可亡也。
25	**婢妾之言聽**，愛玩之智用【「愛玩」，弄臣。】，外內悲惋而數行不法者【「惋」，怨。】，可亡也。（5.15 **亡徵**）
47	**公婿公孫**與民同門，暴傲其鄰者，可亡也。（5.15 **亡徵**）

D　大臣凌君

1	凡人主之**國小而家大**，權輕而**臣重**者，可亡也。（5.15 **亡徵**）
15	**民信其相**，下不能其上，主愛信之而弗能廢者，可亡也。（5.15 **亡徵**）
39	大臣甚貴，偏黨眾強，壅塞主斷而重擅國者【陶鴻慶：「重」當在「國」字下。】，可亡也。（5.15 **亡徵**）
36	出軍命將太重，邊地任守太尊，專制擅命，徑為而無所請者，可亡也。（5.15 **亡徵**）
41	公家虛而大臣實，正戶貧而寄寓富，耕戰之士困，末作之民利者，可亡也。（5.15 **亡徵**）
3	群臣為學，門子【陳奇猷：疑門弟子、門下客。】好辯，商賈外積，小民右仗者【右，上也。右仗，謂仰賴】，可亡也。（5.15 **亡徵**）
24	大臣兩重，父兄眾強，內黨外援以爭事勢者，可亡也。（5.15 **亡徵**）
33	貴臣相妒，大臣隆盛，外藉敵國，內困百姓，以攻怨讎，而人主弗誅者，可亡也。（5.15 **亡徵**）

E　用人賞罰

10	喜淫而不周於法【陳奇猷：淫，謂淫賞。】，好辯說而不求其用，濫於文麗而不顧其功者，可亡也。（5.15 **亡徵**）
6	聽以爵不待參驗，【聽臣下之言，不待參驗形名，即以爵祿予人。】用一人為門戶者，可亡也。（5.15 **亡徵**）
7	官職可以重求，爵祿可以貨得者，可亡也。（5.15 **亡徵**）
14	羈旅僑士，重帑在外，上閒謀計，下與民事者，可亡也。（5.15 **亡徵**）
16	境內之傑不事，而求封外之士，不以功伐課試，而好以名問舉錯【「問」即「聞」】，羈旅起貴以陵故常者，可亡也。（5.15 **亡徵**）
40	私門之官用，馬府之世【陳奇猷：「馬府」，掌典冊之官。「世」下當有「紲」字。謂：馬府所掌世族名冊之人紲而不用。】，鄉曲之善舉，官職之勞廢，貴私行而賤公功者，可亡也。（5.15 **亡徵**）

| 45 | 親臣進而故人退【陳奇猷:「親」即「新」。】,不肖用事而賢良伏,無功貴而勞苦賤,如是則下怨,下怨者,可亡也。(5.15 **亡徵**) |

F 簡慢法禁

2	簡【慢也。】法禁而務謀慮,荒封內而恃交援者,可亡也。(5.15 **亡徵**)
27	好以智矯法,時以行集公【顧廣圻:「行」,今欃作「私」。「集」,襍也。】,法禁變易,號令數下者,可亡也。(5.15 **亡徵**)
44	辭辯而不法,心智而無術,主多能而不以法度從事者,可亡也。(5.15 **亡徵**)

G 不恤臣民

| 23 | **挫辱大臣**而狎其身,**刑戮小民**而逆其使【「民」當作「人」。】,懷怒思恥而專習則賊生【「習」,狎近也。】,賊生者,可亡也。(5.15 **亡徵**) |
| 26 | 簡侮**大臣**,無禮**父兄**,勞苦**百姓**,殺戮不辜者,可亡也。(5.15 **亡徵**) |

H 無禮諸侯

13	恃交援而簡近鄰,怙強大之救【「怙」,賴也。】,而侮所迫之國者,可亡也。(5.15 **亡徵**)
28	無地固【謂無地形之固。】,城郭惡,無畜積,財物寡,無守戰之備而輕攻伐者,可亡也。(5.15 **亡徵**)
32	主多怒而好用兵,簡本教而輕戰攻者,可亡也。(5.15 **亡徵**)
19	國小而不處卑,力少而不畏強,無禮而侮大鄰,貪愎而拙交者,可亡也。(5.15 **亡徵**)

四　韓非子各篇論亡徵

　　除了〈亡徵〉一篇之外，韓非子其他各篇論亡徵不少。茲以〈亡徵〉一篇所列八類為綱，其他各篇與此八類相同者各歸其類，不屬八類者，別立類別。

	亡徵	十過	八姦	安危	愛臣	備內	三守
A 德行邪敗	★	★	★	★			
B 繼承危殆	★				★	★	
C 宮廷亂序	★		★				
D 大臣凌君	★		★		★		★
E 用人賞罰	★	★					
F 簡慢法禁	★			★			
G 不恤臣民	★			★			
H 無禮諸侯	★	★					

18.46 六反	18.47 八說	19.49 五蠹	19.50 顯學
畏死難，降北之民 赴險殉誠，死節之民	1 為故人行私謂之不棄		
學道立方，離法之民 寡聞從令，全法之民	2 以公財分施謂之仁人	1其學者 2其言古者	世之顯學，儒、墨也
遊居厚養，牟食之民 力作而食，生利之民	3 輕祿重身謂之君子	5其商工之民	
語曲牟知，偽詐之民 嘉厚純粹，整穀之民	4 枉法曲親謂之有行	4其患御者	
行劍攻殺，暴憿之民 重命畏事，尊上之民	5 棄官寵交謂之有俠	3其帶劍者	

活湧匿姦,當死之民 挫賊遏姦,明上之民 也	6 離世遁上謂之 高傲		
	7 交爭逆令謂之 剛材		
	8 行惠取眾謂之 得民		

A 德行邪敗

8	緩心而無成,柔茹而寡斷,好惡無決,而無所定立者,可亡也。(5.15 **亡徵**)
21	怯懾而弱守,蚤見而心柔懦,知有謂可【「有」當讀為「又」。】,斷而弗敢行者,可亡也。(5.15 **亡徵**)
35	藏怒而弗發,懸罪而弗誅,使群臣陰憎而愈憂懼,而久未可知者,可亡也。(5.15 **亡徵**)
12	很剛而不和,愎諫而好勝,不顧社稷而輕為自信者,可亡也。(5.15 **亡徵**)
	一曰、**行小忠**則大忠之賊也。【穀陽進酒司馬子反】(3.10 **十過**)
	七曰、**離內遠遊**而忽於諫士,則危身之道也。【齊田成子遊於海而不得返國】(3.10 **十過**)
	八曰、**過而不聽於忠臣**,而獨行其意,則滅高名為人笑之始也。【齊桓公不聽管仲,而用豎刁,遂至亡身】(3.10 **十過**)
18	大心而無悔,國亂而自多,不料境內之資而易其鄰敵者,可亡也。(5.15 **亡徵**)
31	變褊而心急【俞樾:「變」當讀為(辨-力+心),急也。】,輕疾而易動發,心惛忿而不訾前後者【「訾」,思也。】,可亡也。(5.15 **亡徵**)
11	淺薄而易見,漏泄而無藏,不能周密,而通群臣之語者,可亡也。(5.15 **亡徵**)

	人臣有議當途之失、用事之過、舉臣之情，人主不心藏而漏之近習能人，使人臣之欲有言者，不敢不下適近習能人之心而乃上以聞人主，然則端言直道之人不得見，而**忠直日疏**。（5.16 三守）
42	見大利而不趨，聞禍端而不備，淺薄於爭守之事，而務以仁義自飾者，可亡也。（5.15 **亡徵**）
9	饕貪而無饜，近利而好得者，可亡也。（5.15 **亡徵**）
	二曰、**顧小利則大利之殘也**。【虞公貪晉獻之璧與馬而亡】（3.10 十過）
	五曰、**貪愎喜利則滅國殺身之本也**。【智伯瑤貪韓趙魏之地而亡】（3.10 十過）
4	好宮室臺榭陂池，事車服器玩好【陳奇猷：「器」上當有「奇」字，「好」下當有「尚」字】，罷露百姓【王先慎：「露」當作「潞」，羸也。】，煎靡貨財者【「煎靡」即五蠹篇之「弗」（弗通沸）靡，謂奢侈浪費。】，可亡也。（5.15 **亡徵**）
	六曰、**耽於女樂**，不顧國政，則亡國之禍也。【戎王納秦穆公之女樂而亡】（3.10 十過）
	四曰養殃。何謂養殃？曰：人主樂美宮室臺池，好飾子女狗馬，以娛其心。此人主之殃也。為人臣者，盡民力以美宮室臺池，重賦斂以飾子女狗馬，以娛其主而亂其心，從其所欲，而樹私利其間。此謂養殃。（2.9 八姦）
5	用時日，事鬼神，信卜筮，而好祭祀者，可亡也。（5.15 **亡徵**）
	四曰、**不務聽治而好五音**，則窮身之事也。【晉平公好濮上之音而病其國】（3.10 十過）

B　繼承危殆

17	輕其適正，庶子稱衡【「稱衡」即提衡、抗衡。】，**太子未定而主即世者**【「即世」，去世。】，可亡也。（5.15 **亡徵**）	
	主妾無等，必危嫡子。（1.4 愛臣）	
20	太子已置，而**娶於強敵以為后妻**，則太子危，如是，則群	

	臣易慮，群臣易慮者，可亡也。（5.15 **亡徵**）	
22	出君在外而國更置，**質太子**未反而君易子，如是則國攜，國攜者，可亡也，（5.15 **亡徵**）	
29	種類不壽，主數即世，**嬰兒為君**，大臣專制，樹羈旅以為黨，數割地以待交者【陶鴻慶：「待」為「持」之誤。】，可亡也。（5.15 **亡徵**）	
30	**太子尊顯**，徒屬眾強，多大國之交，而**威勢蚤具者**，可亡也。（5.15 **亡徵**）	
	且萬乘之主，千乘之君，**后妃、夫人、適子為太子者，或有欲其君之蚤死者**……為人主而大信其子，則姦臣得乘於子以成其私，故李兌傅趙王而餓主父。（5.17 **備內**）	

C 宮廷亂序

37	后妻淫亂，主母畜穢【章太炎：「畜」借為「縮」。縮，亂也。】，**外內混通，男女無別**，是謂兩主，兩主者，可亡也。（5.15 **亡徵**）	
38	后妻賤而**婢妾貴**，太子卑而**庶子尊**，相室輕而典謁重【相室，宰相。典謁，謂典者與謁者。】，如此則內外乖，內外乖者，可亡也。（5.15 **亡徵**）	
	一曰在同床。何謂同床？曰：**貴夫人，愛孺子**，便僻好色，此人主之所惑也。託於燕處之虞，乘醉飽之時，而求其所欲，此必聽之術也。為人臣者，內事之以金玉，使惑其主，此之謂同床。（2.9 **八姦**）	
	為人主而大信其妻，則姦臣得乘於妻以成其私，故優施傅麗姬，殺申生而立奚齊。夫以妻之近與子之親而猶不可信，則其餘無可信者矣。（5.17 **備內**）	
34	君不肖而**側室賢**，太子輕而**庶子伉**【「伉」，強也。】，官吏弱而人民桀，如此則國躁，國躁者，可亡也。（5.15 **亡徵**）	
43	不為人主之孝，而慕匹夫之孝，不顧社稷之利，而聽主母之令，**女子用國，刑餘用事者**，可亡也。（5.15 **亡徵**）	

46	**父兄大臣**祿秩過功，章服侵等，宮室供養太侈，而人主弗禁，則臣心無窮，臣心無窮者，可亡也。（5.15 **亡徵**）
	三曰父兄。何謂父兄？曰：**側室公子**，人主之所親愛也；大臣廷吏，人主之所與度計也，此皆盡力畢議，人主之所必聽也。為人臣者，事公子側室以音聲子女，收大臣廷吏以辭言，處約言事，事成則進爵益祿，以勸其心，使犯其主。此之謂父兄。（2.9 **八姦**）
	兄弟不服，必危社稷。（1.4 **愛臣**）
25	**婢妾**之言聽，愛玩之智用【「愛玩」，弄臣。】，外內悲惋而數行不法者【「惋」，怨。】，可亡也。（5.15 **亡徵**）
	二曰在旁。何謂在旁？曰：**優笑侏儒，左右近習**，此人主未命而唯唯，未使而諾諾，先意承旨，觀貌察色，以先主心者也。此皆俱進俱退，皆應皆對，一辭同軌，以移主心者也。為人臣者，內事之以金玉玩好，外為之行不法，使之化其主。此之謂在旁。（2.9 **八姦**）
47	**公婿公孫**與民同門，暴傲其鄰者，可亡也。（5.15 **亡徵**）

D 大臣凌君

1	凡人主之**國小而家大**，權輕而**臣重**者，可亡也。（5.15 **亡徵**）
	人主之患在於信人，信人則制於人。人臣之於其君，非有骨肉之親也，縛於勢而不得不事也。故為人臣者，窺覘其君心也無須臾之休，而人主怠傲處其上，此世所以有劫君弒主也。（5.17 **備內**）
	愛人不獨利也，待譽而後利之；憎人不獨害也，待非而後害之；然則**人主無威而重在左右矣。……群臣持祿養交，行私道而不效公忠。此謂明劫。**豢寵擅權，矯外以勝內，險言禍福得失之形，以阿主之好惡，……**此謂事劫。至於守司圉圄，禁制刑罰，人臣擅之，此謂刑劫。**三守不完則三劫者起，三守完則三劫者止，三劫止塞則王矣。（5.17 **三守**）
15	**民信其相，下不能其上，主愛信之而弗能廢者，可亡也。**（5.15 **亡徵**）
	愛臣太親，必危其身；人臣太貴，必易主位；（1.4 **愛臣**）
39	大臣甚貴，偏黨眾強，壅塞主斷而重擅國者【陶鴻慶：「重」當在「國」字下。】，可亡也。（5.15 **亡徵**）

	惡自治之勞憚，使群臣輻湊之變，因傳柄移藉，使殺生之機、奪予之要在大臣，如是者侵。（5.17 三守）
	五曰民萌。何謂民萌？曰：**為人臣者，散公財以說民人，行小惠以取百姓**，使朝廷市井皆勸譽己，以塞其主而成其所欲。此之謂民萌。（2.9 八姦）
36	出軍命將太重，邊地任守太尊，專制擅命，逕為而無所請者，可亡也。（5.15 **亡徵**）
41	公家虛而大臣實，正戶貧而寄寓富，耕戰之士困，末作之民利者，可亡也。（5.15 **亡徵**）
	畏死難，**降北之民也**，而世尊之曰貴生之士；**學道立方**，離法之民也，而世尊之曰文學之士；**遊居厚養**，牟食之民也，而世尊之曰有能之士；**語曲牟知**，偽詐之民也，而世尊之曰辯智之士；**行劍攻殺**，暴憿之民也，而世尊之曰磏勇之士；**活湧匿姦**，當死之民也，而世尊之曰任譽之士；此六民者，世之所譽也。 赴險殉誠，**死節之民**，而世少之曰失計之民也；寡聞從令，**全法之民**也，而世少之曰樸陋之民也；力作而食，**生利之民**也，而世少之曰寡能之民也；嘉厚純粹，**整穀之民**也，而世少之曰愚戇之民也；重命畏事，**尊上之民**也，而世少之曰怯懾之民也；挫賊遏姦，**明上之民**也，而世少之曰諂讒之民也；此六民者，世之所毀也。（18.46 六反）
	七曰威強。何謂威強？曰：君人者，以群臣百姓為威強者也。群臣百姓之所善，則君善之；非群臣百姓之所善，則君不善之。**為人臣者，聚帶劍之客、養必死之士，以彰其威**。明為己者必利，不為己者必死，以恐其群臣百姓而行其私。此之謂威強。（2.9 八姦）
3	群臣為學，門子【陳奇猷：疑門弟子、門下客。】好辯，商賈外積，小民右仗者【右，上也。右仗，謂仰賴】，可亡也。（5.15 **亡徵**）
	六曰流行。何謂流行？曰：人主者，固壅其言談，希於聽論議，易移以辯說。**為人臣者，求諸侯之辯士、養國中之能說者**，使之以語其私，為巧文之言，流行之辭，示之以利勢，懼之以患害，施屬虛辭，以壞其主。此之謂流行。（2.9 八姦）

	是故亂國之俗，**其學者**則稱先王之道，以籍仁義，盛容服而飾辯說，以疑當世之法而貳人主之心。**其言古者**，為設詐稱，借於外力，以成其私而遺社稷之利。**其帶劍者**，聚徒屬，立節操，以顯其名而犯五官之禁。**其患御者**，積於私門，盡貨賂而用重人之謁，退汗馬之勞。**其商工之民**，修治苦窳之器，聚弗靡之財，蓄積待時而侔農夫之利。此五者，邦之蠹也。人主不除此五蠹之民，不養耿介之士，則海內雖有破亡之國，削滅之朝，亦勿怪矣。（19.49 五蠹）
	世之顯學，儒、墨也。（19.50 顯學）
	為故人行私謂之**不棄**，以公財分施謂之**仁人**，輕祿重身謂之**君子**，枉法曲親謂之**有行**，棄官寵交謂之**有俠**，離世遁上謂之**高傲**，交爭逆令謂之**剛材**，行惠取眾謂之**得民**。不棄者吏有姦也，仁人者公財損也，君子者民難使也，有行者法制毀也，有俠者官職曠也，高傲者民不事也，剛材者令不行也，得民者君上孤也。**此八者匹夫之私譽，人主之大敗也。**反此八者，匹夫之私毀，人主之公利也。人主不察社稷之利害，而用匹夫之私譽，索國之無危亂，不可得矣。（18.47 八說）
24	大臣兩重，父兄眾強，內黨外援以爭事勢者，可亡也。（5.15 **亡徵**）
33	貴臣相妒，大臣隆盛，外藉敵國，內困百姓，以攻怨讎，而人主弗誅者，可亡也。（5.15 **亡徵**）
	八曰四方。何謂四方？曰：君人者，國小則事大國，兵弱則畏強兵。大國之所索，小國必聽；強兵之所加，弱兵必服。**為人臣者，重賦斂，盡府庫，虛其國以事大國，而用其威，求誘其君**，甚者舉兵以聚邊境，而制斂於內，薄者數內大使，以震其君，使之恐懼。此之謂四方。（2.9 八姦）

E　用人賞罰

10	喜淫而不周於法【陳奇猷：淫，謂淫賞。】，好辯說而不求其用，濫於文麗而不顧其功者，可亡也。（5.15 **亡徵**）
6	聽以爵不待參驗，【聽臣下之言，不待參驗形名，即以爵祿予人。】用一人為門戶者，可亡也。（5.15 **亡徵**）

7	官職可以重求，爵祿可以貨得者，可亡也。（5.15 **亡徵**）
14	羈旅僑士，重帑在外，上閒謀計，下與民事者，可亡也。（5.15 **亡徵**）
16	境內之傑不事，而求封外之士，不以功伐課試，而好以名問舉錯【「問」即「聞」】，羈旅起貴以陵故常者，可亡也。（5.15 **亡徵**）
40	私門之官用，馬府之世【陳奇猷：「馬府」，掌典冊之官。「世」下當有「紬」字。謂：馬府所掌世族名冊之人紬而不用。】，鄉曲之善舉，官職之勞廢，貴私行而賤公功者，可亡也。（5.15 **亡徵**）
45	親臣進而故人退【陳奇猷：「親」即「新」。】，不肖用事而賢良伏，無功貴而勞苦賤，如是則下怨，下怨者，可亡也。（5.15 **亡徵**）
	七曰離內遠遊而忽於諫士。八曰過而不聽於忠臣，而獨行其意。（3.10 **十過**）

F 簡慢法禁

2	簡【慢也。】法禁而務謀慮，荒封內而恃交援者，可亡也。（5.15 **亡徵**）
27	好以智矯法，時以行集公【顧廣圻：「行」，今欑作「私」。「集」，襍也。】，法禁變易，號令數下者，可亡也。（5.15 **亡徵**）
44	辭辯而不法，心智而無術，主多能而不以法度從事者，可亡也。（5.15 **亡徵**）
	安術有七，危道有六。安術：一曰、賞罰隨是非，二曰、禍福隨善惡，三曰、死生隨法度，四曰、有賢不肖而無愛惡，五曰、有愚智而無非譽，六曰、有尺寸而無意度，七曰、有信而無詐。危道：一曰、斲削於繩之內，二曰、斷割於法之外，三曰、利人之所害，四曰、樂人之所禍，五曰、危人於所安，六曰、所愛不親，所惡不疏。如此，則人失其所以樂生，而忘其所以重死，人不樂生則人主不尊，不重死則令不行也。（8.25 **安危**）

G　不恤臣民

23	**挫辱大臣**而狎其身，**刑戮小民**而逆其使【「民」當作「人」。】，懷怒思恥而專習則賊生【「習」，狎近也。】，賊生者，可亡也。（5.15 **亡徵**）
26	簡侮**大臣**，無禮**父兄**，勞苦**百姓**，殺戮不辜者，可亡也。（5.15 **亡徵**）
	三曰、利人之所害，四曰、樂人之所禍，五曰、危人於所安。（8.25 **安危**）

H　無禮諸侯

13	恃交援而簡近鄰，怙強大之救【「怙」，賴也。】，而侮所迫之國者，可亡也。（5.15 **亡徵**）
	九曰、**內不量力**，**外恃諸侯**，則削國之患也。【秦攻宜陽，韓求助於楚，而救不至。】（3.10 **十過**）
28	無地固【謂無地形之固。】，城郭惡，無畜積，財物寡，無守戰之備而輕攻伐者，可亡也。（5.15 **亡徵**）
32	主多怒而好用兵，簡本教而輕戰攻者，可亡也。（5.15 **亡徵**）
19	國小而不處卑，力少而不畏強，無禮而侮大鄰，貪愎而拙交者，可亡也。（5.15 **亡徵**）
	三曰、**行僻自用**，**無禮諸侯**，則亡身之至也。【楚靈王為申之會，而無禮諸侯】（3.10 **十過**）
	十曰、**國小無禮**，**不用諫臣**，則絕世之勢也。【曹君無禮於晉公子重耳】（3.10 **十過**）

附錄二十一
認識中國文學系

說明：這篇附錄不屬於這門課程的正式內容，但是與本課程的前言有
　　　關。它是對大一新生介紹中國文學系用的。可是大一新生可以
　　　了解而不容易感受深切。所以大學畢業之後的研究生重溫這些
　　　內容應有比較深切的感受，也可以藉此向別人說明自己所學知
　　　識的特性及其現代意義，不至於在流俗觀念下而妄自菲薄。

一　名稱

「中國文學系」在臺灣的大學裏是通稱，除了臺灣師範大學之
外。臺灣師範大學稱為「國文學系」。在知識對象和課程上，兩者是
一樣的。至於八所師範學院的「中國語文教育系」，性質和「中國文
學系」接近，但是教育課程佔相當比重，因此屬於「中國文學」的專
業課程比一般大學的「中國文學系」少了許多。

二　課程

除了各科系都必須選讀的通識課程之外，中國文學系的專業課程
可以分類如下：

四部分類	學術分類	課程	說明
經	經學	經學通論 《易》 《書》 《詩》 《禮》 《春秋》 《論語》 《孟子》 文字學 聲韻學 訓詁學	1 禮有三禮，一般開《禮記》。 2 春秋有三傳，一般開《左傳》。 3 若依《漢書》藝文志，《論語》、《孟子》屬於諸子類儒家。 4 文字學、聲韻學、訓詁學在傳統上合稱為「小學」。其典籍在清代的目錄分類上附屬於經部，其觀念是研究經籍需要小學的基礎。
史	史學	《史記》 《世說新語》	1 中國文學系開設《史記》的目的是理解早期文化的特質，用時髦的話來說，就是理解中國的文化基因。 2 開設《世說新語》的目的與史記相同，它記錄了魏晉新形成的文化基因。 3 有些大學並未開設這兩門課程。
子	諸子	《荀子》 《老子》 《莊子》 《墨子》 《韓非子》 《呂氏春秋》 《淮南子》	
集	文學	文學概論 楚辭 歷代文選 專家文 詩選	1 專家文、專家詩、專家詞是研讀某一文學家的作品，課程以文學家為名，如「李杜詩」。

四部分類	學術分類	課程	說明
		專家詩	
		詞選	
		專家詞	
		曲選	
		傳統小說	
		現代散文	
		現代詩	
		現代小說	
		中國文學史	
		現代文學史	
		臺灣文學史	
		中國文學理論	
		文心雕龍	

三　社會功能

　　大學設置中國文學系的目的是為了研究、傳授、和傳播語文、文化、和人文學術（主要是文學，而旁及史學和哲學）。研究是在學術機構和大學中進行，傳授是在大學和中、小學內進行，傳播則在社會上各種媒體中進行。這項目的在任何社會都是不可或缺的。其理由如下：

　　（一）文書溝通：從個人日常文書溝通如書信、日記、備忘錄、契約、作業，到政府各種公文書，乃至各種傳播媒體，都需要運用語文。由於這件事太平常，因此不容易受到注意，正如每天都在吃飯，不會注意到有飯吃是件重要的事。假設大學連續十年停止中國文學系招生，它的後果是什麼，可以想像一下。

　　（二）文化趣味：以實用的角度來看，文化趣味似乎不太重要。

但是換個角度，從生命的內涵來看，它也是實用的，只是和生產性質的實用形態不同。動物的活動有兩類：一類是環繞覓食而有的偵察、攻擊、防衛、逃避等活動，而身體器官是這種活動的工具；一類是休息。休息又分為兩種：一種是睡眠，另一種是遊戲。這兩類活動偏廢其一，都足以致死。而休息中的遊戲兼具兩種功能，一種是覓食活動所帶來的情緒壓力的舒解，它和睡眠舒解覓食活動所帶來的生理疲勞有類似的功能；遊戲的另一種功能是在無形中鍛鍊、增強了覓食活動所需的能力，包括偵察、攻擊、防衛、逃避的能力。人以動物生命的活動形態為基礎，發展出複雜精巧的知識活動。但是知識活動的功能仍然離不開前述兩類動物活動，只是覓食變成了謀生，知識高度強化眼耳爪牙的功能，睡眠依舊，而遊戲變成了文化活動。文化活動包括從感官享樂到精神怡養的文學、音樂、繪畫等藝術，道德修養的相關知識，和宗教信仰的相關知識。整個文化活動需要借重符號來進行，這些符號有文字，樂音，線條、顏色、造形，身體語言，數字。它們所形成的知識就是文學，音樂，繪畫，舞蹈，和數學。中國文學系提供了文學符號及其內涵的文化活動。因此，中國文學系所提供的知識也是實用的，不過不是生產性質的實用，而是紓解和創造力性質的實用，是生命內涵不可或缺的一環。一個社會如果少了它，生活在這個社會中的人雖然不見得立刻致死，卻很容易造成心理和精神的枯竭，而使人的生活變得很痛苦。

（三）學術研究：這是以前二者為基礎而進行的深入探討，其成果將透過各級教育體系和文化媒介回饋到前二者，使一個社會的文書溝通水準更高，文化趣味更豐富。

四 關於研究對象的說明

受到歷史因素的影響，中國文學系所學習的知識不只限於文學。

中國現代式的大學始於蔡元培擔任校長時的北京大學，北京大學的前身是清末的京師大學堂。京師大學堂多數是京官在學，因此，嚴格說來，缺乏嚴謹的學風。蔡元培取法德國的大學，設科分系。在文學院就會包含文學系、歷史系、和哲學系。當時，文學系的師資來源是清末民初的學者，他們的知識領域是傳統的經、史、子、集四部的典籍，其中史部典籍很明顯的劃入史學系，哲學系則以西方哲學問題為綱領，從經、子兩部典籍擷取合於西方哲學問題的文獻以構成中國哲學。至於文學系，以經、子、集的典籍為主以構成課程系統。由於清代學風長於考據學，而考據學所仰賴的知識如文字學、聲韻學、訓詁學、和版本學、目錄學、校讎學等也是文學系的課程。

晚近二、三十年，由於時代風氣和學風的改變，版本學、目錄學、校讎學等課程已經很少開設。文字學、聲韻學、訓詁學雖然開設為必修，研究風氣也大不如前。經學多數開設為選修，研究風氣也衰落。諸子以儒家、道家為主，旁及法家和黃老學說，研究風氣稍好。唯有文學，不論傳統文學或現代文學，學習者多。

從近代學術講究專業來看，中國文學系的研究對象，說好聽是博雅，說難聽是混雜。不僅如此，近代以來，大學裏的知識越來越講究和職業結合，於是很容易以此質疑經書、諸子的知識價值。在職場上，確實也很難看出這些知識和工作的直接對應關係。這是文字學、聲韻學、訓詁學、和版本學、目錄學、校讎學、經學、諸子沒落的原因。然而這種批評從文化史來看卻是非常短視，一個社會的現狀不是憑空冒出來的，而是從傳統變化過來的。一個社會的現狀深深的烙下傳統的印痕，只是潛藏在底層，不容易看出來而已，用時髦的話來

說，就是隱藏著文化基因。譬如：今天臺灣的民主活動在深層處帶有傳統宗法社會的特質，而不是建立在個人主義的基礎上，這是中國文學系仍然開設經學和諸子的理由。今天的大學沒有任何一個科系研究這些學問，如果連中國文學系也不傳授這些學問，其後果就等於摧毀中華文明的起源和後續的發展。這是任何一個文明國家都不會做，也不敢做的事。

況且經學、諸子這些學問的性質在傳統社會屬於管理學和精神修養之學，它研究的對象是天下，精神的目標是生命境界。今人沒有理由懷疑前人的智慧。如果前人的知識不堪一擊，中華文化不可能還存在今天的世界上。

因此，中國文學系當前雖然以文學為主，卻仍然開設這些不屬於文學的課程，其著眼處全在文化史和知識價值上。

五　從學生個人立場宏觀的看中國文學系

前面是從整體來看中國文學系，它說明了社會有這方面的需要。但是學生是否有此需要？那是另一種考慮。如何考慮這個問題？大學裏任何科系所能提供的就是專業知識和這些知識所引導出來的相關工作（或職業），進而透過心性修養培養以其能力或資財回饋社會的精神動力。孔子說：「己立立人，己達達人。」因此，可以從自身的知識和工作兩方面考慮，而將培養回饋社會的精神動力存於心中。知識主要的目標是為了培養以後的工作能力，藉此謀生，至於生活品質和精神提升，則是在謀生的基礎上去講求。簡單的說，先講求生存，再講求生活。因此，從學生個人立場來看中國文學系，可以先從工作面考慮。

如果看看誰在學習人文知識？他們為什麼學習人文知識？這對考

慮要不要上中國文學系會有很大的幫助。人文知識有數千年的歷史傳統，這幾千年中，誰在學習人文知識？他們要具備什麼條件？在周代，人文知識是王公貴族教育內容相當重要的部分。那些知識到今天主要保存在經書。他們是統治階層，他們沒有今天一般人的經濟壓力，他們的濟經來源是向人民徵稅。可是他們有更大的壓力：就是保衛政權和維護社會安定。從漢代到清代，學習人文知識的主要是王室和士族中人。他們大約佔人口總數的百分之十五左右。他們也沒有今天一般人的經濟壓力，王室的經濟來源靠徵稅，士族的經濟來源靠俸祿和地租或自營的手工業工作坊或商業利潤。但是他們有更大的壓力：王室必須保衛政權和維護社會安定；士族則必須維護其宗族的興盛，其方式主要是進入政府機構。他們的人文知識保存在經、史、子、集中的大部分典籍內。其間也有沒落的貴族和士人靠傳授人文知識維生。

上述現象有幾個重點值得觀察。首先，學習人文知識者有穩固的經濟基礎。其次，由於他們處於社會的上層，人文知識的功能主要是廣義的管理知識，由於彼時尚無近代以來的科學，因此焦點中在人和組織、制度。同時，當不虞匱乏時，他們透過人文知識豐富其生活趣味和思索生命的價值，而登上知識的最高層——哲學與宗教。第三，當貴族或士族沒落時，他們往往以傳授人文知識謀生。最後，人文知識除了提供生存和生活的工具之外，人文知識的特質也使他們在學習過程中，潛移默化的培養出關懷群體和歷史的使命感，而這個群體和歷史可以是一個社會或一個國家，也可以是一個民族，或全人類，端視個人的胸襟而定。這一點就是我們今天常說的「知識分子精神」的意義。

然而時代變了，社會階層的結構也變了，近百年來，學習人文知識者不再有傳統貴族和士族的經濟基礎，我們是以個人身分在現代教

育制度下進入大學而選了人文科系。這項選擇常常是懵懵懂懂的，好一些是不甚清楚的興趣，只有極少數人是很清楚，而且抱著使命感去學習人文知識。因此，從學生個人立場看中國文學系，第一個考量就是工作機會和發展機會。可是我們卻面對資本主義經濟的轉變，那就是當前甚囂塵上的網絡社會、資訊經濟、全球化經濟、電子社會等等名稱所描述的經濟形態、社會形態，令人茫然，往往不知道人文知識在這樣的社會該如何定位。

可是反過來想，為什麼人們要為人文知識在現代的社會和經濟型態中定位？究其原因還是為了工作和發展的考量。倘若如此，人們的觀念就是認為某一科系的知識和社會上的工作有對應關係。那麼，這個觀念是否符合事實？從經驗來看，某一科系的知識和社會上的工作不是對應關係，而是交集關係。談知識和職務的交集關係之前，先將職務概分為一般和專門兩類，這兩類再各自分為低階和高階。大體而言，越高度專業的職務，其知識和工作的交集面越大；越一般的職務，其知識和工作的交集面越小。越低階的職務，其知識和工作的交集面越大，越高階的職務，其知識和工作的交集面越小。越一般的職務，所處理的事務往往與其他事務關聯較多，因此需求的知識往往超出所學特殊科系的專業知識。換句話說，越一般的職務越需要跨領域的知識。越高階的職務所處理的事務和其他事務的關聯較多，需求的知識也必須超出所學特殊科系的專業知識，即需求通識。

了解大學科系專業知識和職務的交集關係之後，可以進一步思考上大學的人對未來的期望。人們都期望未來能從事高階的職務，不論他從事的是高度專業的職務或一般的職務。可是大學科系絕大多數是專業的，學生便從社會上提供工作數目的多寡和薪資高低來選擇科系。可是這樣的選擇是建立在社會上工作類別和數目不變的假設上。而這個假設是有問題的。為什麼？產業快速變動和經濟景氣循環的緣

故。當學生判斷目前某類工作數目較多，而選擇與這類工作相應的科系時，他畢業之後數年可能這類工作的榮枯有了變化。打個比方，現在的學生面對的是快速移動的目標，而不是靜止的目標。那怎麼辦？保持學習彈性是個妥善的辦法。

　　彈性是指某個東西具有可塑性、可變性。學習彈性則是指所學的對象具有可塑性、可變性。既然在大學唸的是專業知識，那麼專業知識的可塑性、可變性是什麼意思？如何將它成可塑、可變？專業知識既然和特定工作的交集面很大，那麼，它的可塑、可變就是指可以移用到其他工作，譬如從事文學創作或研究的人可以將文學知識移用到公共關係方面的工作。當然這種移用不是具體文學知識的移用，而是從具體文學知識抽象出來的文學之理的移用，這也是大學多數科系重視理論研究的理由。但是只有專業的理論知識仍然不夠，因為如果對其他知識完全陌生，不可能產生移用的念頭，這也就是大學多數科系之間非常需要對話、交談的理由。因此，所謂學習彈性，就是除了專業知識之外，能儘量涉獵其他領域的知識。這在《荀子・勸學》中稱為「知類通達」。在目前的大學中開設通識課程也是這個意思，可惜的是一般師生仍然把通識課程視為營養學分，而不明這種課程的真意。除了通識課程之外，任何一個科系的學生都可以申請修讀雙學位或輔系，這也是保持學習彈性的重要方法。譬如：中國文學系的學生可以在一年級結束時申請從二年級開始修讀哲學、法律、國際貿易、美術等等學位，畢業時就具有兩個學士學位。或選擇另一個科系若干學分作為為輔系，畢業時，在證書上會蓋上修讀輔系的證明。總而言之，面對晚近資本主義新發展出來的經濟形態和社會形態，保持學習彈性是大學生最好的學習態度。

六 從學生立場微觀的看中國文學系

　　宏觀的看中國文學系時，除了從歷史上了解誰在讀人文知識之外，面對晚近資本主義新發展出來的經濟型態和社會形態而應有的學習態度，是大學各科系學生都通用的。若微觀的來看中國文學系，則是專對中國文學系的學生而言。

　　和中國文學系的專業知識相關的工作，可以從前文提到的三種社會功能來分別，即學術研究、文化傳播和文書溝通。學術研究工作指學術機構研究人員和大學教師的職位。大學教師兼有研究和教學工作，這類工作和中國文學系的專業知識交集面最大，可是職位的數目最少。文化傳播可以分為兩類：一類是中、小學教師；一類是社會上其他的文化工作，如媒體、出版業中的職位。前者是文化教育工作，絕大多數是擔任國文教學，因此，它和中國文學系專業知識的交集面也很大，它的職位數目很多，不過，近期的未來因出生率降低的緣故，競爭將越來越激烈。後者由於傳播對象是社會大眾，而社會大眾又有各式各樣的分眾，因此，必須將中國文學系的專業知識通俗化，以適合分眾的水平，而且需要靈活的與其他文化知識結合。至於文書溝通方面，泛指公務人員和各種機構的秘書人員。中國文學系的專業知識和這類工作的交集面也很大，但是需要融入不少世俗智慧，而世俗智慧是傳統典籍載錄最多的一環。隨著全球化所產生的效應，有那一些些新興的工作可以和中國文學系的知識結合，目前難以準確的說明，只能運用靈活的思維去開創。

　　從職位數目和社會發展來看，屬於文化傳播方面的工作最多。這和學習的次第——由博而深——巧合，文化傳播的工作需要廣博的知識，提供生活的趣味。中國文學系的學生以此為學習的起點，就具有彈性學習的特點。然後隨著自己的志趣逐漸形成自己的事業。至於事

業能不能有成，就不是只靠知識了，還需要意志、個性、情感、德性等條件。

七　結語

　　現在的人因求職的壓力，所以到大學讀書往往只注意專業知識，用晚近流行的話來說，只注意 I.Q.。雖然現在也注意起 E.Q.，可是只流於口號，至於如何培養 E.Q.，卻忽略了。即使談到，也不免流於膚淺。譬如流行的情緒管理，根本是個錯誤的觀念。拿什麼來管理情緒？管理情緒的那個東西要不要被管理？如果要，這個問題會變得無窮後退。如果不要，它是什麼？中國文學系所提供的知識中，文學、語文技巧並不是最上乘的，最上乘的是關於心性修養的知識，但是也僅止於知識而已，如果沒有實踐，那就像一個人可以說出各種美酒的名字，卻一滴也沒沾過。人對生理的痛苦都知道要打針吃藥，對心理的痛苦卻束手無策，而心性修養是融化心理痛苦的唯一方法，也是培養 E.Q 的唯一方法。中國文學系提供的知識中，最上乘的就是這方面的知識，它們就在儒家思想，道家思想，和佛教思想中。

《先秦學術講學錄》
編輯小組

總主編

許朝陽　吳智雄

編輯委員

胡文欽　高瑞惠　郭士綸　陳必正
陳恬儀　蔡昱宇　鄭垣玲　賴哲信

哲學研究叢書·學術思想叢刊 0701009

先秦學術講學錄　下冊

作　　者	王金凌
責任編輯	蔡雅如
特約校稿	林秋芬
發 行 人	陳滿銘
總 經 理	梁錦興
總 編 輯	陳滿銘
副總編輯	張晏瑞
編 輯 所	萬卷樓圖書股份有限公司
排　　版	林曉敏
印　　刷	百通科技股份有限公司
封面設計	斐類設計工作室
發　　行	萬卷樓圖書股份有限公司

臺北市羅斯福路二段 41 號 6 樓之 3
電話 (02)23216565
傳真 (02)23218698
電郵
SERVICE@WANJUAN.COM.TW

大陸經銷　廈門外圖臺灣書店有限公司
電郵 JKB188@188.COM

香港經銷　香港聯合書刊物流有限公司
電話 (852)21502100
傳真 (852)23560735

ISBN 978-986-478-114-0

2017 年 9 月初版一刷

定價：新臺幣 500 元

如何購買本書：

1. 劃撥購書，請透過以下郵政劃撥帳號：
　　帳號：15624015
　　戶名：萬卷樓圖書股份有限公司

2. 轉帳購書，請透過以下帳戶
　　合作金庫銀行　古亭分行
　　戶名：萬卷樓圖書股份有限公司
　　帳號：0877717092596

3. 網路購書，請透過萬卷樓網站
　　網址 WWW.WANJUAN.COM.TW

大量購書，請直接聯繫我們，將有專人為
您服務。客服：(02)23216565 分機 10

如有缺頁、破損或裝訂錯誤，請寄回更換

國家圖書館出版品預行編目資料

先秦學術講學錄 / 王金凌著. -- 初版. -- 臺北
市：萬卷樓, 2017.09
　　冊；　　公分. -- (哲學研究叢書.學術思想叢
刊)
ISBN 978-986-478-114-0(下冊：平裝)
1.先秦哲學 2.文集
121.07　　　　　　　　　　　　106017123